Un siglo de caza, política y sociedad

(CRÓNICAS)

J. Alberto Torrijos Regidor

ISBN: 978-84-1174-819-3

Copyright: © José Alberto Torrijos Regidor, 2024.
Editorial: BoD • Books on Demand GmbH, In de Tarpen 42, 22848 Norderstedt (Alemania)
Impresión: Libri Plureos GmbH, Friedensallee 273, 22763 Hamburg (Alemania)
Cubierta:
En la portada, fotografía de mi abuelo paterno realizada en los años 20. En la contraportada, manifestación de los cazadores y del medio rural, celebrada en Madrid el 20 de marzo de 2022. Autoría: Andrea Torrijos Cantero.

Índice

Introducción

Esta obra, como su título indica, son unas Crónicas que tienen como centro de gravedad el ejercicio de la caza y la naturaleza durante, aproximadamente, un siglo que, como es natural, se desarrolla en el entorno socioeconómico que le corresponde según las circunstancias históricas de cada momento.

Al igual que yo, casi todas las personas que van a leer este libro nacieron bastante después de aquellos años iniciales de estas Crónicas. Entonces, es natural preguntarse qué aspectos habría que conocer y tener en cuenta para hacernos una idea de cómo fue la caza en aquellos años; qué hacían, cómo eran los cazadores de entonces, cuál era su relación con la naturaleza. Evidentemente una importante fuente directa de información para contestar a esas preguntas la tenemos en lo que oímos de personas que sí vivieron esa época. Yo, en este sentido, he contado con mi familia paterna, en la cual practicaron la caza casi todos sus miembros masculinos, entre los que me incluyo yo mismo. Evidentemente, por relación de proximidad, el mayor foco de información lo he tenido en mi padre. Pero también la he tenido con toda la red de relaciones que he conocido a lo largo de mi vida, cuyo nexo común es la afición por la caza, la pesca y la propia naturaleza. Otras fuentes de información que hay que tener en cuenta para calibrar y situar en su entorno esos testimonios, contados o vividos, están en la información histórica, económica y social que, a lo largo del tiempo, ha ido envolviendo, y envuelve, el transcurso de la vida de todos, cazadores y no cazadores. En resumen, esta obra es resultado de la yuxtaposición de todas esas fuentes de información.

La estructura temporal del libro se ha realizado en décadas. Década a década se cuentan previamente los hechos socioeconómicos y políticos que, al entender del autor, son los más importantes para la sociedad, en general, y para el mundo de la caza y la naturaleza, en particular. Cada década tiene su apartado específico en el que se aborda cómo era *"El Campo, la caza y la pesca"* en ese intervalo de tiempo. Posteriormente, aparecen las *"Crónicas"* propiamente dichas que incluyen relatos reales de hechos que sucedieron. Evidentemente esos hechos están relacionados con las circunstancias socioeconómicas de ese momento y, en la mayor parte de los casos, por esa relación han sido elegidos para su inclusión. Se puede decir que las circunstancias que se exponen y los relatos que se incluyen son preponderantemente descriptivos. Sin embargo, conviene tener en cuenta una diferencia importante entre la descripción de las circunstancias y de los relatos. Esa diferencia consiste en que se utiliza un lenguaje distinto: en la descripción de las circunstancias se usa un lenguaje científico y en los relatos el lenguaje es literario porque este último es el que permite comunicar sentimientos y emociones que forman parte de la naturaleza humana.

Los comentarios y análisis personales del autor se introducen en un apartado de *"Notas"* propias de cada intervalo de tiempo. En esas Notas se incluyen también ampliaciones de información que el autor ha considerado convenientes. A veces se incluyen imágenes para ilustrar algo que se comenta.

Aparte de los capítulos asociados a cada una de las décadas hay dos que no se corresponden con ellas. Antecediendo a todas ellas se incluye el capítulo *"Antes de estas Crónicas"*, en el que se aportan datos históricos sobre el ejercicio de la caza. De forma póstuma se añade el capítulo titulado *"Después de estas Crónicas"*, en el que se intentan establecer unas propiedades constantes que ha tenido la caza para el ser humano desde el principio de los tiempos, definir el estado en que se encuentra la caza en estos momentos y, a partir de ello, realizar algunos pronósticos, influenciados, sin duda, por mis deseos, sobre el futuro del ejercicio de la caza en las sociedades occidentales.

El proyecto de escribir este libro nació hace unos cuantos años. No recuerdo cuándo fue el momento exacto. Sin embargo, sí puedo decir que en la aparición de este proyecto personal ha tenido que ver con la, para mí injusta y limitada, percepción que una parte de la sociedad tiene sobre el ejercicio de la caza y sobre los cazadores. Esa percepción ha venido estando difundida y publicitada por algunos grupos políticos desde hace años. Por ello, este libro tiene varios objetivos. Uno de ellos es mostrar con amplitud histórica, objetividad y sinceridad emocional, lo que es y ha sido el ejercicio de la caza, incluyendo los sentimientos de los cazadores hacia los animales y la naturaleza. Tras mostrar lo anterior, otro objetivo es conseguir la comprensión de una buena parte de la sociedad (la totalidad de la sociedad sería imposible) y su valoración positiva de esta actividad. Esto podría tener la buena consecuencia que algún día los cazadores sean tenidos en cuenta en los mecanismos de decisión de los poderes públicos.

Por último, tengo el deseo de que los lectores de este libro, que no son cazadores terminen teniendo la percepción de que han aprendido algo y una valoración positiva del ejercicio de la caza. Para los cazadores, que muchos de ellos tendrán experiencias dignas de haber sido incluidas en este libro, deseo que, al menos, os divirtáis leyéndolo. Para unos y otros estoy a vuestra disposición.

Cuenca, 1 de marzo de 2024.

Antes de estas Crónicas

Hablar de lo que se entiende por el ejercicio de la caza antes de estas crónicas no es fácil por su amplitud. La caza es algo con contenidos históricos, políticos, sociológicos, económicos, biológicos, antropológicos, psicológicos etc. Cualquiera de esos contenidos es interesante. Esos contenidos no están separados, se superponen unos con otros. Dentro de esa selva de contenidos, voy a intentar mostrar algunos que aparecen evidentes en épocas pasadas y que deben ser tenidos en cuenta.

Un aspecto es que, a lo largo de la historia, la caza no ha sido solo una actividad parar conseguir alimentos; ha sido también una actividad lúdica.

Desde tiempos ancestrales el hombre ha representado reiteradamente a los animales objeto de su depredación. También ha representado las armas y artimañas que utilizaba para cazar. Esto se puede observar pinturas rupestres. Después del paleolítico y neolítico hay más pruebas de ello. Posteriormente, En pinturas sumerias y egipcias también hay elementos del ejercicio cinegético.

Para los griegos, la caza era una actividad secundaria derivada del carácter agropecuario de su cultura. La caza era considerada una "diversión" propia de gente valerosa. Los héroes de Homero eran cazadores; en La Odisea, Ulises fue reconocido por su nodriza Euriclea por la cicatriz que le hizo un jabalí en una cacería cuando era joven. La caza fue introducida en sus juegos por espartanos y atenienses. Una obra importante sobre caza es el Kunegetikos de Jenofonte, se trata de un tratado cinegético donde se tratan muchos aspectos de la caza: perros, métodos de caza, animales cinegéticos y condiciones para que estos animales prosperen en la naturaleza, beneficios del ejercicio de la caza sobre el ser humano, etc. Esta visión positiva sobre el ejercicio de la caza es la de la cultura más importante que ha existido en la historia de la humanidad y básica en nuestra cultura que llamamos occidental.

La perspectiva de los romanos era parecida a la de los griegos. También, como en el caso de Homero, aparecen cazadores como héroes en la obra de Virgilio. Sin embargo, los romanos aportaron a la consideración del ejercicio de la caza ingredientes propios. Unos de esos ingredientes son derivados de su carácter organizador; por ejemplo, en un principio consideraron explícitamente que los animales venatorios eran "cosas sin dueño", las consideraban "cosas de nadie -*Res Nullius*-", posteriormente fundamentaron la organización jurídica de la caza como un derecho en relación con el derecho de propiedad de la tierra, algo semejante a lo que ocurre hoy día en Europa. Otros ingredientes se relacionan con su actividad conquistadora y la observación de los pueblos que iban conociendo como resultado de esa actividad; Flavio Arriano escribió un tratado donde da información sobre las costumbres de los germanos en relación con la caza, decía de los germanos *no viven del producto de la caza, sino que practican ésta por afición*. Tal como hacemos nosotros más de 2.000 años después.

En Centroeuropa, antes de la ocupación romana, la caza se consideraba un derecho inalienable, una libertad esencial. Existían limitaciones a su ejercicio, como prohibir la caza de hembras en periodo de gestación, de animales jóvenes y existían límites de capturas. En línea con la consideración de ejercicio deportivo de la caza, se despreciaba el uso de algunas artimañas para cazar (redes o lazos, por ejemplo) por no ser consideradas deportivas. El robo de perros o de artículos de caza se castigaba severamente y, a veces, se llegaba a la pena capital; se respetaban los animales y se limitaban sus capturas. La ocupación romana no alteró estos principios que continuaron después de la romanización.

En Europa, durante la Edad Media, se puede decir que la caza fue un privilegio de las clases nobles que, a su vez, eran los propietarios de las tierras. No se trataba de un privilegio meramente alimenticio, para ellos era más lúdico, social e, incluso, espiritual[1]. Esto ocurrió con distinta forma y grado en todos los países europeos. Hay pruebas historiográficas de ello en número apabullante.

Sin embargo, cada país europeo tiene sus singularidades en cuanto a las formas de practicar la caza. España tiene las suyas propias. Si atendemos a las pruebas historiográficas pictóricas, la caza en España aparece con menos boato que en otros países. También los artistas españoles tienden a mostrar en mayor medida a personajes populares que a la exclusividad de la realeza o de la nobleza practicándola[2]. Posiblemente la singularidad de España radique en su orografía y en la menor densidad de población durante su historia que debió de ser extrema en zonas de su interior durante la Reconquista; esto hace que, a pesar de ser de caza un derecho exclusivo de la nobleza durante gran parte de su historia, su práctica ha sido ejercida, furtiva y veladamente consentida, por el pueblo con variadas técnicas. Es altamente probable que en las campañas militares de la Reconquista por el interior de una España deshabitada, según ha sido explicada por Claudio Sánchez Albornoz, se recurriese a la caza como suministro alimenticio necesario para el mantenimiento de las tropas.

En segundo lugar, el ejercicio de la caza ha sido una actividad conflictiva en el seno de las sociedades humanas.

Esto es un hecho que se debe a que han existido en el seno de las sociedades intereses contrapuestos en relación con todo lo que supone el ejercicio de la caza.

Durante la Edad Media se produce el conflicto social entre la nobleza y los campesinos en relación con la caza. El conflicto se dio en varios países europeos. La nobleza quería divertirse con la caza, quería reses en cantidad y calidad. A los campesinos se les imponía la prohibición de cazar, el soportar pérdida de cosechas por los efectos de la fauna salvaje, la obligación de realizar el trabajo de ojeo en las cacerías. Todo lo anterior sin ser compensados suficientemente. Ese estado de cosas dio lugar a revueltas en Francia, Alemania e Inglaterra.

Por otra parte, a mi modo de ver, esa conflictividad está acompañada de un sentimiento íntimo e irracional en cada ser humano de tener el derecho de uso y disfrute sobre la naturaleza. En principio, el ser humano no acepta que otros seres humanos menoscaben ese uso. Ese uso es potencial o real. Hay humanos que no saben qué uso puede hacer de la naturaleza, pero eso no quita que tengan el sentimiento de que otros le están quitando algo; eso ocurriría, por ejemplo, cuando alguno de ellos ve a un cazador andando por un cerro o cuando ve a alguien que está cargando un carro de leña. Otros humanos que sí saben que uso deben hacer de ella, como es el caso de los cazadores, viven y sienten de forma directa esa usurpación más intensamente que incluye frecuentemente un sentimiento de envidia. Creo que los cazadores tienen conciencia de esto perfectamente, saben que la caza es una actividad egoísta, y también malpensada con respecto a los ajenos. La explicación última de este fenómeno puede estar, de nuevo, en características ancestrales del genoma humano.

En tercer lugar, se da el hecho histórico siguiente: la existencia de personas que han poseído poder en las sociedades humanas y, al tiempo, afición a la caza, han auspiciado la conservación de la naturaleza y la proliferación de las especies cinegéticas.

Los cazadores comprenderán esto perfectamente. A los que no lo son, les costará más comprenderlo y, en este caso, habrá que suministrarles ejemplos de ello.

Un ejemplo general se puede encontrar en lo que antes se ha dicho de la nobleza europea cuando se hablaba de que la caza ha sido una actividad conflictiva. Las regulaciones legales de los que ostentaban poder fueron dirigidas a la protección y proliferación de las especies cinegéticas en contra de los intereses de sus propios súbditos. Al margen de ese conflicto de intereses, ya en la época de los reyes merovingios y carolingios, se crearon órganos administrativos y se publicaron disposiciones dirigidas a la conservación de las especies cinegéticas.

Más cercanos en el tiempo a estas Crónicas son los ejemplos de Teodoro Roosevelt, presidente de Estados Unidos pionero en la conservación del medio ambiente en ese país; impulsor de una administración específica en materia de protección ambiental y de varios Parques Nacionales; hoy es uno de los "Seis Padres" esculpidos en las piedras del Monte Rushmore. En España se puede poner como ejemplos cercanos el de Alfonso XIII y el del Marqués de Villaviciosa, propulsores de la primera Ley de Parques Nacionales en 1916 y de los primeros Parques Nacionales españoles, el de Gredos, creado de hecho en 1905, y el de los Picos de Europa, creado legalmente en 1918 que entonces se denominó Parque Nacional de la Montaña de Covadonga.

Notas de antes de estas Crónicas

(1) Una imagen que atestigua este hecho es el del sepulcro de finales del siglo XIV de Fernán López de Andrade (Iglesia de San Francisco. Betanzos (Las Coruña). La caja mortuoria está sostenida por dos piezas cinegéticas de la época (oso y jabalí) y está adornada con imágenes esculpidas de escenas de caza. En la parte superior aparece la escultura del fallecido acompañado por sus perros de caza; ese acompañamiento debió ser deseo común de nobles cazadores de la época ya que existen más sepulcros con esas imágenes; por ejemplo, el sepulcro de Payo Salgado en el Museo Municipal de Lugo.

(2) Cuadro del italiano Cignaroli, a la izquierda y cuadro de Francisco de Goya a la derecha. En el cuadro de Goya se pueden ver distintas formas, fuera de formas aristocráticas, de practicar la caza (al vuelo, al salto con perro de muestra y a caballo).

- La década de los 30 -

Ya en esta década y en otras que proseguirán, España resulta un país singular con respecto a otros países europeos u occidentales. Esto ocurrirá hasta la década de los 90.

A finales de la década anterior se produjo lo que se denominó la Gran Depresión, una crisis económica que afectó gravemente a muchos países occidentales. Sin embargo, el impacto de esa crisis en España fue menos grave. Sin embargo, por otra parte, la huella de la I Guerra Mundial, teóricamente enriquecedora para España al no participar en ella, tuvo efectos negativos generales para la sociedad española en su conjunto. Esos efectos se intentaron enmendar en los años 20 y en los 30, en los que se mejoró el estatus general de la sociedad. Como resumen de esa mejoría se puede decir que "el día a día" de una familia en los años 30 era tal que podía salir adelante sin hambre, pero sin excesos.

En 1936 se produjo una ruptura histórica debido a la Guerra Civil Española. Los efectos de ese conflicto se prolongarán durante décadas posteriores.

En cuanto al campo, la caza y la pesca, un rasgo para mí destacable es que había una buena parte de la población dedicada a tareas agropecuarias en el medio rural. Así, en el medio rural había muchos depredadores humanos que obtenían puntualmente y por diversos medios pequeñas capturas que iban destinadas a la alimentación propia.

La huella de la I Guerra Mundial.

Aunque alejada en el tiempo, la Primera Guerra Mundial (1914-1918) tuvo efectos importantes en España que afectaron la década de los años 20 y a la de los años 30. España fue neutral en esa guerra, pero sus efectos se dejaron sentir. Esos efectos no fueron, paradójicamente, positivos porque el incremento de exportaciones de España al exterior produjo escasez de productos para consumo interno que implicaron una

13

subida de precios que no fue acompañada de una subida proporcional de salarios. Hubo importantes beneficios empresariales que incrementaron la desigualdad individual e interregional en España. Esa situación se intentaría enmendar en la década de los años 20 durante la dictadura de Primo de Rivera (1923-1930) y posteriormente durante la República (1931-1936), época en la que subieron los salarios con estabilidad de precios y la mejoría en la capacidad adquisitiva de los salarios fue patente.

La Gran Depresión no se hizo notar.

El inicio de esta década de los 30, vino inmediatamente después de la Gran Depresión de la economía mundial. Sin embargo, en términos generales, esto no afectó sensiblemente a la economía española. Ello se debió a que España no era en aquellos momentos un país exportador (las exportaciones eran de un 6% de su PIB) ni importador (las importaciones venían a ser de un 10% de su PIB). El furor de las exportaciones de la primera Guerra Mundial ya no existía. Las exportaciones españolas lo eran del sector primario: productos agrícolas (vino, aceite y frutas, naranjas sobre todo) y materias primas sin transformar y, en consecuencia, las zonas geográficas ligadas a esos productos de exportación son las únicas que sufrieron consecuencias negativas. Un ejemplo de esto último fue la región levantina, ligada a la exportación de cítricos, que, además, tuvo los perjuicios de las "preferencias imperiales" de los países de la Commonwealth establecidas en el Acuerdo de Otawa (1932), en las que no quedaban incluidos esos productos españoles.

En fin, se puede decir que la afectación social de la Gran Depresión en España fue menor que en otros países occidentales. No ocurrió como en Estados Unidos u otros lugares, donde hubo suicidios frecuentes ligados a la ruina económica personal. En España, en la década de los 30, no hubo un incremento de suicidios derivados de la Gran Depresión; históricamente parece que los españoles somos poco dados a deprimirnos por crisis económicas (*"El convento empeñado, pero los frailes bien gordos"* -decía mi abuela materna-).

14

La Guerra Civil Española.

En España, lo particular de esta década, con seguridad a partir de 1934, fue la influencia de las doctrinas políticas en el poder y la agitación social; agitación dependiente de la localización geográfica, de los sectores de producción en cada lugar y de su grado de urbanización. Esa agitación, que existió desde el principio de la II República, se eleva en 1934 y se prolonga hasta julio de 1936 en que se transforma en la Guerra Civil Española, Esta Guerra es, a mi modo de ver, el hecho más trascendente del siglo XX en España; tan trascendente que hoy en día sigue reflejándose vivamente en algunos discursos e iniciativas políticas. Todo ese proceso de la década de los 30, afectó negativamente y de distintas maneras, como ocurre en todas las confrontaciones en forma de guerra, a la economía de las sociedades que las sufren. Afectó, en todo caso, de una forma u otra, a la urdimbre vital de los españoles de aquella época.

El día a día.

Uno de los salarios más bajos que había en España era el del trabajador de campo en el medio rural; sobre la base de varias fuentes historiográficas se puede estimar que tenían un salario de unas 6 pesetas/día, entre 1930 y 1934. Si bien, en el medio rural, al margen de la retribución del factor trabajo, existía la posibilidad de autoabastecimiento en algunos productos y, en su caso, venta de ellos (incluidos productos de caza). También es presumible un menor costo en vivienda en el medio rural que en el urbano, aunque por entonces el gasto en vivienda era proporcionalmente mucho más bajo que ahora.

En las ciudades los salarios eran mayores. Algunos estudios estadísticos, establecen el salario medio de España en unas 7,50 pesetas al día en el año 1930. En Madrid, sobre la base de datos del Instituto Nacional de Estadística, en el año 1929, encontramos una variación de salarios profesionales entre las 6 y las 20 pesetas por día y se puede estimar una media de unas 11 pesetas al día en el conjunto de jornales.

15

Por entonces un kilo de pan costaba 0,60 pesetas; un kilo de tocino costaba sobre 3 pesetas que se elevaba a 6 pesetas en caso de carne magra de cerdo (la de vacuno era más barata que la del cerdo: unas cuatro pesetas el kilo); un litro de vino costaba 0,60 pesetas; el litro de leche tenía un precio parecido al del vino.

La partida de alimentación era la más importante; suponía una tres cuartas partes del gasto total de una familia. El uso cotidiano del lenguaje español recoge esa importancia en muchas de sus expresiones que se han mantenido hasta hoy (ganarse los garbanzos, ganarse el pan, …). En vivienda y combustible, se gastaba porcentualmente mucho menos que actualmente, sobre un 4% y un 5%, respectivamente. Un gasto importante era el de vestido, que llegaba al 10% del presupuesto familiar. Una cesta de la compra diaria de alimentos para una familia de 5 miembros formada, por ejemplo, por un kilo de pan, litro y medio de leche, medio kilo de carne de cerdo no magra (tocino y cortes afines), un quinto de litro de aceite, medio kilo de legumbre, y kilo y medio de productos vegetales frescos, vendría a salir por unas 5 pesetas; es decir un 66% del salario diario medio en España en aquellos momentos. En resumen, se puede decir que una familia podía salir adelante sin hambre, pero sin excesos[1].

El campo, la caza y la pesca.

Si echamos un vistazo a fotos antiguas de la década de los años 30 que incluyan paisajes campestres y las comparamos con otras actuales en esos mismos lugares, veremos que actualmente hay mucha más vegetación, mucho más bosque y enfosque. La flora estaba condicionada por el uso humano de ella como combustible. También tenía influencia la ganadería de entonces: una ganadería extensiva vinculada a una agricultura que usaba como abono productos de origen orgánico (estiércol del ganado). Ese tipo de ganadería que, aparte de ser suministradora de alimentos, cumplía otras funciones (trabajo, fertilización agrícola, aporte de materias primas como lana o pieles) se mantuvo durante algunas décadas más, hasta mediados de los años 60, momentos en que se iniciará un cambio paulatino hacia una ganadería intensiva centrada en la producción industrial de alimentos.

El uso que se hacía de los campos no era propicio para el asentamiento y expansión de las especies cinegéticas de caza mayor que solo se mantuvieron en algunas fincas y en territorios agrestes donde el uso agrícola y ganadero era escaso. A través de publicaciones, hay manifestaciones agrias de cazadores, famosos de la época, criticando usos del campo contrarios a hábitats propicios para esas especies; ejemplos sobresalientes los tenemos en Antonio Covarsí o en Pedro Pidal, Marqués de Villaviciosa; ambos cazadores apasionados. Covarsí se lamentaba del, para él, gran enemigo del ciervo: no se trataba del lobo, sino de la cabra de los pastores; Don Pedro, por su parte, se quejaba del excesivo uso que los lugareños hacían del hacha en los montes asturianos.

Al margen de eso, hay un importante resultado: la desaparición del lobo y el jabalí en parte de los territorios de la España interior a finales del siglo XIX que se produjo tras las campañas seguidas contra el lobo en defensa de la cabaña ganadera pero que afectaría al jabalí por su carácter omnívoro que no excluye la carroña. Esas campañas incluyeron el uso de venenos para su exterminio; estricnina, fundamentalmente, que se supo extraer de la nuez vómica a principios de ese mismo siglo.

Por el contrario, era abundante la fauna de pequeño tamaño: perdices, liebres, conejos, zorros; grandes bandos invernales de pardillos, jilgueros o verderones; bandos de grajos, marcando con sus desplazamientos la hora en punto; águilas de diversas clases. En los ríos, cabezotas, bogas, barbos, loinas en grandes grupos, truchas, cangrejos, …caracoles en huertos y vegas, cuando llegaba el tiempo propicio en primavera, acompañados del "paspallás" de las codornices al caer la tarde, … En suma, un bello y rico mosaico de animales de pequeño tamaño, de los que algunos de ellos eran, y son, especies cinegéticas.

La población de España era, por entonces, de unos 25 millones de habitantes de los que la mitad vivían en pueblos pequeños dedicados al campo, unos 12 millones de personas; hoy, la población dedicada al campo es del 5% de la población actual cercana a los cincuenta millones, unos 2 millones de personas, cuya vida social no suele realizarse en pequeños pueblos donde trabajan, sino en ciudades próximas. Particularmente, como ejemplo, la provincia de Cuenca contaba con unos 300.000 habitantes (actualmente no llega a los 200.000) con más de tres cuartas partes viviendo del campo. Cualquiera de esas personas se puede decir que estaría siempre ocupada; para subsistir necesitaba trabajar más horas que hoy día, podría aceptarse dar un orden de magnitud de un 30 al 40 por ciento más de tiempo, lo que supondrían jornadas, de hecho, superiores a las 10 horas de trabajo[2]. En resumen, había mucha gente en el campo trabajando mucho y, en casos, depredando "algo", de forma ilegal según la legislación de entonces, sobre una rica fauna de pequeño tamaño con variadas artes según el lugar: con escopeta o, más frecuentemente, sin ella, con perros conejeros, con trampeo de lazos, cepos, liga… pesca con caña, con trasmallo, con canastas, con cepos, … capturando a mano en época propicia caracoles, cangrejos y, los que sabían, tenían habilidad y un río próximo con características propicias, hasta truchas.

En cuanto a la pesca existía una legislación (Ley de Pesca de 1929) que permitía la pesca con caña durante todo el año de algunas especies: *peces blancos de río* (así denominaba a bogas, cachos, gobios y bermejuelas), carpas, tencas, barbos, etc.; si bien existía la limitación de que en una buena parte del año solo se permitía la pesca para consumo propio. Para la trucha y el salmón no existía tal libertad y sólo se podían pescar en una determinada época; en el caso de la trucha, desde el 15 de febrero al 1 de agosto, intervalo de tiempo que resulta distinto al intervalo de tiempo de pesca en décadas posteriores.

La legislación sobre caza en los años 30.

La legislación de caza que se aplicaba por entones era La ley de Caza de 16 de mayo de 1902. Esa Ley se mantendrá en el tiempo hasta el 1970, superponiéndose sobre ella distintas órdenes de organismos administrativos. En esta década, acompañará a la Ley de 1902, la Orden de 27 de julio de 1939 del *Ministerio de Agricultura* a propuesta de la *Jefatura del Servicio Nacional de Montes, Caza y Pesca Fluvial*.

Es destacable que en 1939 la entidad que proponía la Ley en materia de montes, caza y pesca fluvial, pertenecía al Ministerio de Agricultura de entonces.

Se puede decir que la Ley de 1902 es una Ley protectora de la agricultura y ganadería, de la propiedad privada, de los animales salvajes considerados como riqueza económica (a excepción de las alimañas). Algunos rasgos de la Ley a modo de ejemplo los mostramos a continuación.

La temporada general de caza se iniciaba el 1 de septiembre y terminaba el 14 de febrero. La codorniz, tórtola, paloma, se podía cazar desde el 1 de agosto en campos cosechados. El conejo desde el 1 de julio con algunas condiciones. Esto no aplicaba para los propietarios de fincas correctamente acotadas y amojonadas; estos podían ejercer la caza en todo momento a excepción de la perdiz con reclamo, ya fuese macho o hembra, que no se podía realizar en tiempo de veda y nunca a menos de 1000 metros de los límites de la finca. El comercio de animales de caza estaba prohibido durante la veda.

En cuanto a la protección de las cosechas y sementeras, se prohibía la caza de aves insectívoras, por considerarse beneficiosas para la agricultura; se podían cazar palomas salvajes y domesticadas en época de cosecha y sementera y, por otra parte, los dueños de los palomares estaban obligados a tenerlos cerrados en esas épocas con la medida coactiva de fuertes multas. Los propietarios privados eran responsables por daños a terceros causados por los animales de sus fincas.

Las alimañas se las podía cazar siempre y estaba autorizado el uso de venenos dirigidos hacia ellas.

La Orden de 27/07/1939 añade contenidos que son consecuencia del conflicto bélico que se vivió. En esta Orden, portar cartuchos con bala o postas se consideraba un delito; para la caza mayor la concesión de la licencia era totalmente discrecional para la autoridad competente; ambas cosas pueden resultar chocantes hoy, pero son comprensibles si se tiene en cuenta cómo podían ser aquellos tiempos tras el final bélico. Para la concesión de licencia de caza menor se imponía la condición de reconocida adhesión al movimiento del solicitante que debía estar acompañada de un informe de la Guardia Civil y el de una reconocida Sociedad de Cazadores legalmente constituida. La concesión de la licencia de caza menor le correspondía al Gobernador Civil de la provincia. Se intuye como importante en el procedimiento seguido y en la decisión final, el informe de la Sociedad de Cazadores para la obtención de la licencia de caza menor.

Crónicas de la década de los 30

Las crónicas que se incluyen de la década de los 30, son relatos transcritos, tal como me fueron contados a través de conversaciones sostenidas con mi padre y que proceden de su infancia. Evidentemente, no son relatos vividos por mí, yo nací más de veinte de años después. Un personaje fundamental en esos relatos es el del abuelo Sabas, mi abuelo paterno, al que no conocí pues murió algún año antes de yo nacer, según mis cálculos en 1957.

El primer relato lo titulo *"Lo que no te enseñarán en el colegio"*. Lo que se enseña en los colegios es siempre incompleto; es necesariamente incompleto porque no se sabe todo de todo, se sabe solo parte. Sin haber estudiado, Sabas parecía tener claro eso y se esforzó por mostrar esas cosas que no se enseñaban en los colegios y que él había sonsacado de la naturaleza a través, sobre todo, del ejercicio de la caza.

Sin embargo, al mismo tiempo, parece evidente que, en aquella época, el pueblo consideraba positivo por su utilidad saber leer, escribir y "lo de las cuentas". De aquí que Sabas mandase a su hijo menor al colegio. Marcelino terminó aprendiendo esas cosas en el colegio, junto con otras que se le quedaron grabadas en la memoria. Esas otras cosas principian la afición principal que lo acompañaría durante toda su vida: la de la caza. El segundo relato titulado *"El sello del maestro"*, hace referencia a ello.

El hecho más trascendente de esta década y, se puede decir, que de todo el siglo XX en España, es el de la Guerra Civil Española. Es tan trascendente que hoy, después de casi 100 años hay debate y decisiones políticas sobre ello. En casi todas las familias dejó algún tipo de huella. No he querido eludir algo tan evidente y, por ello, he incluido el relato titulado *"Historia de una escopeta"* que se relaciona con este hito histórico.

Lo que no te enseñarán en el colegio

- Mi padre hacía muchas cosas. Cultivaba la tierra. Acordaba los apaños con los segadores. Preparaba las rentas para los propietarios de la finca. Esas rentas incluían unos cuantos jamones de los cerdos que también criaba. Ponía huerto. Tenía colmenas de las que sacaba miel, la llevaba a la ciudad y la vendía en las pastelerías. Pastoreaba unas ovejas. También era cazador; siempre llevaba la escopeta encima, acompañado con perro, ya fuese sabueso, podenco o cruzado. Hacía muchas cosas, pero decía que de todas las cosas que hacía, la que más le gustaba era la caza.

- ¿Daba alguna razón?

- Repetía muchas veces que era en la que más se equivocaba y la que más le hacía pensar. No sé si sería por eso. Después, en sus gustos, a la caza le seguía lo de las colmenas.

- ¿Por los mismos motivos?

- Puede que sí...Vivíamos en Hortizuela, una aldea que había en la finca del mismo nombre. Vivíamos varias familias. Al igual que mi padre, la gente no paraba de hacer cosas. Todo el día y todos los días del año estaban ocupados; entonces no se conocía eso de las vacaciones. Las vacaciones no existían. Mi padre, por las noches, seguía haciendo y haciendo cosas; a la luz de la hoguera de la chimenea y de algún candil. Esos eran los momentos en los que mi padre me hablaba de algo; siempre de algo útil. Lo hacía mientras observaba lo que hacía

- ¿Qué hacía en esas noches aparte de contarte algo?

- Varias cosas. Lo que más recuerdo es cómo hacía sus propios cartuchos. Sobre todo, me gustaba ver cómo hacía los plomos. Conseguía plomo en masa donde podía. Tenía tres botes, todos con la base agujereada, y cada base con los agujeros de un determinado tamaño, unos más grandes y otros más pequeños. Fundía el plomo dentro de los botes e iban cayendo las gotas a un barreño lleno de agua fría. Luego no había más que coger los plomos hechos ya bolas. Me decía: *"Mira, cómo se hacen los plomos, este plomo más chico es para conejos y liebres; este, un poco más grande, es para lo mismo, pero para cuando están más lejos; estos tan gordos son para disparar a animales grandes, zorros, tejones,… el otro día tuve que usarlos para matar a un mastín rabioso. Tienes que saber cuando hay rabia en un perro para ponerte a salvo: los perros rabiosos no quieren agua y están como mustios y cabizbajos hasta que les da la vasca, entonces se ponen como locos, muerden a diestro y siniestro y si te muerde uno, tendrás una muerte segura y mala; aprende, si ves un perro rabioso, coges la escopeta, coges un cartucho de estos de plomo gordo y matas al perro sin dudarlo; si te mordiese, tienes que coger una navaja y quitarte rápidamente el trozo de carne donde está la mordedura, con eso puedes salvar la vida; ¿entendido?"*…. me impresionaba lo que me decía… Recuerdo que, a veces, en aquellas noches, mientras lo escuchaba nos interrumpían los maullidos de los gatos cuando los pillaba el búho; se oía un maullido agudo y desesperado que tenía un final bronco y lastimero; algo así como *"miiiiiiiiaaaaauuuuujjjjjjff"*; entonces mi padre decía: *"otro gato menos; el búho debe estar criando en alguna carrasca, necesitará más carne para sus pollos… En fin, ya ves, los gatos se comen a los ratones, los búhos se comen a los gatos y a los búhos se los comen los gusanos cuando mueren… hay cosas que no están en los libros, para saber algo de ellas tiene uno que verlas por sí mismo. Aprende esa forma de conocer. La Ley Natura no la enseñan en el colegio".*

-ii-

-Una noche me dijo: *"Vas a venirte conmigo al puesto, a cazar con El Tuerto. Aprenderás"*. Así fue. Una tarde cogió la mula y en uno de los serones me puso a mí y en el otro a "El Tuerto" y la escopeta.

- ¿Quién era "El Tuerto"?

- Un macho de perdiz. El mejor que tuvo el abuelo Sabas. Le puso de nombre "El Tuerto" porque el plomazo que lo retiro de la vida campesina le saltó un ojo. De allí pasó a ser cuidado en una jaula, reclamando como ninguno de los que tuvo.

23

- Veo que no se esforzó mucho en ponerle un nombre.

- Pues, la verdad, no; lo llamo "El Tuerto", sin más. Al Abuelo Sabas le gustaba mucho cazar con el perdigón y los cuidaba con esmero. La caza con el perdigón no es simple, tiene variedades; esas variedades dependen de lo que hacen las perdices en cada época del año. Lo más común es cazar de esa forma cuando se aparean; pero hay otros momentos, fuera del apareamiento, que también se puede cazar con el reclamo. Al abuelo lo que más le gustaba era la "*picailla*". La "*picailla*" se daba por diciembre. En algunos días de diciembre a los machos de perdiz les da por pelearse para ver quién puede más, para crear jerarquía entre ellos antes de formarse las parejas a finales de enero y principios de febrero. Ese momento se puede aprovechar con un perdigón que sepa hacerles frente a los grupos de machos con el canto; tiene que ser valiente y experto para no acojonarse. En "*la picailla*" primero entra en la pelea con el de la jaula, el jefe; cuando éste cae, entra el segundo de abordo, cuando cae el segundo, entra el tercero y así sucesivamente.

- Los seres humanos son más rastreros que las perdices; en una *picailla* humana, me temo que se haría al revés: el jefe mandaría al último de la jerarquía para que entrase el primero y, después, viendo el resultado producido por la escopeta, saldrían todos huyendo, el primero el mismo jefe.

- Puede. Pensándolo un poco veo que, desde luego, los perdigones no son rastreros y los humanos, a veces, sí. Pero mi padre explicaba que los machos de perdiz tienen cosas cercanas a las humanas: Cuando son jóvenes son unos boceras, luego, con el tiempo, se van atemperando. Aprenden con el tiempo a decirse cosas, cada vez tienen más claro qué decir y si merece la pena liarse a picotazos con el vecino. Al final, uno es el jefe, otro el segundo y así. Los perdigachos están más cerca de los humanos de lo que creemos, …pero, quizás, no lo suficiente para llegar a ser rastreros, como algunos humanos… Siguiendo con El Tuerto: El Tuerto era un macho de categoría, el abuelo le cobró once perdigones seguidos en una *picailla* sin salir de un puesto, cayó la *torada*[3] entera.

- ¡Once perdices!, ¡la torada entera!, … me parece que el abuelo se pasaba. Ya sabes lo que pienso en cuanto al número perdices que se puede quitar en los cotos por temporada: una cuarta parte, nunca más de la tercera parte[4].

- El abuelo no sabía tanto de números como tú, pero sobre eso tenía unas ideas muy claras. Una de esas ideas era que había que controlar el número de machos. Para él no era bueno que hubiese más machos que hembras, pues si hay exceso molestan a las parejas ya formadas y eso afecta a las nidadas. Las nidadas empeoran todavía más si el macho que se hace con la hembra es viejo, estos suelen ganar las peleas y son menos prolíficos[5]. Pensaba que si había más hembras que machos no había problema, ya que un macho puede llevar más de una hembra. Además, a veces, en la mala circunstancia de que se pierda la hembra o en años bien dados en que la hembra pone una segunda nidada, el macho enhuera los huevos de la hembra, saca la pollada y se comporta con ellos como si fuese la mejor madre.

- Parece que el abuelo aplicaba por su cuenta, con El Tuerto y la escopeta, el principio bíblico de que "no es bueno que el macho se quede solo", más teniendo en cuenta que tan buen padre y compañero puede ser.

- Pues sí. Bíblico o no, el abuelo tenía presente que debía controlar el número de machos. Aparte de usar para ello la picailla, utilizaba otro sistema más eficaz: el uso de una perdiz hembra con pollo. Ese sistema aprovecha la vocación maternal de la perdiz que es capaz de adoptar un pollito de gallina y lo considera como suyo. Una vez que le sacan el pollito de la jaula, la perdiz se pone a llamarlo como loca y acuden todos los machos del territorio ciegos con la intención de pisarla[6]. Con ese sistema, el abuelo se hacía una idea de los machos sueltos que había en la zona y eliminaba a los más viejos.

- Me parece excesivo el celo que ponía el abuelo en quitar machos de perdiz del campo.

- Puede ser, pero los resultados eran buenos. El caso es que año, tras año, se iniciaba la temporada y el campo donde intervenía el abuelo estaba lleno de perdices. Otra cosa importante que pensaba y creía es que, si había muchas perdices en un lugar, terminaban "macheándose"; cuando ocurre esa desgracia a las hembras les salen espolones como a los machos, dejan de aparearse con ellos dejan de criar y el lugar se queda sin caza[7].

- Todo eso hay que verlo para creerlo. Está claro que el abuelo llevaba razón cuando te decía que había cosas que no te iban a enseñar en el colegio y que se aceptan como verdaderas si las ves con tus propios ojos.

Fotografía de un aficionado a la caza con reclamo, realizada en 1920. (Archivo de la Imagen de Castilla-La Mancha. Fondo Los Legados de la Tierra. Santa Cruz de la Zarza-Toledo)

-iv-

- Otras noches lo veía navaja en mano con varas de madera de algún árbol y una lija. Medía las varas con el palmo de la mano e iba haciéndoles muescas y sacándoles punta con mucho cuidado. Luego aplicaba suavemente las lijas en las muescas y probaba que deslizasen bien las varas, en unos casos, o que sujetase una vara a otra, en otros casos. *"¿Sabes lo que estoy haciendo?* -me preguntaba-, *estoy preparando una trampa de losilla para un tejón que hay donde las colmenas; con su piel hacen brochas para afeitar y pagan un buen dinero, dinero que nos vendrá bien; hay que ahorrar por si enfermamos, tenlo en cuenta".*

- ¿Y qué hacían con el resto del animal?

- Supongo que una merienda. Si se comían los gatos monteses, al tejón lo comerían con más motivo; parece carne más sana, digo yo. Lo que se rechazaba era la carne del zorro; esa no se comía, nadie la quería. A los zorros les quitaban la piel, les metían ceniza por dentro, los colgaban y luego vendían las pieles; algunos salaban la carne para pescar cangrejos en el verano, otros los enterraban en los huertos, como abono; en fin, cada cual le daba la utilidad que consideraba. Por entonces, se aprovechaba todo o casi todo, no se tiraba nada o casi nada.

- Porque había que ahorrar para ir al médico…

- Claro, y para otras cosas. Había necesidades. Recuerdo como algo normal que cuando llegaban las fiestas del santo patrón, los padres diesen algo de dinero a los hijos con motivo de las fiestas y, era también normal que les dijesen: "toma un duro para estas fiestas, pero no te lo gastes".

- Veo que realmente no pretendían dar un duro. Pretendían dar una lección de ahorro. Querían que se ahorrase, precisamente ese duro. Se trataba de aportar una lección de vida y, en su caso, de supervivencia, probablemente necesaria en aquellos tiempos. La lección les costaba un duro.

- Pues sí.

27

- También fue en aquellas noches, al lado de la lumbre, cuando mi padre, mientras hacía alguna manualidad, me dijo algo que iba a modificar mi vida por un tiempo. Me dijo que tenía que aprender a leer, escribir y a hacer cuentas.

- ¿Se conformaba con eso?

- Sí, en aquellos tiempos era así. Con eso bastaba. Con doce o trece años ya se empezaba a trabajar. Algunos estudiaban más. Normalmente, si había posibles y circunstancias adecuadas, se mandaba a la ciudad al primogénito a formarse más. Allí estudiaba bachillerato, otros iban para maestros, … algunos se hacían curas. Mi padre me dijo: *"has de aprender a leer, escribir y hacer cuentas. Es necesario en la vida saber eso. Te guste o no, has de aprenderlo. Así que te vas a ir con la tía Justa a Jábaga para que en la escuela te enseñen"*.

El sello del maestro

En Hortizuela, por entonces, no había escuela. Mi padre decidió que fuese a la escuela que había en un pueblo cercano, Jábaga, donde sí la había y donde vivía una tía, hermana de mi madre, la tía Justa. De aquello no tengo buen recuerdo.

-¿Y eso?

- Por la tía Justa. No me dejaba hacer nada. No me dejaba salir a la calle, ni ir al campo. La tía Justa siempre estaba regañándome. Yo no estaba hecho a estar siempre en casa y no salir al campo. En Hortizuela, salía al campo; veía los pájaros, las mariposas, los saltamontes, las arañas con sus telas atrapando moscas, mi padre me contaba cosas... con eso me divertía; no necesitaba más.

- La Tía Justa parece que no se quedaba en el justo medio, en eso no parece que cumpliese con su nombre.

- Desde luego que no. Se excedía. No sé por qué me trataba así, por exceso de celo, por miedo a que me pasase algo,...o por hacerme la pascua. ¡Qué sé yo!, pero así fue.

- ¿Y el maestro?

- Bien, bien, … lo recuerdo como buen hombre. Pero sobre todo recuerdo un sello que tenía el maestro en el fondo de un cajón; me podía pasar horas mirando el dibujo de ese sello: tenía la figura de algo parecido a un cerdo, pero con pelo y más empaque. Un día el maestro me dijo que esa figura que había en el sello era la de un jabalí[8], una especie de cerdo salvaje. Le pregunté dónde podía ver uno de verdad; me dijo que eso no era posible, que no había por aquellos pueblos, que había oído que antes los había pero que ya no existían.

- ¿Aprendiste allí a leer y escribir?

- Supongo que algo. Allí no duré mucho. No recuerdo cuánto tiempo estuve. Mi padre decidió que volviese a la aldea. ¡Menos mal! Después apareció una maestra que nos dio clase en Hortizuela y allí debí terminar aprendiendo a leer, escribir y lo de las cuentas. Lo que más sentí fue no poder volver a ver aquel sello con el jabalí que tenía el maestro. Pero hubo otra cosa que sustituyó a aquel sello: unos cromos que llevaban unas tabletas de chocolate que compraba mi padre cuando iba a Cuenca y que mi madre me daba en la merienda; muchas tardes la merienda era una onza de chocolate y un chusco de pan. Esos cromos llevaban dibujados animales: tigres, leones, lobos, … y, una vez, en uno de ellos apareció el jabalí de nuevo; el jabalí del cromo estaba rodeado de perros y se apreciaba como a uno de ellos le había clavado un colmillo en el costado y lo estaba lanzando al aire. Fui guardando esos cromos. Conseguí unos cuantos. Todos los días miraba y remiraba los cromos, no me cansaba de verlos. Deseaba que existiesen esos animales en el campo que me rodeaba e imaginaba el campo con ellos.

- Y hoy, ¿desearías a esos animales feroces de los cromos por los campos?

- Pues sí, pero manteniéndolos a raya.

Me parece que no hay grandes diferencias entre los niños de cualquier época. A todos nos ha gustado la buena nueva de la aparición, presencia y, a veces, posesión de animales; tanto de animales de compañía a su lado, como la existencia de animales feroces y peligrosos, lejos de nuestro lado, de los que hay que protegerse y mantenerlos a raya. Cuando crecemos y nos hacemos adultos, seguimos deseando que la naturaleza nos depare nuevas apariciones. Uno de los alicientes que tiene el ejercicio de la caza es, precisamente, la existencia de la posibilidad de que la naturaleza nos ofrezca algo insólito, espectacular y aleccionador, en cualquier momento no esperado.

Historia de una escopeta

-i-

- En aquel verano del 36, fui con mis padres a Cuenca. Cuando íbamos a Cuenca, siempre parábamos en la posada Santa Luisa, que estaba en la Plaza de Cánovas. En esa posada, trabajaba un familiar. Recuerdo que hacía calor aquel día y que en la comida nos sacaron una bandeja con un montón de pepinos ya partidos por la mitad con un poco de aceite por encima y sal. También recuerdo que la gente hablaba con preocupación de algo que había ocurrido: *"han matado a Calvo Sotelo, han matado a Calvo Sotelo"* - decía la gente, repetidamente, por un lado y por otro.

- Pues lo de Calvo Sotelo fue el 13 de julio; así que, seguramente, el día de los pepinos en la posada Santa Luisa fue el 14 de julio ¿Qué decía tu padre de eso?

30

- Nada. No recuerdo que dijese algo sobre ello. De esas cosas no hablaba. No recuerdo oírle hablar de cosas de la política. Ni entonces, ni nunca.

- La comida no sería sólo de pepinos; que más os dieron de comer.

- No lo recuerdo. Solo recuerdo lo de los pepinos y lo de Calvo Sotelo.

-ii-

- Unos días después, mi padre se llevó un buen disgusto. La culpa la tuvo Hilario, mi hermano mayor. Estudió para maestro en Cuenca; allí se hizo socialista y decidió irse de voluntario a la guerra. Cuando se marchó, le dijo a mi padre que se iba a cazar, cogió la escopeta y salió de la aldea. Habló con un hermano de mi padre, que también se llamaba Hilario, encomendándole que le diese la noticia a mi padre de que se iba al frente que había en la Sierra de Madrid e indicándole el lugar dónde había escondido la escopeta.

- ¿No se atrevió a decírselo en persona?

- No.

- Se enfadaría tu padre.

- Mucho. Estuvo varios días mascullando la noticia. Le decía a mi madre que "el tonto de su hijo se había ido voluntario a la guerra, que era socialista, uno de esos que decían que había que repartirlo todo, que el tonto de su hijo le tenía más miedo a él que a las balas de la guerra, que no tenía que haberlo mandado a estudiar a Cuenca, que en Cuenca le habían metido ideas raras en la cabeza, … y cosas así". Estuvo varios días quejándose.

- ¿Y la escopeta?

- La encontró. La recogió, la llevó a casa y la guardó. No podía sospechar que poco tiempo después esa escopeta de caza iba a ser cargada de nuevo.

- iii -

- Pasó algún tiempo desde que se fue Hilario, quizás fuese el mes de agosto avanzado, cuando se oyó en la aldea un ruido inusual. Era el ruido de un motor de coche. De un coche negro salieron cuatro hombres armados, con vestimenta militar. Preguntaron en la aldea por Sabas y se dirigieron directos a nuestra casa; después preguntaron a mi madre por mi padre que, en ese momento, no estaba en ella. Alguien avisó a mi padre de lo que estaba sucediendo y mi padre tomó la decisión de personarse en la casa; pero lo hizo no entrando por la puerta, que es donde lo estaban esperando, sino trepando por la pared de atrás de la casa e introduciéndose por una ventana. Lo siguiente fue montar y cargar con rapidez todas las escopetas que había en la casa con cartuchos de plomo gordo. Viendo a mi padre, tenso como no lo había visto nunca antes, recuerdo que me senté en el suelo, me escondí en una esquina de la habitación, acurrucado como un conejo; estaba muerto de miedo.

- ¿Y qué pasó?

- Pues que mi padre les preguntó, ya armado, desde la ventana: *¿A qué venís aquí?*. *"Venimos a por ti, tienes que venirte con nosotros"* –le contestaron. *"¿Y quién dice eso?"* –volvió a preguntar-; *"los que mandan"* -contestaron-. *"Bueno, pues si queréis que me vaya con vosotros, tenéis que venir a por mí, cogerme a la fuerza y llevarme; ahora bien, os digo que conforme vayáis entrando por la puerta, tal como entréis iré haciendo un montón con vuestros cuerpos en la entrada de esta casa"*. Los que pretendían llevárselo, se dieron media vuelta; se metieron en aquel coche negro, en el que vinieron, arrancaron y desaparecieron. Por la noche, mi padre cogió una mula, montó en ella y se fue a Cuenca a hablar con ese pariente de la Posada Santa Luisa, que andaba metido también en las cosas de la política. El pariente le dijo que hablaría con esos que mandaban. Nadie volvió a presentarse por la aldea

32

en los dos años largos que duró la guerra. Luego les tocó ir a la guerra a mis otros hermanos, pero forzados, en el reemplazo militar por las quintas que les correspondía; si llego a nacer antes, también me hubiesen mandado a mí. Estuvieron en la batalla del Ebro, alguno volvió con metralla en el cuerpo.

-iv-

- ¿Qué fue de tu hermano Hilario? ¿No volvió con metralla en el cuerpo?

- No, no lo hirieron. Llegó hasta dar clase como maestro en algún pueblo de la Sierra de Madrid. Me parece que en eso tuvo suerte, tuvo suerte en su salud; aunque, quizás, no la tuvo en los sentimientos, dijo sentirse humillado. En la finalización de la guerra, desde donde estuviera en algún lugar de España, se desplazó en los momentos de la finalización de la Guerra a Valencia; allí fue donde hubo de hacer el, para él, humillante saludo con el brazo en alto y mano abierta y no con el puño cerrado que es como saludaban los socialistas. Luego volvió al mismo lugar de donde partió al iniciarse la guerra: a Hortizuela. Por aquel entonces recuerdo las conversaciones, cargadas de tensión, que sostenía mi padre con Hilario. Se me ha quedado en la cabeza unas cosas de aquellas conversaciones. Le oía decir a mi padre: *"Mira Hilario, he estado hablando con ellos y tengo que decirte que si tienes las manos manchadas de sangre, yo no voy a poder hacer nada, te van a matar y yo no voy a poder hacer nada, ¡te enteras! Hilario, dime ¿tienes las manos manchadas de sangre?"*. Hilario le contestaba angustiado *"Qué no padre, qué no. Yo no tengo las manos manchadas de sangre"*. Parece ser que los que entonces mandaban por Cuenca recibieron buenos informes de esos pueblos de Madrid por donde estuvo mi hermano y lo dejaron en paz. Pasó el tiempo y un día oí a mi padre decirle a Hilario: *"Ya está todo arreglado. Tienes tu licencia de caza. Toma la escopeta que escondiste cuando te fuiste a la guerra. Puedes cazar con ella"*.

- ¿Y aquella escopeta volvió a sonar?

- Sí, volvió a sonar.

33

- No llego a entender porque fueron a por el abuelo a la aldea, tiene toda la pinta de que no iban solo a llevarlo de excursión. Dime ¿qué relación tenía el abuelo con la política?

- Ninguna, el abuelo fue reacio siempre a las cosas de la política y, luego, después de lo de Hilario, todavía más. Cada vez que alguien le hablaba de la relación de Hilario con la política, se amargaba, maldecía. No quería oír nada de política

- Entonces, ¿por qué fueron a por él aquellos hombres en aquel coche negro?

- No lo sé[9].

Notas de la década de los 30

(1) Se trata de cifras estimadas aproximadamente, buscando facilitar la imaginación de las situaciones que se exponen en el texto. Fuentes historiográficas: Anuario Estadístico de España del INE, Instituto de Reformas Sociales, Consejo superior de Cámaras de Comercio, Industria y navegación (salarios del periodo republicano 1931-1936), … etc.

(2) Esta afirmación la estimo con un sencillo cálculo sobre la base de información incluida en el trabajo de Leandro Prado de la Escosura "*El Crecimiento Económico de España (1850-2000)*". Se trata de horas de trabajo diarias "reales" en el medio rural. No se trata de las 8 horas de trabajo establecidas legalmente en 1918 en España, de forma pionera con respecto a Europa.

(3) En Cuenca se denominaba "torada" a esos grupos de machos de perdiz que se forman previamente a la fase del apareamiento de perdices.

(4) Esa tercera parte es consecuencia de un cálculo personal. Ese cálculo, junto a otros asociados a otros escenarios, se exponen en la Nota 29 del capítulo de las Crónicas del siglo XXI.

(5) Es interesante hacer un seguimiento a las parejas que se forman en los cotos actuales (en aquellos que tienen algo de perdiz; hoy en día hay algunos que la han perdido al completo o casi al completo). Se puede observar como otros machos merodean alrededor de las parejas formadas y ello lleva a pensar que, en términos generales, el número de machos que hay en los cotos es superior al de hembras. El conocimiento del número de perdices macho y hembra es importante para conocer la evolución de la población de perdices. Tengo que decir que donde yo he venido cazando últimamente, en Tondos (Cuenca), en la temporada 2019-2020, alrededor de una pareja ya formada, acudieron 4 machos de forma independiente. Los rodearon y los siguieron; el macho oficial de la hembra en aquellos momentos estaba muy inquieto; me quedé todo el tiempo que pude dentro del coche esperando una posible pelea u otro acontecimiento. Finalmente desaparecieron de mi vista y no pude recibir una nueva lección del mundo natural.

En cautividad, tengo alguna prueba que apunta a que no es positivo la presencia de machos viejos en la reproducción de la perdiz. Cuento un caso real de perdices en cautividad. Dos hembras y dos machos, uno joven y otro viejo; las hembras no han aceptado al macho viejo y no ha podido pisarlas (las hembras usaban la técnica de atravesarse en la monta para evitarla), al tiempo que el macho joven era interceptado en las tareas reproductoras por el viejo. Fue necesario sacar al macho viejo del corral para que las perdices fueran pisadas. Estos fenómenos, que hay que calificar como naturales, son dignos de investigación.

(6) Para la gente ajena al mundo de la caza de la perdiz, en la jerga de los cazadores "pisar la perdiz" es el hecho de montarla por el macho para copular con ella y, en su caso, fecundar los huevos de la puesta

(7) El guarda de una famosa finca conquense, de gran densidad de perdices, afirmó, después de unos años sin cazar en esa finca, que la población de perdices se había venido abajo porque "*las perdices se habían macheado*". Ello indica que esa idea no la tenía solo el abuelo Sabas, sino que ha estado presente en el medio rural de la España interior. Esa idea puede ser un conocimiento empírico popular y secular (de los que existen abundantes y acertados), aunque también pudiera ser una superstición. Esa finca tiene el nombre de María de la Ó (Villarejo de Fuentes. Provincia de Cuenca) y calculo que, cuando ocurrió ese macheo de la perdiz, contado por el guarda, fue a finales de los 80 o principios de los 90.

(8) En la siguiente página, un par de imágenes sobre la caza del jabalí en dos épocas muy distantes. La imagen superior es de un mosaico romano del siglo IV dC hallado en las proximidades de Mérida en la que un humano está lanceando a un jabalí, tal como se hace, a veces, hoy día. La segunda imagen es de un cuadro del museo del Prado del siglo XVII (autor Frans Snyders); me parece destacable que, ya por entonces, les ponían parapetos a los perros para su protección, aunque vemos que no a todos. Se puede constatar que en toda época y en distintas culturas existen expresiones artísticas que incluyen la caza del jabalí.

37

(9) Una explicación probable del porqué fueron los milicianos a llevarse a Sabas, la encontré en el libro de Burnet Bolloten, titulado "La Gran Mentira". Según ese libo, al principio de la Guerra Civil tuvieron influencia las pautas soviéticas en el quehacer del ejército republicano, rojo, o como se le quiera denominar que, a su vez, aplicaron antes en la Revolución Rusa. Una de las pautas era exterminar a sacerdotes, terratenientes y sus arrendatarios. El abuelo Sabas pertenecía al grupo de arrendatarios de terratenientes. Buscando asesinatos en pueblos cercanos que pudieran responder con alguna probabilidad a esas pautas, he encontrado dos casos en Abia de la Obispalía. Esos casos se corresponden con los asesinatos de D. Abundio Fernández Martínez y D. Agapito Martínez (Libro: "Abia de la Obispalía. Por Tierras de Obispos". Autor: Jesús Guerra Fernández).

En cuanto a Burnet Bolloten, fue un ingeniero británico que cayó por España como periodista para informar sobre la Guerra Civil Española; esto transformó su vida de forma tal que la Guerra Civil Española se constituyó en el epicentro de su actividad y, que yo sepa, no volvió a ejercer la ingeniería. La amplia información documental que recogió sobre la confrontación bélica española y su entorno se encuentra en la Universidad estadounidense de Stanford. En cuanto a los informes sobre Hilario, se mandaron desde los pueblos de la Sierra de Madrid que venían a certificar eso que repetía continuamente: *"que yo no tengo las manos manchadas de sangre"*.

- La década de los 40 -

Muchos de nosotros hemos oído el testimonio de personas que cuentan el hambre que pasaron en esta época. Varias circunstancias concurrieron para que alimentarse en España fuese un rompecabezas.

Una tiene como origen la política internacional. Se produjo el caso insólito en la historia, de que España no podía conseguir alimentos fuera de nuestras fronteras ni de prestado, debido a un boicot internacional que se ejerció contra ella. Su pecado: que una parte de la sociedad española fueron perdedores de la II Guerra Mundial sin casi haber participado en ella y, al tiempo, fueron ganadores en la que se libró en su propio territorio participando en ella. Tener en cuenta esos hechos de la política internacional, hace poner en duda la existencia cierta de la solidaridad y de la bondad en el ser humano.

Otra circunstancia fue que, al tiempo, ese aislamiento fue acompañado de la mala suerte meteorológica: entre los años 1944 y 1946 se produjo, quizás, la peor sequía de todo el siglo XX. Una sequía que dejó a España sin pan. Previamente, el gobierno de entonces había intervenido la producción y el mercado, con el ánimo de que la población tuviese algo para comer, aunque fuese poco o, incluso, ese poco fuese irrisorio; así surgieron las cartillas de racionamiento y, como consecuencia, un mercado negro paralelo fuera de la ley. En esas circunstancias, España se cerró en sí misma. No tenía más remedio que hacer lo de Juan Palomo, eso de "yo me lo guiso y yo me lo como", aunque fuese la suela de un zapato.

Quizás, en medio de esa gran crisis alimentaria, en el medio rural se encontrase una mejor respuesta ante ella que en las grandes ciudades. Sin embargo, en el medio rural existían de forma viva efectos de la Guerra Civil en la forma de los maquis. Los maquis mantuvieron una segunda contienda contra el gobierno con el pueblo hambriento en medio.

Años de hambre y aislamiento.

La Guerra Civil Española había terminado. El impacto económico de la misma fue, como puede suponerse, importante. La caída del Producto Interior Bruto en España puede estimarse en un 25% (número tomado como un valor medio de diversos estudios). Todo ello bajo una economía que era de subsistencia para una parte notable de la población española. Con este número, se puede destacar con una sola palabra el rasgo, quizás el más importante, de la situación económica y social en España: hambre.

Había hambre en una España que la mayor parte de los países habían aislado y marginado tras la II Guerra Mundial. Ello, oficial y formalmente, se materializa en el seno de la ONU en abril de 1945, con la Conferencia de San Francisco. Allí Australia, Méjico y los mismos republicanos españoles en el exilio trabajaron como actores principales contra ella. El proceso de marginación prosiguió en la Conferencia de Postdam poco después, en este caso con Stalin como actor principal. La marginación y aislamiento de España se consolida definitivamente en diciembre del 1946 con la Resolución 39 de la Asamblea General de la ONU en la que España queda excluida de los organismos internacionales y conferencias de la ONU. El proceso fue una especie de juicio sin reo, no exento de algunas discrepancias internas a favor de España (la más importante fue la de Churchill). En ese proceso a España se le negó el derecho a defenderse a pesar de tener sólidos argumentos para su defensa o, precisamente, por eso mismo.

Para colmo de males, entre el 1944 y 1946 se produjo, quizás, por sus efectos sociales, la peor sequía del siglo XX en España. Afectó, sobre todo, de forma dramática a la meseta superior, la meseta cerealista por excelencia. Para mostrar una visión del nivel de la misma, hay que decir que el río Manzanares desapareció y el Ebro casi pierde totalmente su caudal.

España solo contó con ayudas materiales puntuales o simbólicas. Tuvo la ayuda simbólica de la embajada del Vaticano. La Argentina de Perón fue la única nación que ayudó materialmente a España a través de un convenio valiente para que, a través de él, consiguiese trigo y otros bienes de subsistencia. Con ese clima internacional contrario, España quedó política y económicamente aislada y, por supuesto, fuera de las medidas del Plan Marshall que se articularon en EEUU para la reconstrucción de Europa.

Los maquis; campos intranquilos.

Otra consecuencia negativa de la Guerra Civil Española fue que, conforme fueron avanzando las tropas franquistas, hubo gente que optó por refugiarse en el monte. Esas personas "huidas" o "los del monte", así se les denominó popularmente en su inicio, es el origen de lo que se denominó posteriormente maquis, guerrilleros o, también, bandoleros. Al terminar la II Guerra Mundial el fenómeno de los maquis en España se intensificó con la incorporación de guerrilleros españoles que procedían de la Resistencia Francesa contra Hitler que, de hecho, activaron una reconquista de España a través del Valle de Arán; intento de reconquista que resultó un fracaso.

Los maquis no fueron combatidos militarmente. No se les consideró un problema militar en la España de entonces; fueron perseguidos civilmente por la Guardia Civil, valga la redundancia, como delincuentes en aplicación de contenidos del Código Penal y de la Ley de Seguridad del Estado de 29 de marzo de 1941, que endureció las penas imponiendo pena de muerte para aquellos que incitasen a la lucha armada contra España o contra la seguridad del Estado y, lo que resulta socialmente más perturbador, penas de reclusión de 12 años y un día a 30 años para los "participantes en ello". El medio rural fue testigo y sufridor de ese problema en medio del hambre de los años cuarenta.

Las zonas montaraces de España donde se refugiaron fueron varias. Una de esas zonas abarca gran parte de la provincia de Cuenca, sobre todo su parte serrana y oriental que se prolongaba a las Sierras de

Gúdar-Javalambre y el Maestrazgo en las provincias de Teruel, Valencia y Castellón.

Podemos hacernos una idea del grado de perturbación sobre el pueblo llano exponiendo algunas cifras expresivas de la tensión que sufrió el medio rural en aquellas zonas donde actuaron los maquis. Por ejemplo, el número de detenidos en el medio rural por la Guardia Civil por suposición de ser enlaces del pueblo con los maquis se aproxima a 20.000; el número de atracos cometidos por los maquis se aproxima a los 6.000; el número de asesinatos imputados a los maquis se aproxima a los 1.000 (más que los 829 cometidos por ETA desde 1958 a 2018). En los datos anteriores, hay que tener en cuenta que la tensión fue desigual, especialmente intensa desde 1945 a 1950. En cinco años se produjeron más asesinatos por los maquis que los que causó ETA en sesenta años.

Los españoles como "Juan Palomo".

El sistema productivo de España estaba colapsado tras la Guerra Civil y como se ha expresado, sin ayudas. Una consecuencia natural y lógica de las características del entorno de España era la de la autarquía en las relaciones comerciales exteriores, que resumidamente viene a ser lo que decía Juan Palomo: "yo me lo guiso y yo me lo como", principio que trasladado a una comunidad entera vendría a ser "nosotros nos lo guisamos y nosotros nos lo comemos" con el importante problema de que había muy poco para guisar y, consecuentemente, para comer. El comer se convirtió en un rompecabezas de hecho para el pueblo y de derecho para sus autoridades.

En cuanto al mercado interior, un sistema libre hubiese dado lugar durante unos años a precios elevados e inestables, hubiese dejado a muchas personas con pocas posibilidades de consumo, hubiese sacado productos de mercado por atesoramiento o por especulación. El Gobierno de entones, al igual que ocurrió en otros países europeos tras el fin de la II Guerra Mundial, no dudó en la necesidad de intervención en ese estado de cosas. Así aparecieron las "cartillas de racionamiento" y, paralelamente, el mercado negro que, aunque perseguido legalmente, la realidad humana del hambre y la necesidad anuló la eficacia de su persecución. Teóricamente el Estado se debía de hacer con toda la producción del país y esa producción se adquiriría por los españoles a través de una cartilla con unos sellos que equivalían a una cierta cantidad tasada de productos que, normalmente, se hacía semana a semana. En cuanto a los productos alimenticios de primera necesidad (se les denominó, acertadamente en esa época singular, como subsistencias), las cantidades semanales que se adjudicaban por persona superaban en lo escaso el régimen más severo de adelgazamiento actual.

"Subsistencias" que se incluían en esas cartillas de racionamiento fueron los cereales, las legumbres, harinas, tubérculos (patatas, sobre todo), frutas y hortalizas, pan, carnes magras y grasas, frescas o saladas, pescados en salazón, huevos, leche y sus derivados, aceites, mantecas, azúcar, vino, sal, conservas. También estaba incluido el tabaco. Muchos de esos productos eran difíciles de conseguir y caros: por ejemplo, la carne magra.

Fuera de esas cartillas, se podía recurrir subrepticiamente al mercado negro pagando mucho más por cualquier producto. Es fácil imaginar que todo el proceso que surtía de productos a ese mercado negro y su comercialización posterior estaba impregnado de picaresca y corrupción: el hambre y la escasez, son malos alicientes para cumplir y hacer cumplir las normas en las que están involucradas.

El día a día.

Es difícil contestar a la pregunta de cómo era el día a día en la década de los cuarenta. No hay datos suficientes ni datos homogéneos para hacer estimaciones como consecuencia de la existencia de la agitación propia de la guerra que implica economías inestables, y también por las distintas características económicas de las regiones de España y por las distintas decisiones que, en materia económica, particularmente monetaria, se tomaron en las zonas roja y nacional[1].

Con las limitaciones que acabo de nombrar, vamos a intentar ver a lo que se podía llegar con un salario medio en los años 40. Recogiendo

43

distintas informaciones, el salario nominal medio de un trabajador industrial podemos establecerlo en unas 15 pesetas por día en los años 40. Para alimentarse debía legalmente acudir a los suministros de la cartilla de racionamiento para obtener su cesta de la compra semanal. Esa cesta de la compra podría consistir en: 1/4 litro de aceite (a 4,20 pesetas/litro), 150 gramos de garbanzos (a 3,33 pesetas/kilo), 100 gramos de azúcar morena (a 4 pesetas el kilo), 50 gramos de pasta para sopa (a 4 pesetas/kilo), 1 kilo de patatas (a 1,90 pesetas/kilo), 7 unidades de 100 gramos de pan (a 5 pesetas/kilo). En el caso de una familia, la mujer recibía un 80% de la parte de un varón adulto y los niños un 60%. Una familia con 4 hijos, pagaría por esa cesta semanal 31,71 pesetas. Es decir, algo más del supuesto salario de dos días de trabajo del padre de familia. Sin embargo, la cesta anterior, tenía el problema de su insuficiencia y para afrontarlo había que recurrir a otras vías. Una de esas vías era el recurso del mercado negro, el estraperlo, en el que esas subsistencias se pagaban mucho más caras, a unos órdenes de magnitud diez veces superiores; esa misma cesta de la compra, pagada en el mercado negro, saldría por unas 75,5 pesetas. Ambas cestas, la legal y la conseguida en el mercado negro, importarían 83,05 pesetas; es decir, al padre de familia le sobrarían unas 7 pesetas para cubrir el resto de gastos (combustible, luz, vivienda, ropa, salud e imprevistos); es decir, se habría gastado más del 90% del suelo en alimentos y, encima, ni así estaba su familia bien alimentada. Esta sería una situación frecuente de una familia en una ciudad grande apartada del medio rural.

En el medio rural, la situación, siendo mala, era mejor. En el medio rural estaba el origen de la producción del sector primario: ganadería, agricultura y silvicultura. Dadas las circunstancias de la década resulta fácil imaginar lo que haría un agricultor con su producción: retirar y guardar escondida una parte de la entrega, obligada y mal pagada, que tenía que hacer al Estado; esa cuantía ocultada podría ir al autoconsumo, trueque o venta a un precio elevado en el marcado negro. Vamos a hacer unos números. Nos planteamos la pregunta siguiente: ¿qué cantidad podría ocultar ese productor y cuánto supondría? Es razonable pensar que ocultaría un porcentaje tal que no suscitase suspicacias de los funcionarios (el porcentaje podría elevarse en el caso de funcionarios hambrientos y de moral laxa). Un 10% del total de la cosecha podría aceptarse como cantidad retirada sin causar suspicacias; una hectárea de garbanzos en secano podría producir unos 500 kilos de garbanzos en aquellos años, por lo que el productor podría retirar 50 kilos que alcanzarían el valor de unas 30 pesetas el kilo en el mercado negro, un total de 1.500 pesetas, 100 días de trabajo del padre de familia antes mentado o, dicho de otra forma, una cuarta parte de los ingresos anuales de un trabajador medio.

Otra fuente alimenticia en el medio rural la aportaba la propia naturaleza: yerbas, setas, peces, pájaros, animales… esta era otra fuente de alimentos competida, escasa, de alto valor en aquellos tiempos de escasez. Se comprende la importancia de la carne de caza: una perdiz o un conejo se pagaba a unas 4 pesetas, una liebre a unas 8 pesetas. Una liebre suponía el jornal de un peón de campo y más de la mitad del de un trabajador industrial de una ciudad. Se usaban variadas argucias para conseguir esas valiosas proteínas: ligas, trampas, perros y, en casos, escopetas que no todo el mundo tenía. Los cartuchos, de mala calidad, comprados en tienda costaban a 1 peseta la unidad. Con los datos numéricos que se aportan se entiende la expresión *"un cartucho, una liebre"*, que alguna vez hemos oído a los viejos cazadores.

Esta fotografía muestra eso de "un cartucho, una liebre", pero en este caso sin cartucho. La fotografía muestra otro aspecto de la caza; se trata de que cuando se tiene un buen perro, a los cazadores nos gusta fotografiarnos con él; la perra tiene el expresivo nombre de "Airosa". (Archivo de la Imagen de Castilla-La Mancha. Fondo Fotográfico "Los Legados de la Tierra". Pozorrubio-Cuenca).

El campo, la caza y la pesca.

Podemos imaginar, y testificar sobre la base de imágenes pasadas, que el paisaje vegetal era semejante al de la década anterior: un paisaje con poca materia arbustiva por el aprovechamiento que se hacía de ella como combustible y por el uso agropecuario extensivo. Algo semejante se puede decir en cuanto a la biodiversidad en esta década: sin variación o, si la hubiera, poco relevante.

Sin embargo, sí parece relevante un hecho que, con el tiempo, más allá de esta década, tendrá efectos sobre las masas forestales de España: en esta década se iniciaron acciones de ejecución del Plan General para la Repoblación Forestal de España. Este Plan fue redactado a finales de los años 30 con un horizonte temporal para su ejecución de 100 años. Las acciones de reforestación contempladas en ese Plan fueron discretas durante esta década. Razones de tal discreción están en algunas de sus características socioeconómicas: predominaban las necesidades de sustento de la población sobre otras necesidades.

En cuanto a la fauna cinegética, se ha oído decir que se produjo incremento en la abundancia de piezas de caza menor en el principio de los años 40 justificado por los efectos de la Guerra Civil, debido a una menor presión sobre ella y un mayor hostigamiento sobre la fauna depredadora, consecuencia de la acción en los campos de batalla.

Resulta sorprendente que en esta década de hambre siguiese aumentando la población. En la década de los 40 la población española aumentó un par de millones de habitantes (sobre un 8%). En el caso de Cuenca, una provincia de la actual España despoblada, en esos 10 años incrementó moderadamente su población (12.000 habitantes más, cerca de un 4%). Se puede decir que en los pueblos de la España interior rural la cuantía de la población, dedicada en su mayor parte a la agricultura y ganadería, era parecida a la de la década anterior. Así, con respecto a la fauna, habría una mayor presión sobre ella debido al hambre que tenía la población por aquellos años. Esa presión iría dirigida contra matas o yerbas, mientras no fuesen venenosos y pudiesen entrar por la garganta, y contra todo bicho viviente: especies cinegéticas y no cinegéticas,

47

especies depredadas junto con sus depredadores que pasaban a ser depredados por el ser humano. Como botón de muestra de esto último, gatos urbanos y gatos monteses, si se descuidaban, acababan en el puchero y en su banquete siempre había algún gracioso que, en medio de la degustación, profería maullidos, *"miau, miau"*, para que quedase bien claro la clase de carne que estaban comiendo, o para tocar a más si alguno se autoexcluía del banquete tras los maullidos.

Es imaginable que, en el caso de la pesca, ocurriese algo parecido. Se ataparía de todo con la finalidad de alimentarse de la forma que fuese.

Apareció en esta década una nueva Ley con un nombre que, sorprendentemente, podría encajar con la sensibilidad ambiental actual: *Ley de Fomento y Conservación de la Pesca Fluvial*. En esta Ley se mantiene la autorización de la pesca durante todo el año de ciprínidos para consumo propio y la limitación de la pesca de la trucha en cierta época (desde el 16 de febrero al 1 de septiembre). Por otra parte, llama la atención que, entre las especies que regula, se encuentre el esturión; ello indica que esas especies existían entonces en algunos ríos de España.

En la motivación de esta Ley se dice que *"se ha llegado a un empobrecimiento extremo en los cursos fluviales"* y que no cabe desconocer que ello *"afecta en grado notable a nuestra economía"* y que el objetivo de esta Ley es *"la conservación, el fomento y el aprovechamiento de los peces y otros seres útiles"*. En suma, parece tener como objetivos la conservación y el consumo de las especies fluviales.

Crónicas de la década de los 40

Los hechos relatados de esta década, forzosamente, siguen la tónica de los de la década anterior en el aspecto de que están escritos sobre testimonios oídos. No son directamente vividos por mí y se exponen según fueron escuchados.

Condiciones de la vida cotidiana en el medio rural se expresan a través del relato titulado *"Más vale humo que escarcha y más todavía las gachas"*. Las gachas se comían antes de romper el día; las comían cazadores y los que no lo eran. En muchos lugares de la España interior, las gachas fueron un plato básico en la época y son de sobra conocidas. No obstante, para los que no las conozcan, se trata de un alimento que se hace con la harina de una legumbre que tiene varios nombres a lo largo de la geografía española: almortas (en La Mancha o en Madrid), guijas o guichas (en Aragón), muelas (en León), titos (en Cantabria o en Ávila), pitos (en Campos de Calatrava), arvejas o aizkol (en Navarra), guises o guixes (en Comunidad Valenciana o Cataluña), cantudas (en Zamora), chícharos (en Canarias), … y habrá más nombres por ahí[2].

El segundo relato se titula *"Ojalá le salga reuma en el dedo"*. Este relato hace referencia a los primeros pasos de caza con escopeta de un joven en los años de la década de este capítulo. En este caso, esos primeros pasos se dieron en la modalidad de caza en mano en la que, como sabemos, se realiza un trabajo en equipo de varios cazadores con la finalidad de tener más oportunidades de éxito. Las características de esta época de escasez marcan unas condiciones que influían en las conductas de los cazadores y en las relaciones entre ellos.

El tercer relato, titulado *"Hablando de maquis años después"*, recoge una conversación que escuché, a principios de los años ochenta, en una armería que había en Cuenca, entre varios cazadores que, por un motivo u otro, tuvieron relación con los maquis. Yo intervine en aquella conversación aportando una historia familiar personal a la que atribuyo relación con los maquis.

Más vale humo que escarcha
(y más todavía las gachas)

- Pronto aprendí a poner losillas para pillar pájaros[3]. Tenía menos de diez años y ya estaba pillando pájaros con trampas. Empecé a poner losillas con cordel, el problema es que tenías que quedarte escondido todo el tiempo que fuera necesario para tirar del cordel y pillarlos. Por eso pasé a poner las losillas con palos, de forma tal que cuando los pájaros rozaban uno de los palos la losilla se venía abajo y los atrapaba. Ponía varias y las dejaba puestas; después de unas horas me daba una vuelta y veía lo que había caído.

- ¿Y qué pájaros pillabas?

- De varias clases, gorriones, tordos, torcaces… pero lo que me pedía mi madre eran zorzales. Cuando llegaba con zorzales se ponía contenta. *"Muy bien, muy bien. Ya tenemos para darles sabor a las judías. A ver si me traes más"* -me decía-. Por eso, lo que más intentaba era pillar zorzales. Los zorzales son como las pastillas Avecrén, dan sabor a cualquier guiso, aunque con los zorzales el gusto es más fino.

- ¿Cuántos zorzales llevabas a tu madre para las judías?

- Dependía del día, normalmente tres o cuatro, rara vez llegaba a la media docena.

- ¿Cuántos comían esas judías?

- Ocho.

- Pues tocabais a menos de medio zorzal por cabeza; no es mucho.

- Pues no era mucho. Mi padre llevaba siempre algo más, normalmente algún que otro conejo, de vez en cuando alguna liebre. Con los zorzales y un par de conejos se hacían unas buenas patatas o judías que se comían al medio día o por la noche.

- ¿Perdices?

- Perdiz era más raro. Se tiraba a lo seguro: un conejo parado o cuando el sabueso te metía un conejo al trotecillo en las narices; los cartuchos salían caros aunque se los fabricase uno mismo, era necesario racionarlos; luego estaba el problema de la pólvora que, a veces, explotaba cuando quería, después de tirar del gatillo. La gente que tenía escopeta tiraba a lo seguro y se ufanaba cuando podía decir *"un cartucho, una liebre"*, ese era el rendimiento óptimo de la munición. La codorniz no se cazaba con escopeta porque se consideraba que, por su tamaño menor, no merecía la pena el gasto de un cartucho.

- ¿Y cómo se las apañaban los que no tenían escopeta?

- Como podían. Ponían trampas de diversas clases: losillas como yo, lazos, ligas, … Alguno tenía la suerte de tener un buen perro que le pillaba conejos al diente cuando llegaba el conejo a la boca y se la encontraba tapada desconcertándose. Hay perros que llegan a coger conejos al acecho, cerca de las bocas, como los zorros. Mi padre decía que era bueno tener la suerte de pillar un cachorro cruzado entre perra y zorro; decía que ese cruce era tanto o mejor que una escopeta porque pillaba conejos de varias maneras y liebres en el campo en la misma cama, … ¡menuda bronca me echó un día cuando espanté un zorro que se iba acercando a una perrilla que teníamos en celo!

- ii -

- En las losillas ponía unos granos de avena, trigo, centeno, … Sin embargo, en una ocasión, se me ocurrió poner unas lombrices pinchadas en las púas de una rama de acacia. Clave la rama en el suelo con las lombrices colgando de las púas de forma bien visible … ¿sabes lo que me encontré en la losilla cuando fui a revisarla?

- ¿Qué?

- Un pájaro negro con el pico rojo. Una chova piquirroja, según dijo uno de la aldea.

- ¿Qué hicisteis con ella?

- Terminó en el puchero. Hubo discusión sobre que se debía hacer con ella. Unos decían que parecía un cuervo y que los cuervos no se comen; otros que era algo distinto a un cuervo porque tenía el pico rojo y, por ello, se podía comer. Finalmente ganaron los que decían que era distinta al cuervo: *"Métela, métela en el puchero con las patatas, alguna sustancia dará"* -decía uno- , *"Sí, sí, sí, métela en el puchero que los toros de corrida también son negros y tienen buena carne"* -decía otro-.

- ¿Cuál fue el resultado final?

- El guiso quedó amargo, amargaba el caldo, amargaban las patatas, amargaba la chova y el conejo que, de propina, llevaba el guiso. Costó comer aquello.

- Menuda paliza metisteis a los pobres animalillos en aquellos años. Quince o veinte aldeanos carnívoros tras todos bichos vivientes de la naturaleza, amargasen o no, en todo momento, con todo tipo de artes… Supongo que la ganadería os serviría para descargar la presión sobre los bichos. Los pollos, gallinas, cerdos, corderos, … tendrían buenas magras.

- Pues sí tenían buena carne los animales que criábamos, pero esa carne rara vez se comía. Esa carne era para vender o para hacer pagos en especie. A los dueños de la finca había que suministrarles cuatro jamones al año como parte del pago de la renta. Luego, cuando llegaba la época de la siega, el trato con los segadores incluía la comida y el vino que, también, se consideraba alimento y era parte de la paga. A los segadores se les daba una buena parte parte del cerdo que se había conservado en orzas; sin embargo, las comían como parte de su trabajo, sin ganas ni alegría, parecían obligados a comer, no parecía que disfrutasen esas carnes; seguramente por el cansancio que había en todos en aquellos momentos … ¿sabes qué comían los segadores con ansia?

- ¿Qué?

- Pepinos con miel. Mi madre les preparaba un montón de pepinos y les echaba por encima un poco de sal y un buen chorro de miel. Los devoraban. No dejaban ni uno.

- Debía ser para recuperar energías y jugos perdidos.

- Sí. Les ayudaría a recuperar esos jugos. Con lo de la siega la gente se quedaba seca y tostada por el sol. Yo también aprovechaba esos pepinos con miel. Era poco el dulce que tomaban los niños entonces. El azúcar era costosa, casi un lujo. El azúcar se sustituía por la miel, que se tenía por un alimento de menor categoría, … ¡ya ves cómo cambian los tiempos!

- iii -

"Más vale humo que escarcha", se ha dicho y se sigue diciendo. Quizás, esa frase hecha, sea un consejo popular relacionado con la aplicación del principio de conservación de la energía o con otro principio obvio: la vida requiere suministro de energía y el balance de lo gastado en energía para conseguir la energía que has de meter en tu cuerpo debe ser positivo. La especie a la que, sobre la tierra, no le salgan positivas esas cuentas, palma.

- Cambian los tiempos. Para los niños, fueron tiempos poco dulces; con poco suministro energético. ¿Qué otros dulces recuerdas tomar en tu niñez?

- Arrope de calabaza, que mi madre lo hacía con miel, alguna onza de chocolate y lo que pillábamos por el campo: moras cuando llegaba septiembre, algunos frutos que daba el campo en primavera, algunas flores que estaban dulces…

53

- Parece poco alimenticias, … y poco seguras esas adquisiciones.

- Sí, eso era poco. El grueso de la alimentación empezaba en las madrugadas. Se hacían gachas con harina de almortas. Se empezaban a hacer cuando todavía no había salido el sol. Al amanecer ya se estaba comiéndolas. Se usaba la grasa de las orzas donde se conservaba el cerdo o la que soltaban las *tajas* de tocino cuando se freían, que no era siempre. Se comía eso y a trabajar. No olvido a uno de los críos de la aldea, debía haber algún problema en su familia y pasaban necesidades, acudía todas las mañanas a comer su plato de gachas; recuerdo verlo acudir casi desnudo, tapado sólo con un blusón, andando descalzo por encima de la nieve; cuando llegaba tenía la piel morada, como el vino; era el frío el que la ponía así.

Se deduce que en aquel muchacho podía más el hambre que el frío. Por eso acudía al almuerzo aguantando gélidas acometidas. Era mayor la ganancia en energía con ese plato madrugador que la que perdía acudiendo allí. A este caso le aplica bien el dicho de *"Más vale humo que escarcha"*, pero ganaría en realismo si se le añade *"pero más todavía las gachas"*. Gachas salvadoras de harina de almortas, gachas a vida o muerte.

Grabado de Goya. Los desastres de la Guerra. Gracias a la almorta.

¡Ojalá le salga reuma en el dedo!

- No es que me cansase de trampear, pero cada año que pasaba tenía más ganas de empezar con la escopeta. *"¿Padre, cuándo voy a empezar a cazar con ustedes?"* -le preguntaba-; *"Todavía no; tienes que crecer"* -me contestaba, siempre lo mismo-. *"¿Y cuánto tendré que crecer para ir con ustedes?"* - le pregunté en una ocasión-; *"si todo va bien, de morralero*[4] *te puedes venir cuando tengas trece años y, cuando aprendas algo de caza y cojas más carnes, podrás llevar escopeta un par de años después "* -me contestó-.

- Te lo dejó claro. Supongo que te quedarías más tranquilo; las incertidumbres no son buenas compañeras en la vida.

- Pues sí. Ya sabía a lo que me tenía que atener y el tiempo que debía esperar… Pero, … la verdad, tranquilo no me quedé, estaba obsesionado con lo de cazar con escopeta, como hacían mis hermanos y mi padre. No me pude contener, no pude esperar.

- ¿Qué hiciste?

- Quitarle la escopeta a mi padre, coger un par de cartuchos e irme a unas bocas de conejo que había a un kilómetro de casa. Lo hice a escondidas; cogí la escopeta, le puse una cuerda y la descolgué por la ventana que había por la parte de atrás, salí por la puerta como si tal cosa y me fui donde los conejos, me escondí y me puse a la espera; pronto apareció uno y luego otro, apunté al primero y ¡pum!, disparé, y un conejo patas arriba, fui a por el otro, que corría como un demonio y ¡pum!, fallé. Total, un conejo; esa fue mi primera pieza cazada con escopeta.

- ¿Satisfecho?

- Sí, satisfecho, pero preocupado y con dudas. Iba hacia casa dándole vueltas a la cabeza. Tenía que presentarle el conejo a mi madre y no sabía qué decirle. No sabía si decirle que lo había conseguido quitándole la escopeta a mi padre, cosa que estaba mal, o que ahí tenía un conejo para guisar y que lo había matado yo como un mayor, cosa que me parecía estar bien.

- ¿Y cómo terminó la historia?

- De una forma que yo no esperaba. Estaba cayendo la tarde y llegué a la ventana por donde había descolgado la escopeta; até la escopeta con la intención de salir corriendo hacia la casa, ir a la habitación y subirla. Justo iba a arrancar cuando vi que la escopeta subía sola. En la ventana estaba mi padre mirándome con fijeza y subiendo la escopeta con la cuerda. Me había descubierto. Ya no había explicaciones que dar, no había nada que decir.

- ¿Sólo te quedaba esperar el castigo?

- Sí, esperaba un castigo gordo.

- ¿Y qué pasó?

- Nada. Mi padre tan solo me dijo severamente: *jamás se te ocurra coger un arma sin mi permiso*. Fue eficaz. Así lo hice siempre. Incluso cuando tenía escopeta propia y no tenía mucho sentido pedirle permiso, me veía obligado a decirle: *padre, cojo la escopeta y salgo a cazar*.

- ii -

- Cumplí los trece años. Sería por el mes de septiembre[5] cuando mi padre me dijo: *Marcelino, prepárate, que vas a empezar a venir de morralero. Mañana, domingo, vienes*. Llegó el día. Era de noche cuando mi padre entró en la habitación donde dormía; me despertó; *Vístete, baja a la cocina y come algo, vamos a El Seco[6], tu morral lo tienes en el carro* -me dijo-. Por la hora temprana de ese primer almuerzo o por la emoción de ese primer día de morralero, qué sé yo, no tenía hambre; pero recuerdo que me metí sin ganas unas cucharadas de gachas en el cuerpo y un trozo de tocino. Cuando salí de la cocina ya estaba el carro preparado con la mula. El carro llevaba las escopetas, merienda, un par de garrafas con agua, un candil y los morrales entre el que se encontraba el que iba a ser mío. A mí me pusieron en el carro abrigado con una manta junto a todos los trastos de la caza y arrancamos todos: mi padre, dos de mis hermanos, otro par de familiares de la aldea y unos cuantos perros que habían acudido al ajetreo del arranque de la cacería.

- ¿Unos cuántos perros? ¿No eran vuestros perros?

- Acudieron los nuestros y algunos otros que, en principio, se sumaron y que hubo que espantar. Entonces los perros se tenían sueltos por los pueblos, y en cuanto se daban cuenta que se iba de caza acudían todos como moscas; no había que llamarlos. Los perros de caza saben de sobra cuando se va de caza; cazar es lo que más les gusta, más que "el comer"; de hecho, alguno de los espantados volvió a acompañar el carro después de algunos kilómetros y ya no se hizo nada por espantarlo; a uno de ellos lo guardaba mi padre como oro en paño, un sabueso negro que se llamaba Sur.

- Sería bueno.

- Excepcional. De esos que salen uno de cada mil. Mi padre lo vio actuar y lo compró sin dudarlo. Fue en Poveda. Le costó hacer el trato. Pagó por él una gorrina lechona; una gorrina lechona era un alto precio por entonces.

- ¿Qué hiciste como morralero?

- Lo que hacen los morraleros, llevar la caza en el morral y cumplir órdenes: *"súbete a ese cerrillo, le das la vuelta por arriba. a ver si nos echas las perdices"*, *"no se te ocurra adelantarte, que espantas a las perdices y no podemos tirarles"*, *"tú céntrate en ir siempre mirándonos y llevando el ritmo"*, *"lo de la caza de la perdiz en mano es mucho trabajo, mucho trabajo de equipo"* -me iba diciendo uno u otro-. De vez en cuando tuve que volver al carro a ver cómo estaba la mula y a dejar caza. Al perro Sur mi padre aquel día le mató media docena de liebres a la vuelta[7]. *"Escucha, Sur ha vuelto a levantar la liebre, ahora la está siguiendo, se va acercando, se ha callado, la ha vuelto a levantar, se acerca, ya está aquí..."* - me decía hablando en voz muy baja y allí se

57

presentaba la liebre y "pum" la liebre caía, tenía que recogerla y meterla en mi morral-. También recuerdo que pusieron en el rastro a Sur tras perdices alicortadas, las cobró todas y todos alababan lo que hacía. Cuando se puso el sol, arrancamos de vuelta hacia casa; volvimos de la misma manera, sin luz, rodeados de perros, yo envuelto en una manta, pero acompañado de bastante caza en el carro.

- ¿Contento?

- No sé si contento. Sí satisfecho y la afición creciendo… Puede que no haya parado nunca de crecer desde entonces.

- iii -

- Imagino que el siguiente paso fue cazar con escopeta.

- Sí. Un par de años después, con unos 15 años. *"Vas a empezar a cazar con escopeta, te voy a dejar la vieja"* -Me dijo mi padre-. Y así, sin más, me vi como cazador con escopeta, que era mi mayor deseo por entonces.

- ¿Cómo empezó esa nueva fase?

- Normal. En un principio cumplía todo lo que me decían, pero pasado un tiempo, en esa misma temporada, fui tomándome libertades y haciendo picardías. Pronto empecé a darme cuenta de que no solo me gustaba la caza, sino que lo hacía bien y obtenía mejores resultados que la mayoría de la cuadrilla, sobre todo con las perdices.

- ¿Libertades?, ¿picardías?

- Sí, las dos cosas son importantes para la caza: tomarse libertades y tener picardías. Una picardía gorda la hice con el perro Sur. Quería que se viniese conmigo, que cazase para mí y no se me ocurrió mejor cosa que el día de antes de salir de caza pasarle por la nariz varias veces un cartucho que había disparado mientras lo llenaba de halagos. El truco dio resultado y Sur empezó a venirse conmigo, *"no sé qué tiene este muchacho que el perro sólo quiere ir con él"* - se quejaban mis hermanos mientras mi padre mantenía un silencio pensativo.

- ¿No les contaste la artimaña que usabas?

- No, nunca. La mantuve en secreto.

- Y las libertades, ¿qué libertades te tomaste?

- La más gorda, la de no hacer caso a que los cartuchos eran caros y había que ahorrar, que sólo había que tirar sobre lo seguro. Los de la cuadrilla tiraban más blasfemias que tiros por el cañón de la escopeta. Sobre todo con las perdices se producía una cadena de ellas, *"mecagüen san tal, me cagüen san cual,... que se han levantado antes de tiempo, que si ya se podían haber esperado antes de arrancar, que si hay que asegurar el tiro,..."*. Cuando fallaban alguna perdiz que había salido *a huevo* se ponían como locos, alguna vez hasta tiraron la escopeta al suelo. Para mí la distancia a la que salían las perdices y el costo de los cartuchos no era una preocupación y con tal que veía que había alguna posibilidad de quedarme con la perdiz, aunque estuviese lejos, pin-pan que llueve. Así que pronto, entre el perro Sur y mis tiros, lejanos y cercanos, empecé a cobrar más caza que ellos.

- Se condenarían.

- Sí, se condenaban, a excepción de mi padre, al que le daba risa lo que hacía. *"¡Deja ya tanto tiro! ¡Nos vamos a quedar sin cartuchos en Cuenca!,... ¡Ójala te salga reuma en el dedo, copón ya!* -me gritaban cuando empezaba mi orquesta detrás de las perdices.

La caza puede resultar una actividad egoísta y frustrante. La actividad de la caza tiene cierta carga de envidia. Sin embargo, el deseo cinegético, perseguidor y compulsivo, parece superar con creces esas características. Así cazadores desafortunados, iracundos, sobresaltados, amargados por su falta de suerte y la suerte regalada en otros, seguirían y seguirían hasta el infinito, entre tiros y blasfemias, a los bravos bandos de perdices.

Hablando de maquis años después

Hay instituciones humanas que tienen personalidad, una personalidad que es otorgada a sus miembros de forma tal que cuando observamos a uno de ellos podemos adivinar que pertenecen a ella. Una de esas instituciones es la de la Guardia Civil y Restituto era guardia civil. El fundador de la Guardia Civil, allá por el siglo XIX, impuso el aprendizaje de memoria de una cartilla con una serie de preceptos morales y de acción; es seguro que Restituto se la aprendió al dedillo. Después se impuso dentro de la guardia civil un nuevo precepto de acción, oficioso y no escrito, que indica un modo de proceder: "vista larga, paso corto y muy mala leche"; era palpable que Restituto tenía presente ese eficaz modo de proceder. Con todo ese bagaje, a Restituto, a poco de ingresar en la Guardia Civil, le encomendaron la tarea de ir a la Sierra a perseguir a los maquis.

- Nos mandaban a la Sierra tras los maquis, íbamos por parejas. Teníamos que vigilar los pueblos y los movimientos que había en ellos; todo el día, de sol a sol; por la noche dormíamos en el campo, cuidando bien donde hacíamos fuego para que no nos detectasen. Teóricamente teníamos que ir tras ellos, pero la realidad era que también ellos andaban detrás de nosotros. Nos daban un par de kilos de pan para la semana, un trozo de tocino salado y unas latas de conserva. Poca comida. Menos mal que completábamos la dieta con truchas; había muchas en los ríos de la Sierra; elegíamos una bien grande y le lanzábamos un tiro, nunca al cuerpo, sino por debajo de él, la presión de la bala le rompía la vesícula natatoria y la cogíamos con las manos. Una vez hecho el disparo, teníamos que irnos del lugar por si acudían los maquis al ruido; si daban con uno, te mataban. Aquello era jugar a un escondite mortal.

- ¿Malos tiempos?

- Sólo son tiempos; está demás decir si eran buenos o malos -contestaba Restituto con sequedad.

- Con tantas horas seguidas en esa tarea, de día y de noche, con el plus de peligrosidad, al menos el salario sería bueno

- Ni bueno, ni malo; ni pluses de peligrosidad, ni gaitas. El sueldo que recibía era un sueldo normal por entonces. Cobraba algo menos de cuatrocientas pesetas al mes. Pero lo que cobraba no importa; eso da igual porque lo importante es la disciplina y el sacrificio. Disciplina y sacrificio y el estricto cumplimiento del deber; esto es lo importante, lo demás son gaitas ¿Queda claro?

- Muy claro.

Restituto era lacónico y tajante, poco amigo de eufemismos, circunloquios y términos relativos.

- ii -

A Fernando, le mataron a su hermano. Una consecuencia de ese hecho fue que cruzó la línea del frente por Teruel y se puso a pegar tiros al lado de los nacionales. Luego, cuando terminó la guerra, prolongó voluntariamente su guerra particular y se hizo colaborador permanente del régimen de Franco. Como reconocido colaborador, formó parte de cuadrillas mixtas, junto con la Guardia Civil y el Somatén, que se formaron para combatir a los maquis.

- ¿Recuerdas las batidas que organizábamos para pillar a los maquis? - pregunta Fernando a Restituto.

- ¿Cómo no me voy a acordar?, eso fue algún año después de cuando me mandaron a la Sierra tras ellos ¿Cómo no me voy a acordar?, en aquellas batidas estábamos, nosotros, la Guardia Civil, los somatenes y vosotros los colaboradores armados.

Tengo grabado en la memoria el día que Fernando el de la Diputación atrapó en una batida a un jabalí bermejo de unos veinte kilos. Luego lo ató con un cordel, como si fuese un perrillo, por el cuello y el morro. Fue en una batida en Castillejo del Romeral. Desde mi puesto, cercano

61

al suyo, algo más elevado en cota, no acertaba a descifrar lo que estaba ocurriendo; veía un objeto marrón rojizo como una pelota a su mismo lado, saltaba y saltaba como un juguete entre romeros y aliagas, sin que se me pasase por la cabeza imaginar que era un jabalí atrapado manualmente por Fernando. Se tiró en plancha sobre él como hace un portero de futbol con un balón. *"Lo vi acercarse derecho hacia mí, veía que se colaba entre mis piernas y no se me ocurrió mejor cosa que echarme encima de él. Intentó morderme; un par de veces casi lo consiguió, así que también le tuve que atar el morro"* -contaba flemáticamente lo sucedido.

- ¿A los maquis les preparabais batidas como a los jabalís? -le pregunté.

- Pues sí, era algo parecido. Se lanzaba una cuadrilla hacia la zona donde se pensaba que podían estar los maquis y se preparaban los puestos de espera donde se pensaba que podían pasar en su huida con mayor probabilidad.

- ¿Quién son más difíciles de atrapar, los humanos o los jabalís?

- No sé qué decir. Bien pensado, creo que el ser humano está en desventaja con el jabalí en esas circunstancias: el jabalí es más rápido, tiene más facultades, sobre todo un olfato del que carece el humano… quizás también más instinto de autoconservación …, maquis ya no hay ninguno y jabalís sí.

- No llegaste a echarte encima de un maqui, como hiciste con el jabalí de Castillejo -le comenté bromeando.

- No, no, … ahí si te puedo decir que el ser humano es más peligroso que un jabalí de veinte kilos.

- iii -

Justo Arribas encontró trabajo de guarda de caza en una finca. Tenía menos de veinte años por entonces. El jornal que le ofrecieron era mísero: cinco pesetas al día. Sin embargo, le permitían cazar conejos sin límite; eso le permitió completar su jornal hasta un sueldo normal en aquellos tiempos. Aparte, consiguió una especialización en la caza del conejo y de la liebre con la que sorprendió a todos los cazadores que lo conocieron, entre los que me incluyo. Su habilidad en ello llegaba a ser misteriosa. Pero en aquella finca no había sólo conejos, liebres y perdices prohibidas; también hubo maquis.

Justo Arribas tenía un carácter individualista, autosuficiente y escéptico. Solo creía lo que le entraba por los ojos. En él era patente ese malestar visceral ante el comentario político; ese malestar es frecuente en el mundo de la caza.

- Os estoy escuchando y me ha venido a la cabeza lo que viví de joven con los maquis. Con lo que viví me basta para tener una idea sobre lo que ocurrió. Os lo cuento. En la finca empecé a ver merodear a lo lejos a gentes extrañas que me inquietaban. Un día, al saltar la rasante de un camino, me dio un fuerte olor a oveja; el olor provenía de unos hombres que, armados, me estaban esperando justo en el alto. Se trataba de los maquis que, en gran parte, se alimentaban de las ovejas y corderos de los pastores que había por allí, de ahí el olor que desprendían. Me dijeron: *"sabemos que te estás portando bien, que haces buen silencio sobre lo que ves, sigue así por tu bien"*. Sus palabras no me retiraron la inquietud. Intuía que, antes o después, tenía que ocurrir algo gordo y eso llegó; gracias a Dios, no conmigo. Un buen día los maquis llevaron a uno de los suyos enfermo a un caserío de la zona con la finalidad de que lo atendiesen; pero el casero, también asustado como yo, optó por informar en el pueblo sobre lo ocurrido. Se presentaron en el caserío guardias civiles y otras personas que acribillaron al maqui a balazos; ya muerto, una persona del pueblo le pegó un tiro más, al tiempo que lo insultaba. Yo y otras personas recogimos el cadáver, recuerdo que parecía un saco de garbanzos, tenía los huesos rotos por todas partes. Pero la historia no terminó ahí, lo peor estaba por llegar. Unos días después, apareció ahorcada la persona que le había pegado el tiro con la pistola al maqui ya muerto. Al casero se lo encontraron casi cadáver, tenía un tiro en el rostro que le había arrancado parte de la cara, lo debieron dejar por creerlo muerto; sin embargo, el casero se recuperó y, en cuanto eso ocurrió, desapareció del pueblo sin dar señas ni hablar con nadie, ya no se supo más de él.

- Mala cosa es estar en el medio de las contiendas -comenté.

- Malo, muy malo -contestó Arribas-. Había otra persona en la zona, también casero, que criaba dos cerdos: uno era para los maquis, otro para la Guardia Civil. Los dos cerdos le daban tranquilidad, aunque no carne; él no la probaba. Tanto maquis como guardia civil, cuando veían dos cerdos, pensaban que uno de ellos era para el casero y el otro para sus amigos; es decir, para ellos mismos. Despistaba a unos y otros, con su renuncia a la carne. Ese casero era un tío listo. Sobrevivió con su renuncia a la carne, su astucia y con su silencio. El silencio era clave para vivir o sobrevivir en aquellas circunstancias. Yo mantenía silencio; todo el silencio que podía, cosa que no era fácil. No ver, no mirar, era mi consigna, si veía a alguien a lo lejos, le daba la espalda y me alejaba, sabía que me estaba jugando mucho. La Guardia Civil, a veces, se quitaba el uniforme y se ponía ropa de campo, luego se presentaban delante de ti y te preguntaban si habías visto algo sospechoso; *"algo veo; me da que hay algún furtivo detrás de los conejos, pero no les oigo pegar tiros, no creo que quiten muchos conejos de la finca"* -les contestaba-; siempre se marchaban recelosos; aplicaban eso de *"vista larga, paso corto y mala leche"*.

- Esos eran de las contrapartidas -aclaró Restituto-. Eran necesarias para ganar esa contienda. Esas contiendas, contra menos duren, mejor; menos sufrimiento para todos.

- Sí. Contra menos duren, mejor, … y que no vuelvan.

- iv -

- Yo os puedo contar una historia de posibles maquis y salvadoras vírgenes que le sucedió a mi abuelo -les dije-. Era el mes de enero de 1943 en la zona de Cistierna (León). Esteban, mi abuelo materno, había mudado de trabajo: de las maderas de Cuenca a las maderas de la provincia de León. Era invierno y, en principio, se fue solo a su nuevo trabajo, la familia ya llegaría cuando mejorase el tiempo. Amaneció normal ese día de enero; un día más de trabajo en unos robledales a unos cuantos kilómetros al norte de Cistierna. Poco duró la normalidad.

64

Después de amanecer se notó que llegaba un aire más fresco y húmedo; se puso a nevar, primero abundantemente, luego la nevada fue decreciendo mientras que el aire que iba llegando era cada vez más frío, de forma tal que empezaba a helar la nieve caída. La nieve había puesto un manto blanco sobre el paisaje, mirase por donde se mirase; un manto blanco que confunde a animales y humanos. Se echo una tarde gélida encima que aconsejaba volver a Cistierna; así hizo, cogió camino en dirección a Cistierna; sin embargo, iban pasando las horas y Cistierna no aparecía, se echó encima la noche y llegó un momento en el que se dio cuenta que se había perdido y, además, sentía que peligrosamente. No tenía otra alternativa que andar y andar, hasta dar con alguna referencia que le ayudase. Después de tiempo, nadie sabe cuánto, vio en medio de la nieve una figura humana vestida de negro. Se acercó y se trataba de una mujer, cuya presencia era incomprensible en ese paraje a esas horas nocturnas. La mujer le preguntó que le traía por allí. Esteban le explicó lo que le había ocurrido. La mujer le aconsejo: *"Miré usted, buen hombre, no siga por la dirección que lleva, hace no mucho los lobos devoraron a un mozo, lo único que encontraron de él fueron las botas, justo en aquel barranco de abajo; lo mejor es que vaya usted en la dirección que le indico; en cuanto salte ese cerro tiene usted una aldea, pida allí auxilio; si sigue en la dirección que lleva, puede usted morir, por el lobo o por el frío"*. Siguió por la dirección indicada y pronto dio con la aldea. Pidió auxilio y lo atendieron. Cuando describió el insólito encuentro con aquella mujer, ratificaron la verdad del hecho de la pérdida reciente de un hombre devorado por el lobo y ante lo inexplicable de la presencia de aquella mujer, argumentaron que no podía ser otra cosa que la Virgen que había acudido en su auxilio.

- ¿Esa fue la explicación?

- Sí. Esa fue la explicación popular y oficial. Sin embargo, para mí existe una explicación alternativa fuera de la superstición. Cabe la posibilidad de que, al divisar los maquis a un hombre solitario en esas circunstancias fuesen a ayudarle y a indagar sobre su procedencia. Es la explicación más probable que encuentro, fuera de la superstición, sobre lo que aconteció aquel día.

- Sí. Es posible que esa sea la explicación de lo que le sucedió a tu abuelo; en esa zona hubo maquis[8] y es una explicación de lo sucedido -dijo Restituto-.

En la vida pasan cosas raras, cosas insólitas, cosas a las que es difícil dar una explicación que, por otra parte, requieren. Son cosas que no aparecen en la historia narrada pero que forman parte de esa otra abundante historia, la anónima, más amplia que la anterior. Son cosas sucedidas que habitan sólo en la memoria de las personas que las vivieron y desaparecen cuando esas personas mueren sin haber dejado testimonio material de ellas.

Notas de la década de los 40

(1) Varias causas justifican esa falta de homogeneidad de datos económicos durante y después de la Guerra Civil. Una causa se encuentra en las distintas políticas monetarias en la zona roja y nacional. El gobierno republicano, aparte de incautar todos los metales preciosos que pudo de particulares en su zona para afrontar pagos al exterior, puso pronto en marcha la máquina de hacer billetes para pagos interiores; entre otros gastos tenía que cubrir el de los salarios de los milicianos (10 pesetas/día); al final de la Guerra Civil había multiplicado por tres la masa monetaria en su zona con disminución de producción de bienes y servicios, lo que conllevó una pérdida importante de la capacidad adquisitiva de su moneda (consecuentemente, como mínimo, menos de la tercera parte de la inicial). Por otra parte, en la zona nacional no ocurrió tal cosa y consecuencia de ello es que hubiese dos unidades monetarias distintas: una peseta en la zona roja y otra peseta en la zona nacional, con capacidades adquisitivas distintas (mucho menor en la zona roja). Es significativo que, tras el golpe de estado del 18 de julio de 1936 fracasado en Madrid, los funcionarios de la dirección del Banco de España, huyeron de Madrid y se establecieron en Burgos, con lo que, en España, había dos Bancos Centrales: uno en la zona roja y otro en la zona nacional.

(2) Se trata de una legumbre vivaz, muy resistente. Desde antiguo se sabe que su consumo reiterado tiene efectos negativos sobre la salud. En 1940, médicos españoles pusieron nombre a la enfermedad causada por la almorta: latirismo. En 1967 se prohibió el consumo de harina de almortas en España; prohibición que no fue asumida popularmente y sus gachas se siguieron consumiendo. La prohibición se retiró en 2018 ya que se aceptó que un consumo esporádico no afecta a la salud. Se puede decir que, actualmente, su consumo tiene carácter festivo (reuniones de amigos, concursos gastronómicos, etcétera).

(3) La losilla es un tipo de argucia que consiste esencialmente colocar una losa de piedra, sujeta con unos palos de manera inestable y con débil sujeción, de manera tal que con un simple roce caiga y aprese al animal. Hay multitud de formas de configurar ese ardid a lo largo de la geografía española.

(4) "Morralero" es término de la jerga de los cazadores y no está incluido en el Diccionario de la Real Academia Española de la Lengua. El contenido más general de esa palabra en la jerga de la caza es la de aquel que acompaña a los cazadores sin escopeta y, normalmente, portando un morral en el que se meten piezas de caza.

(5) Según testimonios que he recibido, en la década de los 40 la temporada de caza se iniciaba, de hecho y derecho, en el mes de septiembre. Sobre este testimonio hay que tener en cuenta que las especies de la media meda, codorniz y tórtola, popularmente no se cazaban con escopeta ya que se consideraba que no merecía la pena la carne que tenían en relación con el coste de un cartucho.

(6) Se trata de Villarejo de El Seco, pueblo cercano a la aldea de Hortizuela, provincia de Cuenca, que en la jerga popular se simplifica a El Seco. Otros cazaderos a los que acudían desde Hortizuela eran Abia de la Obispalía, Poveda de la Obispalía, Fresneda de Altarejos e, incluso, Altarejos. Los desplazamientos normales que se realizaban eran del orden de 10 kilómetros. El motivo de esos desplazamientos era que la densidad de caza menor en esos lugares era mayor que la de Hortizuela, finca con gran cantidad de monte, más propia para la caza mayor, que en los años 40 no existía y hoy abunda.

(7) Para los lectores que no sean cazadores, indico que cazar la liebre "a la vuelta" con sabueso es una modalidad de caza que consiste en el seguimiento constante del sabueso tras la liebre; ésta tiende a volver aproximadamente al lugar de donde partió y esa es la zona donde se realiza la espera para abatirla. Hay que tener en cuenta que la liebre usa argucias variadas para confundir al perro (romper el rastro con un salto, o varios, y luego prosigue su marcha o se queda encamada). En parte, la calidad del sabueso, al margen de su tesón, consiste en desentrañar esas argucias. Por otra parte, el sabueso emite distintas tonalidades de ladrido según la situación que se presenta en el proceso anterior (ya sea salto, persecución o parada) lo que da lugar a que el perro relate con sus ladridos ese proceso. Todo lo anterior, otorga complejidad y belleza a esta modalidad de caza.

(8) En la zona noroccidental de España hubo varios grupos de maquis. Estos grupos de maquis se formaron en 1937, cuando las tropas del general Mola tomaron el Frente Norte; algunos soldados de las tropas republicanas formaron parte de los "huidos". Muchos de ellos eran mineros que se refugiaron en las montañas de Asturias, Galicia y León. Uno de sus núcleos se encontraba en el pueblo de Sabero (León) a unos pocos kilómetros al norte de Cistierna, zona donde pudieron producirse los hechos que le sucedieron a mi abuelo paterno.

- La década de los 50 -

Esta década será sustancialmente distinta a la anterior, en muchos aspectos.

Posiblemente las razones básicas que justifican ese cambio fueron que España dejó de estar aislada junto con la propia mejora de las condiciones económicas internas. En esta década, según los estudiosos de la evolución económica de España, se alcanzó el Producto Interior Bruto (PIB) que había antes de estallar la Guerra Civil; ello se produjo tras un crecimiento continuado desde 1943. Se pasó de una década con hambre a una década sin hambre, aunque con necesidades. En esta década se puso fin a las tarjetas de racionamiento. En el medio rural dejó de haber maquis. Se ganó en tranquilidad.

En el campo se inició algo importante: lo que se ha denominado "éxodo rural". Mucha gente se marchó de él buscando mejor vida en los centros industriales de España y Europa. Las peores parcelas que se cultivaban por necesidad en los años 40, se abandonaron. El monte y el bosque incrementó su presencia. Por otra parte, seguía materializándose el Plan General de Repoblación Forestal iniciado en 1939.

Menos gente y más monte conducía inexorablemente a mayor presencia de caza mayor. Volvieron los jabalís a tener presencia en algunos lugares de España en los que habían desaparecido. Los campos agrícolas tenían salud y la caza menor prosperaba en ellos; algo semejante ocurría en los ríos, que albergaban una abundante fauna piscícola. Sin embargo, el acceso a los campos y ríos era difícil para el pueblo llano. Había muy pocos vehículos y malos accesos. Es de imaginar que aquellos que tuvieron un medio de acceso a esos lugares disfrutaron intensamente del ejercicio de la caza y de la pesca en esta época.

Se rompe el cerco contra España.

En la década de los 50 soplarían nuevos aires sobre España. Se pueden citar algunos hechos que influyeron en esos nuevos aires. Uno de esos hechos fue que el cerco que marginaba a España internacionalmente desde el fin de la Guerra Civil empezó a romperse y, así, España dejó de estar internacionalmente aislada[1]. Se producirá un acuerdo económico y militar con Estados Unidos, España será aceptada en la ONU y en otros organismos internacionales. Ya terminando esta década, se pondrá en marcha del Plan de Estabilización y Liberalización de la economía española que supuso el final de la etapa autárquica.

Paralelamente a la apertura de España, hay una reubicación del factor trabajo cuyo potencial era grande. Muchos trabajadores emigrarán en esta década y en la siguiente, de la España rural interior a la España industrial y al extranjero. Ello supuso un descenso de la población interior y una mayor retribución del trabajo; había menos gente, pero mejor pagada. La provincia de Cuenca perdería a lo largo de esta década 20.000 habitantes y más en la siguiente, como ejemplo de la tónica general de la España que hoy se denomina despoblada.

Fin de las cartillas de racionamiento.

En 1952 se suprime en España el racionamiento de productos de consumo básicos, al tiempo que se implantaba la libertad de precios, comercio y circulación interior de productos alimenticios. Con esta supresión terminó el mercado negro de productos alimenticios y la especulación que llevó aparejada.

El campo tranquilo.

Otro aspecto destacable de esta década que afectó, sobre todo, a algunas comarcas de la España rural fue que la actividad de los maquis[2] desapareció, casi en su totalidad, con todo lo que ello implicó en el medio rural, entonces de gran peso en España; sobre todo en cuanto a tranquilidad y en cuanto a posibilitar una mirada hacia el futuro donde cabía la planificación.

El día a día.

Trabajo había mucho. Tiempo libre, había poco. Por la mitad de los años 50 un salario medio rondaba las 60 pesetas al día en amplias jornadas de trabajo que llegaban, en muchos casos, a las 10 horas. Un kilo de pan costaba de 5 a 7 de las pesetas de entonces (aproximadamente suponía una hora de trabajo del salario medio). Un litro de leche, de 4 a 5 pesetas. El alquiler de una casa de tamaño medio podría costar unas 120 pesetas al mes, lo que viene a significar unas 4 pesetas al día. Sin tener en cuenta más gastos domésticos, comprando un kilo de pan, un litro de leche y pagando el alquiler diario de la vivienda, un trabajador gastaba, más o menos, la cuarta parte del salario medio. Si comparamos esta situación con la de los años 40, la mejora es notable.

Se puede decir que el ocio popular en los años cuarenta era como fue esa década, pobre. Sin embargo, en la década de los 50, sin abundar, estuvo presente. La televisión era inexistente para la mayor parte de la población. Cine, se iba de vez en cuando. Fútbol, algunos afortunados lo oían por la radio y otros, los menos pero más afortunados, tenían la oportunidad de ver algún partido en la capital[3]. Toros y verbenas, se tenían una vez al año, en las fiestas del santo patrón. Como en décadas anteriores, los toros eran un elemento imprescindible en la idea popular de fiesta.

En cuanto al ocio, haciendo un contraste de lo que se ganaba en relación con la asistencia al cine, espectáculo que era popular, una entrada de cine podía salir por unas 5, 6 ó 7 pts. si la película no era de estreno; si era de estreno salía por más del doble (dos o tres horas laborales de un trabajador medio). Lo anterior no son valores exactos, son valores medios. Las entradas también tenían distintos precios según la ubicación del grupo de butacas; ocupar una butaca u otra era símbolo de diferenciación social. Las mujeres tenían una tarifa especial, pagaban la mitad que los hombres; todo esto nos aporta rasgos de la sociedad de entonces.

Junto a lo anterior o en relación con lo anterior, se instaló una forma de entretenimiento y de relación social no suficientemente estudiada por los sociólogos: la broma. Hubo una proliferación de bromas, quizás porque eran fáciles de hacer, se podían llevar a cabo cuando a cada cual le venía en gana y salían gratis para las economías personales, aunque, en casos, no tanto para la salud física de algún bromista. Las bromas requerían la aceptación del principio de "toma y daca" o, ese otro equivalente, de "el que las da, las toma". Es decir, el bromista debía aceptar ser bromeado y asumir los efectos de la broma recibida[4].

Coches había muy pocos. Durante la década anterior se puede decir que las clases populares no tenían acceso real a la propiedad de un vehículo; los vehículos durante esa década eran los vehículos oficiales y los de las clases adineradas poco numerosas, que incluían a aquellos que habían tenido éxito económico en la década anterior, éxito que lo fue, en no pocos casos, consecuencia del comercio estraperlista. Sin embargo, a lo largo de la década de los 50 se fueron abriendo tímidas posibilidades para el acceso a la posesión de vehículos. Para el pueblo llano, realizar un viaje de capricho pertenecía sólo a fantasías derivadas de las películas que veían en el cine.

El campo, la caza y la pesca.

En relación con las actividades cinegéticas y, en general, con la captura de animales (se incluye la pesca fluvial), hay hechos importantes que van a implicar cambios en la flora, la fauna y la actividad cinegética.

Por una parte, el éxodo rural dará lugar a abandono creciente de parcelas agrícolas de la España interior, aquellas con peores condiciones para su explotación. Habrá una menor presión sobre la flora usada como combustible doméstico, lo que supondrá un incremento del monte. Esta será una diferencia con respecto a los campos de los años 40.

Quizás el hecho más reseñable en relación con los efectos de los cambios de la flora, en relación con la biodiversidad, es el incremento de las zonas de monte que, en buena lógica, debieron de incrementar las especies propias de ellos. En cuanto a las especies de caza mayor, en estas crónicas es destacable el hecho de que, en los campos cerealistas del interior, volverán tímidamente a verse jabalíes. Sobre la base de manifestaciones de cazadores, tengo noticias de avistamientos de jabalíes en el año 1952 en Cuenca. No obstante, en esta época no fue una pieza de caza perseguida por ser, de hecho, inédita. Deberían pasar cerca de una veintena de años para que lo fuese popularmente; ya cuando su presencia dejó de ser extraordinaria.

También es reseñable el hecho de que en esta década continúan las acciones de ejecución del Plan General para la Repoblación Forestal de España, iniciadas en 1939, con mayor libertad y amplitud que en la década de los 40 por atenuación de las necesidades de sustento de la población. Especialmente fueron intensas las realizadas a partir de 1953 en las que se usó mecanización en las labores con tracción animal.

En relación con las especies de caza menor, el hábitat de esas especies era bueno o muy bueno. En relación con las especies de caza mayor, se puede hablar de mejoría de su hábitat.

Como ya hemos dicho, muy poca gente tenía coche, aunque ciertamente había algunos cuyos propietarios privilegiados podían acceder a cazaderos que, en régimen libre, había en toda España con abundante caza. En consecuencia, la libertad de acceso al campo estaba mermada. Lo más común era hacer los desplazamientos a los cazaderos a pie, desde el pueblo o ciudad donde vivía el cazador. A lo más, algunos utilizaban transporte público. El transporte usado por los cazadores era, sobre todo, el tren. El tren ofrecía la posibilidad de llevar perro, algo fundamental en el ejercicio cinegético. Llevar al perro en autobús era excepcional.

La situación económica llevaba a que la mayoría de los cazadores hiciesen manualmente sus propios cartuchos. A principio de los años cincuenta un cartucho superaría con creces el precio de una peseta. A finales de los años cincuenta el precio de una caja de 25 cartuchos podría estar en torno a unas 60 pesetas, como valor estimativo medio. La fabricación debía ser nacional de forma acorde con la etapa autárquica.

Con todos estos datos, a finales de los años cincuenta, una caja de cartuchos se acercaba al salario medio diario de un trabajador. Ese costo justificaba la fabricación personal de cartuchos.

Los cazadores y pescadores de la época vendían la mejor parte de sus capturas en hoteles y restaurantes o a consumidores privados. A mediados de los años cincuenta, teniendo en cuenta datos del Instituto Nacional de Estadística, se puede estimar que una perdiz tendría un valor de mercado de unas 40 o 50 pesetas; ello supone más de la mitad de un sueldo diario medio de 60 pesetas al día; lo que viene a equivaler el costo de una caja de cartuchos en la segunda mitad de la década. Supondría, pues, un ingreso notable para una economía familiar.

En la España de entonces los ríos eran limpios y puros. Hecho que iba unido a que, por entonces, los pueblos no tenían servicios de saneamiento y que, por tanto, no existían vertidos de aguas residuales a los ríos. Los ríos no tenían ningún tipo de contaminación; la riqueza de fauna fluvial era grande y las capturas copiosas. Como en el caso de la caza menor, la accesibilidad a los ríos era mala y difícil; la dificultad se hacía extrema para acceder a los cursos altos de los ríos. Consecuencia de lo anterior es que muy pocos fueron los privilegiados que pudieron acercarse a esos cursos de agua, aparte, claro es, de los habitantes de los núcleos poblacionales próximos a ellos. Los cangrejos también se vendían en bares y restaurantes, cuya demanda se centraba en los de tamaño espectacular. Estos cangrejos de tamaño superior, la perdiz, y la trucha, se consideraban productos de lujo.

La caza popular, no comprendía lo que se denomina caza mayor. A lo más que se llegaba, era a organizar "batidas" u "ojeos" a zorros, cuyas pieles se conservaban y se vendían buen precio. Ello se hacía, normalmente, al finalizar la temporada de caza menor, precisamente para atenuar la depredación de zorros sobre esta y por tener todavía sus pieles la calidad invernal.

La caza mayor sobre venados, jabalíes y, en casos, gamos, mantuvo la tradición de ser una actividad que practicaban las élites sociales en fincas privadas concretas muy cuidadas, bajo la forma de la montería.

74

En esta década tuvieron un auge importante los ojeos de perdiz. El ojeo de perdiz fue la modalidad de caza utilizada por la élite social. Ello fue así desde el inicio de esta práctica, a finales del siglo XIX, en el que uno de sus pioneros, junto con la nobleza, fue el mismo rey Alfonso XIII. Se practicaba en fincas privadas vigiladas y cuidadas. En las provincias de Ciudad Real, Toledo, Albacete y Cuenca, estuvieron, en un principio, las fincas más afamadas en ese tipo de caza; posteriormente esa fama se extendió a fincas andaluzas y extremeñas. Después de los convulsos años 30 y los duros años 40, en los años 50 volverían a practicarse con profusión los ojeos de perdiz y con la simbología social de antaño, si bien, en esta época, se sumaron a la nobleza la élite que ostentaba el poder en aquellos tiempos o que estaba relacionada con el: responsables políticos, altos funcionarios o empresarios. A este grupo también se sumaron figuras prominentes del espectáculo; sobre todo las de la tauromaquia.

Niños ojeadores y un cazador con escopeta. Algunas perdices están vivas, seguramente heridas "de ala" y capturadas a mano. (Archivo de la imagen de Castilla-La Mancha. Fondo "Los Legados de la Tierra". Fuentelespino de Haro-Cuenca).

Crónicas de la década de los 50

El primer relato de hechos incluidos en estas Crónicas lo titulo *"Viajes de Perros con Perros"*. Su título es una metáfora simbólica de lo que fueron aquellos viajes de cazadores con sus perros y que muestran las vicisitudes que tuvieron que pasar en los medios de transporte de la época. Es obvio que debe haber muchas historias similares en varios lugares de España.

El segundo recoge una característica social de esta década: la abundancia de bromas como divertimento social. Como es comprensible, en el ejercicio de la caza, en grupo o en mano, no podían faltar. Su título es *"Para mí, un faisanito"*. En esta historia se profundiza en la psicología de la broma y su función; en los distintos grados de afición y, en general, los distintos significados a nivel individual del ejercicio de la caza. También se muestra el grado de ignorancia popular que había entones sobre la fauna (todavía no había llegado la televisión, con sus documentales de Félix Rodríguez de la Fuente).

El tercer relato, titulado *"Un cazador autárquico"*, plasma unos acontecimientos que son consecuencia de la evolución de la economía doméstica de esta década: la erosión progresiva de la autarquía. Se hace a través de un personaje singular que vi alguna vez de niño, allá en los primeros años de la década siguiente, la de los sesenta; lo recuerdo sonriente, con cara de pillo, aparentemente feliz.

El cuarto relato lo título *"Segundas Ocupaciones"*. Este relato ilustra la actividad de captura de algunas especies salvajes que, comúnmente, se vendían por distintas vías para su consumo en una economía limitada, pero en ascenso.

Viajes de perros con perros

- i -

- Yo estuve en Melilla haciendo el servicio militar. Allí fui de caza al Gurugú.

- ¿Cómo que cazaste en el Gurugú?

- Sí. Fui de caza al Monte Gurugú acompañando a un militar; un coronel, muy cazador. Recuerdo que uno de sus apellidos era Valls. Era muy estricto. Uno de sus hijos le contestó a una de sus órdenes con un *"a sus órdenes, papá"* y automáticamente lo metió en el calabozo; lo tuvo tiempo encerrado, todo por decirle "papá".

- ¿Por decirle "papá", mete al calabozo a su hijo?

- Sí, sí, así fue. Así las gastaba. Es que su hijo no se dio cuenta de la influencia de su padre, lo habían trasladado como militar de Melilla a otro lugar y debió de creer que su padre ya no pintaba nada por allí. Estaba equivocado, no era así como demostraron los hechos. Aquel hombre era muy estricto, no dejaba pasar una.

- ¿Qué cazabais por allí?

- Perdices, pero distintas a las de por aquí. Algo más pequeñas, con las plumas algo diferentes y no apeonaban tanto; se sujetaban más. El coronel las cazaba con perros de muestra; se cazaban de forma parecida a las codornices pues se achantaban en el terreno y costaba levantarlas; tenía unos perros de mucha clase, con muy buena estampa, eran de raza "pointer". No podía evitar quedarme mirando a esos perros y el coronel se dio cuenta de ello; detectó que me gustaban esos perros y que debía ser cazador; contactó conmigo, empezamos a hablar de caza y empecé a acompañarlo de morralero a donde iba a cazar.

- Veo que la caza hace milagros: parece que es capaz de borrar los escalafones militares.

- Sí, hay algo de eso en la caza. La caza borra algunas diferencias. Pero siempre tuve en cuenta que yo era un recluta y él era un coronel. Al que se le olvidaban los escalafones era a él, me trataba con mucha familiaridad, a veces pienso que con más familiaridad que a sus hijos; se olvidaba de que yo era un recluta, le venía el olvido en cuanto cogía su escopeta y los perros y salíamos hacia el Gurugú ¿Sabes lo que pasó al final de hacer el servicio militar, cuando me iba a licenciar?

- ¿Qué pasó?

- Que me regaló uno de sus perros. Un pointer de los que él tenía, se llamaba Poli.

- ¿Lo aceptaste?

- ¿Cómo no lo iba a aceptar? No me podía negar, aparte de que me gustaba el perro y tenía ilusión por cazar con él.

- ¿Cómo te las arreglaste para traerlo desde Melilla a Cuenca?

- ¿Cómo iba a ser? Pues en barco y luego en tren. Entre unas cosas y otras, más de dos días de viaje. Me bajaba en alguna estación propicia, por entonces los trenes paraban muchas veces y las paradas eran largas, lo paseaba, le daba agua, algo de comer, así durante dos días.

- ¿Mereció pena?

- Bueno…, lo cacé poco, pronto enfermó. He venido pensando que el cambio de clima no lo llevó bien y le produjo alguna enfermedad; no sé cuál; entones a los perros no se les llevaba al veterinario, el veterinario era para los cerdos, las vacas, los corderos… Poli terminó muriendo. Pero sí, sí que mereció la pena. Durante el poco tiempo que vivió hizo buenas faenas. Poli era un buen perro. Me entristeció su muerte. Menos mal que cuando murió me acababan de regalar una perra que, muy pronto, empezó apuntar buenas maneras; la ilusión que me despertó me consoló; esa perra fue La Cali…

- Ya sin el Poli, poco después de quedarme sin él, me pasó otra gorda; esta fue con La Cali, cuando era poco más que cachorra. Era por Navidades. Había un camionero que hacía la ruta Cuenca-Madrid-Cuenca. Aprovechaba sus viajes para irme con él: salíamos de noche, antes del amanecer y me dejaba pasadas las cuestas de Cabrejas; cazaba por allí todo el día y luego, ya de noche, me recogía por la misma zona y volvía con él a Cuenca. Le daba alguna pieza de caza como compensación: una libre, un par de conejos, … en fin, lo que me parecía, según se hubiese dado el día. Pero aquella noche me pasó sin verme, no me vio y no paró; yo le voceé, pero con el traqueteo que llevaban los camiones de entonces no me podía oír.

- Supongo que tirarías hacia Cuenca andando, esperando que pasase otro para hacer autoestop a ver si te recogía.

- Sí, no había otra. Pero por entonces había muy pocos vehículos e iba a ser difícil que pasase alguno más en dirección a Cuenca. Empecé a caminar, fue pasando el tiempo. Iba por la Cuesta de los Músicos cuando oí el sonido de un camión que se acercaba; me dio alegría, era la salvación por esa noche; me puse bien a la vista, empecé a hacer señas mientras se acercaba.

- ¿Paró?

- Sí, sí que paró.

- ¿Y te volviste, por fin, a Cuenca?

- No pudo ser. Me dijo que yo sí podía montar; pero la perra, no. Le dije que la perra no hacía absolutamente nada, que no haría nada en todo el viaje, que lo garantizaba; pero él se negó totalmente a que la perra montase en el camión.

- ¿No cedió?

- No hubo forma de convencerlo. No tuve más remedio que decirle que siguiese, que yo no podía dejar la perra allí. Arrancó y se marchó. Después de eso sabía que era muy difícil que pasase otro vehículo más. Me hice a la idea de lo que me esperaba: ir andando desde allí hasta Cuenca con la perra, con la escopeta y con la caza que llevaba encima, que no era poca.

- ¿No hubo más vehículos que pasasen?

- No. Tiré desde la Cuesta de los Músicos hasta Cuenca sin que pasase vehículo alguno. Llegué bien pasadas las doce de la noche. Recuerdo que en las calles no había nadie, estaba todo vacío.

- Durante esa caminata de varias horas, supongo que te vendría a la memoria ese camionero ¿Qué razones podría tener para no dejar montar a la perra?: ¿qué hiciese sus necesidades dentro del camión?, ¿el olor?, ¿una mordedura?, …

- No dijo por qué. Puede que por miedo a que la perra hiciese dentro de la cabina sus necesidades, … no sé. De todos modos, el camión era suyo, estaba en su derecho.

- iii -

- Sí, la verdad es que era duro ir a los cazaderos en aquellos tiempos…. Pero entre todos los recuerdos que tengo, el peor, me parece que debe ser el de los viajes en tren a Cuevas de Velasco. Cuevas de Velasco era uno de los mejores cazaderos a los que iba. Allí cobre muchas piezas. Iba yo solo, la caza la vendía, me sacaba un buen sobresueldo.

- ¿Qué pasaba en ese tren?

- En el tren nada, lo malo era lo que rodeaba al tren. El horario. Salía el tren a las seis de la mañana hacia Madrid, llegabas al cazadero todavía de noche, muchas veces helando y no había refugio. Así que a aguantar hasta que se hiciese de día; a veces, si apretaba el frío más de la cuenta, quemaba algunas aliagas para calentarme; las tenía que recoger en la oscuridad. Cuando terminabas la jornada de caza una vez que anochecía, cansado y cargado volvías a la estación y tenías que esperar hasta que llegase el tren que iba hacia Cuenca; había que esperar más de dos horas. Por otra parte, el encargado que había en la estación cerraba las puertas y no te podías guarecer en la edificación; así que veías salir el humo por la chimenea y uno se quedaba fuera, en la oscuridad, dando vueltas para no helarse de frío. Eso era peor que un camionero no te dejase montar la perra en su camión.

- A quemar más aliagas.

- Pues sí. Cuando se podía. De noche es difícil coger leña. A veces, con luz, hacía montones al borde de alguna senda y con ella me calentaba. También la perra hacía lo suyo; nos hacíamos los dos una pelota, yo me cubría algo las manos con su pelo abundante de setter.

- Hay perros que dan más que algunas personas.

- Sin duda.

Imagen de un tren de la época.

Para mí, un faisanito

Cada uno se divierte como quiere, le dejan o puede. Lo de divertirse haciéndose bromas unos a otros, salía barato. Si uno, en lugar de ir al cine, hacía una broma, hasta podía ahorrar. La mayoría de las bromas solían ser burdas, simplonas; era lo más corriente. En todo caso el tipo de broma dependía del retorcimiento mental que el bromista tenía en un momento dado.

- Era verano, íbamos de codornices. Santiago preparó una bota con vino blanco para la jornada de caza y a Felipe no se le ocurrió otra cosa que mearse a escondidas en la bota. Luego, cuando empezamos a beber en el almuerzo notábamos algo raro en el vino y empezamos a discutir entre nosotros si el vino era bueno o malo, si estaba estropeado o no, si era de tal pueblo o de aquel otro. A Felipe lo conocíamos bien y cuando vimos que no paraba de reírse empezamos a sospechar que algo le había echado al vino y ese algo debía ser orina. *"¡Este se ha meado en la bota!"*, *"¡Este se ha meado en la bota!"* - decía repetidamente Santiago-. Felipe se puso en pie, ya muerto de risa, y salió corriendo como conejo de monte sorteando matujos. Si se llega a quedar allí quieto, alguno de nosotros le hubiese metido una hostia. Santiago cogió la escopeta, le metió un par de cartuchos y le tiró a dar en el culo.

- ¿Y le dio?

- Puede que se llevase algún plomazo, pero no se quejó. Cuando le disparó, estaba ya alejado y los plomos no debían ir con fuerza.

- Bueno algo parecido hicimos nosotros con una Fanta de limón en jueves lardero; pero con una diferencia, nosotros teníamos diez o doce años y vosotros cerca de treinta ¿No os daba vergüenza comportaros así, cómo niños de doce?

- Pues no. No pensábamos en ello. Nos divertíamos cómo podíamos.

Los bromistas eran también bromeados. Era una contrapartida lógica. Como contrapartida el que hacía bromas tenía que aguantar las que le hacían a él. Aplicaba de forma socialmente consensuada y, quizás, inexorable, el dicho de "el que las da las toma". En último término, lo de las bromas hasta podía ser una forma de hermanarse. Sin embargo, a veces, los efectos de una broma caían sobre terceros que no sabían por dónde iban los tiros.

- Aquello que nos pasó por lo de las bromas fue gordo. Pudimos terminar en la cárcel. En aquella, Felipe no fue el bromista. La broma se la hicieron a él y desde él nos salpicó a los demás.

- ¿Qué ocurrió?

- Quedamos los de la cuadrilla un sábado a tomar algo. Al día siguiente íbamos de caza. Felipe se presentó diciendo que le habían dicho un sitio donde había mucha caza; además le hicieron un plano detallado para acceder a ese sitio. Con Felipe había que tener mucho cuidado con sus bromas y, en principio, no nos llegábamos a creer lo que decía. Sin embargo, el plano allí estaba y no estaba hecho con su letra; por otra parte, juraba y perjuraba que no nos estaba mintiendo.

- ¿Os lo creísteis?

- Al final, sí. Vimos que, ante nuestra incredulidad y burla, Felipe terminó abatido; eso no nos cuadraba en su carácter. José le decía: *"Felipe, mira, ten en cuenta que los cazadores no son dados a contar dónde están sus cazaderos; el que encuentra una mina de oro, no dice dónde está, se la queda él; cuando nos preguntan, damos indicaciones falsas, para despistar; además es raro que, encima, te den un plano, tan bien dibujado y explicado, para ir exactamente al sitio... ¡Joder Felipe!, la verdad te digo, con lo que tú eres tomándole el pelo a la gente, no me cabe en la cabeza que te aprecien tanto para darte esa información".*

- ¿Y que decía Felipe?

- Se puso triste y dolido cuando escuchó lo que le decía José. *¿Por qué no me van a apreciar? Las bromas que gasto no matan a nadie y, en el fondo, nos alegran la vida; con ellas, al menos, tenemos algo que contar, ¿o no es así?* -decía Felipe con una voz lastimera no habitual.

- Veo que ese sentimentalismo os convenció ¿No estaría fingiendo con la mejor interpretación teatral de su vida?

- No, en aquella ocasión, para mí, que fue sincero. No era teatro. Se notaba.

- iii -

Salieron de noche hacia La Mancha para estar allí cuando despuntase el sol. La cuadrilla había asumido las consecuencias de la decisión de hacer caso a Felipe. Habían pensado que, en el peor de los casos, si no había caza, podían ir a otro lugar cercano; saliendo del pueblo más próximo al lugar marcado, a mano izquierda había una zona de espartales que conocían donde había caza. Por el camino se cruzaron varias liebres; era lo habitual; atropellaron un par de ellas.

- Llegamos al lugar. Era todavía de noche. Cuando empezaba a salir el sol que descubría el paraje, vi que no era ningún desierto. Era todo lo contrario, un terreno ligeramente ondulado de monte bajo con algo de labradío de pedazos pequeños de siembra, un paraje que ni pintado para la caza menor. *"Marcelino, ¿cómo lo ves?"* -me preguntaron-; *"ideal , esto no puede fallar"* -les contesté-.

- ¿Y no falló el lugar?

- El lugar no falló. En seguida observé algo a lo que no encontraba explicación. La perra, la Cali, que fue lo mejor de lo mejor, estaba de muestra, puesta de aire, con el morro marcando en dirección a un rastrojo y en el rastrojo no se veía nada en movimiento; el final del mismo, próximo al monte, estaba tomado por una especie de cardenchas de tono oscuro; la perra, puesta de aire, avanzó lentamente, marcando de aire, hacia las cardenchas y cuando se acercó a ellas se aclararon mis dudas. Aquello que se divisaba al final del rastrojo, no eran cardenchas, eran perdices, en número incontable, superior al centenar; se habían quedado clavadas inmóviles con la llegada del coche. Las perdices levantaron vuelo, no paraban de saltar parvas de perdices en distintas direcciones. Todos nosotros nos quedamos boquiabiertos, no habíamos visto nunca nada así. Por fin, después de unos segundos, todos reaccionamos y salimos hacia el coche a montar las escopetas.

- ¿Y Felipe? ¿Y qué decía Felipe?

- No paraba de decir: *"Veis, veis,… ¡y ahora, qué! ¡A callar la boca! Veis, ¡no me han engañado! Veis, se me aprecia más de lo que vosotros creéis".*

- ¿Haríais la cacería del año?

- Pudo ser, pero no fue. En la cuadrilla, yo llevaba la estrategia de la caza. Con la cantidad de perdices que habíamos visto, me pareció que lo que debíamos de hacer era algo sencillo: cazar en círculo alrededor del coche, trazar un círculo de, más o menos un kilómetro, alrededor del coche y dedicarnos a dar vueltas. Así de sencillo. Es lo que hicimos. Yo me puse en la mano exterior, más adelantado, para encauzar las perdices e ir organizando el ritmo y los movimientos de la cuadrilla. Enseguida empezó el tiroteo y empezaron a caer piezas. Felipe estaba entusiasmado, mataba poca caza, pero, con las perdices que había, en un cuarto de hora había volcado cuatro perdices, pero, …

- ¿Pero qué?

- No había transcurrido ni media hora cuando empezamos a oír voces en la lejanía. Eran voces de mujeres. Varias mujeres gritando como si les fuese la vida en ello. Estamos sorprendidos, no entendíamos lo que estaba sucediendo. Cada vez se oían los gritos más fuertes y claros, se iban acercando rápidamente, venían directas hacia nosotros.

- ¿Mujeres a esa hora de la mañana, en medio del campo, a varios kilómetros del pueblo? Felipe estaría exultante: perdices y mujeres para el ciudadano más apreciado y querido.

- ¡Calla! ¡Calla!... Ya verás cómo terminó la cosa. Yo llevaba la mano exterior y se me echaron encima. Gritaban: *"¡Ehhh! ¡Ehhh! ¡Sinvergüenzas! ¡Locos! ¿Qué hacen ustedes? ¡Van a terminar en la cárcel! "*. Yo me quedé parado, esperando a que llegasen pensando en que lo que estaba ocurriendo era resultado de un bromazo de difícil digestión y malas consecuencias. *¿No saben ustedes dónde están?* –preguntaron–. *Están ustedes en María de la Ó, la finca de Don Manuel, y está totalmente prohibido cazar aquí .... ¡Ay Dios mío! ¡El domingo que viene hay un ojeo y viene gente muy importante! Van a terminar todos ustedes en la cárcel* –informaron–". Mientras las mujeres se explicaban a gritos sin dejar hablar, se presentaron los guardas de la finca, bien pertrechados, con armas y placas relucientes de latón que daban fe de quién eran. Al final, la reunión se configuró con guardeses, guardesas, perros y la cuadrilla de cazadores.

- ¿Y que decía Felipe?

- Pues allí estaba cabizbajo con su plano en la mano. *¿Qué le pasa a usted?* – le preguntó a Felipe el guarda que parecía llevar la voz cantante al verlo con mala cara-. Felipe le contestó mostrándole el plano al guarda: *"Pasa que se me está poniendo mal cuerpo y me vienen dolores; debe ser por el disgusto que tengo por lo que nos han hecho; nos la han mentido; nos han enviado a cazar aquí como si se tratara de un sitio libre; mire qué plano me dieron unos desalmados de Cuenca para que viniésemos a cazar aquí"*.

- ¿Y cómo terminó la cosa?

- Bien. Muy bien para lo que pudo haber sido. El guarda creyó lo que se le contó. Nos pidió que dejásemos toda la caza en el suelo: había más de una veintena de perdices y varias piezas de pelo; las mujeres las recogieron, debió ser un sobresueldo para ellos. Ya cuando nos íbamos, nos lanzó una nueva pregunta: *¿no llevarán encima escondido algún faisán?* Le contestamos: *nosotros hemos dejado toda la caza en el suelo y ni siquiera sabemos lo que es un faisán.* Entonces nos explicó lo que era un faisán: un pájaro como tres o cuatro perdices juntas, con un cuello azul verdoso brillante y una cola larga en los machos, y color pardo, en las hembras. También dijo que era comida de reyes y que Don Manuel los tenía como oro en paño y no permitiría que faltase alguno. Yo sabía de la existencia de los faisanes, pero nunca había visto uno al natural; sabiendo que por allí los había, me quedé con las ganas de haber visto alguno.

- iv —

Puede que algo de razón llevaba Felipe cuando decía que las bromas daban qué hablar, que las bromas hermanaban. Es obvio que aquellas bromas dejaron un rescoldo en la memoria en los afectados por ellas. Ocurre también que los efectos de esas bromas, como los efectos de cualquier acción humana, no se sabe cuándo y cómo van a acabar.

- ¿Qué hicisteis aquel día después de ser despojados de la fácil caza que habíais conseguido?

- Nos fuimos al pueblo más cercano. Entre unas cosas y otras habíamos perdido un buen tiempo; se aproximaba el medio día y, tal como estaban las cosas decidimos almorzar; nos metimos en el bar del pueblo, sacamos nuestras meriendas y pedimos la bebida. Recordando lo sucedido, entre risas, tomándole el pelo a Felipe, se nos fue pasando el tiempo. Comimos y bebimos más de la cuenta y, al final, la mayor parte de la cuadrilla no tenía ganas de cazar.

- Entonces, ¿os volvisteis a Cuenca?

- Pues no. Ellos se quedaron en el bar y Santiago y yo nos fuimos a cazar. Santiago les dijo: *"yo me voy a cazar, que beber, bastante bebo en Cuenca; que sepáis que la caza, para mí, es medicina"*. Fuimos a los espartales que había a mano izquierda del pueblo, que ya conocíamos; sabíamos que tenían caza. Hicimos una buena cacería entre los dos. Otra veintena larga de piezas, perdices, liebres y algún conejo. Pero lo raro vino al final de la jornada; ya cuando empezaba a anochecer, sin saber de dónde venían ni por qué, pasaron por encima de nuestra cabeza una banda de patos azulones volando bastante bajo; les disparamos y cayeron dos, como dos pelotas.

- ¿Y qué os encontrasteis en el bar del pueblo? Supongo que estarían ya todos ebrios.

- Sí, más o menos. El que más, Felipe.

- ¿Por fin se terminó la jornada y salisteis de vuelta a Cuenca?

- Pues sí. Nos organizamos como pudimos y salimos para Cuenca. Pero todavía no termina la historia de aquel día.

- ¿No? ¿Pues qué ocurrió?

- Llegamos a Cuenca. En el garaje donde guardaban el coche hacíamos el reparto de la caza; echamos al suelo todas las piezas cobradas, incluidos los dos patos azulones y empezaron a hacer los montones individuales para su reparto. En ese momento intervino Felipe: *"¿esto qué es?"* –preguntó Felipe señalando los dos patos azulones-; *"son dos faisanes, al final dimos con ellos y hemos conseguido esta pareja"* –contestó Santiago-. Entonces empezó a decir Felipe con insistencia: *"yo me conformo con un faisanito, quiero un faisanito y todo lo demás para vosotros, yo quiero un faisanito y todo lo demás para vosotros,…"*. Así fue como uno de los montones que se hicieron llevaba sólo un hermoso pato azulón que se lo llevó Felipe. Viendo a Felipe andando, haciendo eses, hacia su casa, con su merluza a cuestas y su pato colgando de un lado a otro, nos moríamos de la risa.

- ¿Y así terminó la jornada?

- Así terminó.

- ¿No os buscaron por Cuenca por lo de María de la Ó?

- No. Creo que los guardeses, con la caza que consiguieron se conformaron, y no dieron parte a la Guardia Civil.

- ¿Ya no pasó nada más con la bromita?

- No. Ahí terminó todo.

- En este caso la broma terminó con la cuadrilla muerta de risa. Mejor así, que fuese como la broma de la orina en la bota, que terminó a tiros.

- Sí. Mejor así.

Un cazador autárquico

- i -

La vida reparte desgracias y alegrías, virtudes y defectos. A Esteban le tocó alguna desgracia, no pequeña, y las virtudes de las habilidades manuales, el buen entendimiento de la mecánica, la sociabilidad y un buen humor paliativo de desgracias, grandes y pequeñas.

Por su carácter extrovertido, era fácil conocer las pasiones de Esteban. La más marcada era la de la caza. Marcelino conoció a Esteban cuando les llevaba la leche en sus repartos diarios. Cuando tal cosa ocurría, salía su mujer a recogerla; mientras, desde el interior de la vivienda, salían cantos de perdices de tonalidades variadas y entremezcladas con comentarios y sonidos guturales humanos.

- Les llevaba la leche –contaba Marcelino- y conforme me acercaba a su casa, oía a las perdices. Esteban tenía un montón de perdigones en un patio interior; cada perdigón tenía su nombre, la fecha de su captura y el lugar dónde fue capturado. Se oía un guirigay de cantos de perdigones, entre los que se entremezclaba los del propio Esteban que cantaba y animaba a sus pájaros: *"cuchichi, cuchichi, cuchichi,… mchok, mchok, mchok,… tok, tok, tok.."*. Luego, te contaba cómo iban sus pájaros y sus ilusiones sobre ellos: este de La Ventosa le he puesto de nombre "Manolete" porque me parece que va a torear a las del campo mejor que el torero, a este de Las Pedroñeras, con ese porte que ves, le he llamado "Marqués", por el señorío que tiene; este de Moncalvillo, le he puesto Cipriano y no me fio mucho de él,… no sé, no sé,… con lo grande y gordo que está y con la poca confianza que le tengo, igual lo escabecho"

Entre otras técnicas, ortodoxas y heterodoxas, Esteban practicaba la caza con reclamo; lo hacía con pasión, como casi todos los que han practicado ese tipo de caza.

- ¿Y escabechó a Cipriano?

- No lo sé; supongo que sí. Recuerdo que escabechaba a bastantes, ... bueno, supongo que también otros irían estofados acompañando a las judías. Los escabechaba en cuanto no cumplían con el canto y es que no es fácil tener un buen pájaro para el reclamo de la perdiz. Ya lo decía mi padre: "lo bueno es escaso; ley natura".

- ¿Y cómo empezaste a cazar con Esteban en su cuadrilla?

- Yo ya era conocido como cazador en Cuenca. Se sabía que yo era un buen cazador, andaba mucho, tiraba bien y entendía como se comportaba la caza, por ello, aparte de facilitar las capturas a los demás, en las manos que se echaban hacía buenas perchas y conmigo se salía ganando en el reparto, que siempre se hacía en montones lo más parecidos que se podía y luego se sorteaban. Creo que por eso era demandado y bien aceptado en las cuadrillas de cazadores.

- ¿Y eso del reparto igualitario, se hacía siempre, fuesen quién fuesen los componentes de la cuadrilla, ocurriera lo que ocurriera?

- Pues sí. Eso ha sido y es ley de caza.

- No parece muy buena norma, las leyes cuando no responden a las realidades que existen pueden tornarse ineficaces y destructoras de la buena convivencia.

- Sí algo de verdad hay en eso. Lo cierto es que las cuadrillas de cazadores deben estar compensadas. Algunos se metían en las cuadrillas y no trabajaban nada, se bebían el vino, se comían la merienda y luego se llevaban el montón de caza que les correspondía por esa ley de caza...Se aprovechaban de esa ley, es verdad. En esos casos las cuadrillas terminaban mal; se rompían, cada uno se buscaba otra cuadrilla y el gorrón con el tiempo se quedaba solo para finalmente dejar de cazar.

- No es extraño, en el fondo cazar no les interesaba. A esa tipología humana lo que les interesa es llenar la andorga y hacer negocio a costa de los demás.

- Pues sí. ¡Cuánta gente hay en el mundo y qué distinta!

- ¿En la cuadrilla de Esteban había algún gorrón?

- Gorrón puro no. En cuanto al trabajo y cobro de piezas, no estaba muy compensada. Sin embargo, había otras cosas que aportaban los demás que no eran el conocimiento, el buen ojo, la puntería o el trabajo que requiere la caza de la perdiz. Esteban nos hizo una aportación inigualable por su habilidad manual y conocimiento de la mecánica ¿Sabes lo que hizo Esteban?

- Pues, no. ¿Qué hizo?

- Pues hizo un coche entero, de arriba abajo, el solo con sus manitas. Hizo un coche que funcionaba y nos permitía ir a cazaderos, alejados de Cuenca capital, que estaban menos frecuentados. Eso sí, el coche no cogía más de 40 o 50 kilómetros por hora y era un coche raro; todo el mundo volvía la cabeza cuando lo veía pasar; eso le cabreaba a Esteban, *¡qué cojones miras, carapolla!* – gritaba desde dentro del coche a uno-, - *¡qué hostias te pasa pasmao!* –decía sobre otro-.

- ¿Y cómo conseguía lo que necesitaba para hacerlo, con los problemas de suministros que había entonces en España?

- Pues no lo sé. Trabajaba en el parque móvil de obras públicas, supongo que con los desechos y mucha lima iría componiendo ese coche. De todos modos, lo puso en movimiento con algunos defectos. ¿Quieres saber cuál fue uno de ellos y a lo que dio lugar?

- Pues sí, cuenta.

- Pues resulta que el sistema de cierre del coche no era bueno, el coche se podía abrir haciendo palanca en el ajuste de la puerta. Eso dio lugar a un buen disgusto. Por la mañana me dice: "¡Roncales! (Esteban me decía siempre "Roncales"), hoy vamos a comer como obispos. Mercedes me ha hecho ¡una tortilla de champiñones de lujo! Me enseñó lo que llevaba en el morral: el pan, el vino, un trozo de tocino salado y su tortilla de champiñones, que Mercedes había hecho, generosamente por su tamaño, para los tres de la cuadrilla. Durante el viaje al cazadero, repitió ilusionado varias veces lo de la tortilla de champiñones.

- ¿Y qué pasó?

- Pues que cuando fuimos a comer, ya bien pasado el mediodía, con hambre y sed, nos habían abierto el coche y se habían llevado toda la merienda, la de Esteban y la de los demás, incluida su tortilla de champiñones.

- Vaya disgusto que se debió llevar.

- Ya lo creo; él y los demás. Ese robo le alteró en aquellos momentos su carácter alegre. Me parece que hasta empezó a llorisquear. "¡Roncales!, ¡Roncales! ¿Quién habrá sido el hijo de puta que nos ha hecho esto?" – recuerdo que decía con una voz aflautada, cercana al sollozo, que parecía salirle del fondo del pecho-; al poco tiempo repetía, "¿quién habrá sido el hijo de puta que nos ha robado la tortilla de champiñones?, ¡con el cariño que la hizo Mercedes y lo rica que debía de estar!" Vista la situación decidimos volver a Cuenca. Recuerdo que toda la caza de ese día la había cobrado yo; nueve piezas en total: seis perdices, dos liebres y un conejo. Hicimos tres montones, repartimos la caza y vuelta hacia Cuenca. Conforme pasó el tiempo a lo largo de la vuelta, se le fue pasando el disgusto y volvió a ser la persona dicharachera de siempre: *"voy a preparar otra tortilla y vamos a volver al mismo sitio a ver si hay suerte y nos la quita ese hijo de puta otra vez, pero ésta la voy a preparar con champiñones y mucha jalapa –je, je"*.

- ¿Y lo hizo?

- Pues no, que yo recuerde. Pronto se le fue pasó la "mala sangre" por lo de la tortilla de champiñones.

¡Roncales! ¡Roncales! ¡Deja ya de Roncar! ¡Deja que bajen las perdices! ¡Deja algo para los demás! —le gritaba Esteban a Marcelino, en la mano baja, con todas sus fuerzas, dejando la escopeta encima de las aliagas y haciendo un altavoz con sus dos manos sobre la boca-. A Marcelino le daba risa, no contestaba, seguía andando y al poco rato: ¡Poum! ¡Poum!, se volvían a oír un par de ronquidos en la mano alta; y Esteban, otra vez, *"¡Copón! ¡Roncales! ¡Qué no vas a dejar una!"*. Esteban le ponía nombre a todo, un nombre propio inventado por él y para él; se lo ponía a sus perdigones y a sus compañeros de cuadrilla. A Marcelino, le tocó "Roncales".

- ¿Por qué te llamaba "Roncales"?

- Creo que era por el sonido de la escopeta que tenía. Cuando volví de la mili me compré una escopeta de segunda mano que no tenía mala apariencia, pero no era normal, era grande y muy pesada, tenía setenta y ocho centímetros de cañón, debía ser muy cerrada pues mataba perdices a gran distancia y tenía un sonido distinto a las demás, un sonido más grave y bronco. A Esteban le parecía que la escopeta roncaba y de ahí lo de Roncales.

- Y él, ¿qué escopeta llevaba?

- No sé cómo se las apañó, pero él mismo se hizo un par de escopetas: una del calibre doce, bonita, llena de arabescos en la báscula que le gustaba mostrar, y otra, tan rara o más que su coche, pequeña, con un solo cañón, de un calibre menor que el doce, que no se la enseñaba a nadie.

- Y la pequeña, ... ¿para qué la quería?, ¿para las ratas?, ¿para los pajarillos?

94

- Esa es otra historia para contar. Un buen día me lo encontré por la calle y me pidió que lo acompañase al patio donde tenía un taller donde hacía sus manualidades, pequeño pero bien montado. Allí tenía esa escopeta pequeña que terminaba de elaborar, junto con un montón de cartuchillos para ella, también elaborados por él; cada cartucho llevaba escritos unos números que venían a indicar la composición que había hecho para cada cartucho. En el patio, tenía una serie de desechos del taller de obras públicas donde trabajaba: trozos de soportes metálicos para las señales, alguna señal medio oxidada, trozos de metal más sólidos, un martillo de buen tamaño y otras herramientas. Cogió uno de los cartuchos, pegó un tiro y me dijo: *"Roncales, dime cuál de los sonidos que vas a oír se parece más al tiro que suelto"*. A renglón seguido, empezó con el martillo a golpear con fuerza los elementos metálicos que tenía: *¿se parece a éste?* —me preguntaba-, *¿y a este?, ¿y a éste?,…* así hasta que terminó con todos los cartuchos. Estuvo más de una hora pegando tiros y martillazos y, al final, le elegí un par de sonidos.

- Me huele a furtiveo.

- Claro. Era para furtivear a diario. La escopetilla era para llevarla en la furgoneta de Obras Públicas y tirar a las perdices desde ella a corta distancia. Si alguien, la Guardia Civil o quien fuese, le decía que habían oído un tiro, cosa que realmente ocurrió en las mismas narices de la benemérita, les decía que el ruido provenía del material metálico que llevaba en la furgoneta por motivos de su trabajo y, a renglón seguido, hacía una demostración práctica con el martillo y los hierros. De esa manera se hacía con perdices a su estilo, de manera fácil, con aprovechamiento máximo de medios.

- ¡Qué argucias!

- Pues sí, Esteban tenía ingenio y manos únicas, aparte de buen humor.

- iii -

El tiempo pasa. El primer principio de la termodinámica dice que la energía ni se crea, ni se destruye, se transforma; el segundo principio viene a decir que la energía no tiene vuelta atrás, no vuelve al estado precedente, no tiene retorno: a lo hecho, pecho (para entendernos). Las cuadrillas de cazadores cumplen el segundo principio, pero no son una buena metáfora del primero. Las cuadrillas de cazadores, se crean y, con el tiempo, se destruyen; se disgregan, cambian de número y personajes.

- ¿Cómo se terminó todo aquello?

- Por circunstancias, tuve que irme a trabajar a Francia. Allí estuve un tiempo. Cuando volví habían cambiado las cosas, las cuadrillas y el ambiente era otro. Cuando volví, cazaba en solitario o, a veces, con mi hermano Hilario. En esa época la caza en solitario me reportaba dinero, la vendía; lo que cazaba no tenía que repartirlo en la cuadrilla; era más aburrido, pero me daba dinero.

- Se terminaron los divertidos momentos con esas cuadrillas.

- Sí. Así fue.

- ¿Y Esteban?, ¿qué fue de él?

- Seguí viéndolo por Cuenca. Hablábamos de caza; se nos iban las horas en ello. Así es entre cazadores; no sé por qué podemos estar tanto tiempo hablando de caza como si no existiese otra cosa en el mundo… Recuerdo una de las últimas conversaciones. No sitúo bien el momento, pero debió de ser a finales de los años sesenta, muchos años después de la historia de la tortilla de champiñones. Le conté que yo ya no hacía cartuchos, que había unos cartuchos muy buenos, marca Boar, que se compraban a buen precio y que había escopetas de un cañón que tiraban cinco tiros, que las traían de Bélgica, las llamaban FN ¿Sabes lo que me contestó?

- Pues, no. Cuenta.

- Me dijo: *"mira Roncales, a mi da igual lo que hagan por ahí; yo a estas alturas no voy a cambiar, ni ganas tengo de ello; me ha gustado hacer las cosas de arriba abajo, enteras y a mí manera: mis cartuchos, mis escopetas, mi coche, … ¡Te acuerdas*

96

del coche y de cómo nos robaron la tortilla de champiñones que hizo mí Mercedes! Me estoy haciendo viejo ... estos tiempos modernos no son los míos". Me despedí y cuando ya me iba, me dijo, *"espera Roncales, te voy a pedir una cosa: si puedes me traes una de esas FN y veré si puedo hacerme una".*

Segundas ocupaciones

- i -

- Era todavía de noche. Estaba en la vaquería. Me había levantado a aviar a las vacas. Era invierno y empezaba a clarear el día que se notaba tan frío como el anterior. Todo estaba en silencio cuando, de repente, oí unos golpes en la puerta; eran golpes fuertes los que se oían: *"¿quién es?"* - pregunté, *"gente de bien"* -contestaron al otro lado de la puerta.

- ¿Y abriste?

- Sí, abrí.

- ¿Sin saber quién eran, sólo por oír que quien llamaba decía ser "gente de bien"?

- Pues sí.

- ¿Y si te llegan a engañar y la gente, realmente, era "de mal"?

- Entonces eso no se estilaba; por entonces era más probable que alguien necesitase ayuda que a alguien se le ocurriese ir a robar o a hacer algo malo.

- ¿Y qué te encontraste cuando abriste la puerta?

- Pues a un tipo enjuto, flaco, con el pelo algo rizado, con la cara morada por el frío y algo de moquita congelada debajo de la nariz.

- ¿Lo conocías?

97

- Me sonaba. Tenía la impresión de que alguna vez antes lo había visto por Cuenca.

- ¿Qué quería?

- Me pidió un pico para romper el suelo que estaba helado y hacer un agujero para poner los pertrechos para pillar pájaros[5] con liga. Me dijo que eran para ponerlos fritos de aperitivo en un bar.

- ¿Te devolvió el pico?

- Claro que sí, me devolvió el pico y me regaló un par de docenas de pájaros. Entonces la gente devolvía las cosas y algunos, hasta donde podían, hacían regalos. La gente no robaba; podías estar tranquilo; dejabas la bicicleta, o lo que fuese, en la calle y nadie tocaba nada.

- Supongo que habría alguna excepción; siempre habrá algún ladrón.

- Sí, sí,...siempre habrá alguno. Recuerdo uno, pero ese, realmente, bicicletas en la calle no robaba; hacía otras cosas.

- ¿Qué hacía?

- Muchas cosas y ninguna buena. Lo conocí en los preparativos de la coronación de la Virgen de las Angustias. Cuando lo de la coronación se lio una buena. Cuenca se llenó de gente de todos los pueblos, de Madrid, de Valencia, ... vino hasta un representante del Papa de Roma para dar misa. Se organizó una corrida de toros donde iba a torear Chicuelo, un torero de aquí. Ese individuo trabajaba en el Ayuntamiento y no sé cómo se hizo con un montón de entradas para los toros y reclutó a unos cuantos en Cuenca para venderlas en la reventa con el trato de que la mitad de lo que se sacase era para el vendedor y la otra mitad para él. Así que nos pusimos a vender entradas; pronto las vendimos todas. El día de antes de la corrida, me dice: *"Marcelino, tienes que dejarme dormir en tu casa"*, *"¿cómo es eso?"* -le pregunté-, *"es que he alquilado todas las habitaciones de mi casa a los que han venido de fuera y no tengo sitio para dormir"*

-me contestó-. En fin, no supe decirle que no y le hicimos un hueco en la casa de la vaquería. A la mañana siguiente me levanté a aviar las vacas, luego repartí la leche y al volver lo vi en el puente del río Moscas desnucando palomas contra el pretil y metiéndolas un saco, una detrás de otra; cuando me vio se hizo el loco y se marchó rápido con el saco al hombro. Cuando volví a la vaquería comprendí lo del saco: mi madre me explicó que el huésped había subido al palomar, había cogido las palomas y le había dicho que eran para echárselas a la Virgen y dar mayor emoción y homenaje a la Coronación con sus vuelos.

- O sea que el bueno de él, no robaba bicicletas, hacía negocios, cogía palomas para echárselas al vuelo a la virgen para engrandecer el homenaje a la santísima, … ¡qué buen corazón! ¿Qué fue de él?

- Le perdí la pista, desapareció.

El funcionario del Ayuntamiento terminaría rico o en la cárcel. San Pedro no le abriría las puertas del cielo, ni San Francisco de Asís lo recomendaría a San Pedro.

- ii -

Luis "El Chichas" era delgado, enjuto, nervioso, incansable, forofo del Real Madrid y de Franco. Luis "El Chichas" montó un bar del estilo de los de Madrid; un bar de esos que antes de terminar de pedir una caña la tenías ya servida con su correspondiente aperitivo. Los aperitivos que ponía Luis "El Chichas" eran muy naturales: pajarillos fritos, cangrejos de río de los pequeños, peces de río en crujiente fritura, boquerones en vinagre, … ponía también raciones de mariscos que traía de Madrid; a veces ponía de aperitivo algún carabinero de tamaño medio, ya que, por entonces, los carabineros eran marisco de orden inferior, se consideraba que no eran tan "finos" como la gamba.

- ¿Recuerdas cuando llamaste a la puerta para pedirme un pico? - Le preguntó Marcelino, muchos años después-.

- Sí, lo recuerdo. Estaba la tierra helada y necesitaba un pico para hacer un agujero en ella y poner el arbolillo con las crucetas y los reclamos en alto.

- Estabas helado de frío.

- Sí hacía frío, con el frío es cuando se forman las bandas grandes de pájaros y cuando se pueden pillar un buen número de docenas… pero cuando más frío pasé fue cuando iba, en invierno, a por las *luinas* con los trasmallos; recuerdo que íbamos sacando las *luinas* del trasmallo y las echábamos en la orilla del río; tal como las echábamos se iban helando; cuando estás mojado y, al tiempo, hiela, es lo peor… ¡Qué tiempos aquellos! ¡Ya han pasado!

- ¿A la trucha no te dedicabas?

- No. Si caía una, bienvenida era, pero a la trucha no me dedicaba. Yo lo que pillaba tenía que ser a parvas[5]; si no era así, no salía rentable.

- iii -

Martín Almagro tenía un porte sobrio y elegante que le acompañaba allá donde fuera; hay gente que es así. Martín Almagro vestía siempre de la misma manera, camisa y chaqueta color caqui, fumaba siempre el mismo tabaco, unos purillos en cajetillas tituladas "10 Entrefinos Cortados. Tabacalera S.A.". En el vestir y en el fumar era constante, impenetrable por las modas. Sin embargo, al margen de ese gusto formal por lo constante, había algunas cosas en las que se podía detectar que admitía novedades y, además, las admitía con regocijo; eso ocurría en materia de lecciones de naturaleza y en técnicas de pesca y caza. Martín Almagro era un pescador de truchas pionero en técnicas de pesca, unas aprendidas y otras inventadas por él mismo. En los lugares dónde pescaba, abruptos, de difícil acceso y más difíciles desplazamientos, preparó entre las piedras distintos ingenios para facilitar sus movimientos a lo largo del río; también fue el primero en conseguir ciertos productos que no existían en España para fabricar sus propias moscas. Martín Almagro fue pescador afamado en su ciudad. La pesca

100

de la trucha fue, para él, una afición y una pasión; se puede decir, también, que fue una segunda profesión en algunas fases de su vida.

- A Martín Almagro lo conocí porque era uno de mis clientes. Le llevaba la leche a su casa. En algunas épocas del año era frecuente ver en la cocina el pilón lleno de truchas, lleno a rebosar; truchas de todos los tamaños. Impresionaba. -Contaba Marcelino.

- ¿Y qué hacía con ellas?

- Las vendía a unos y a otros. Por entonces montaron el bar-restaurante Tógar[6]; una de sus raciones cogió fama: la ración de truchas. La ración de truchas consistía simplemente en media docena de truchas fritas. Eran truchas finas, de la sierra, las de menor tamaño que se cogían, algo mayores que una sardina. Estaban extraordinarias; venía gente de Madrid a comerlas.

Notas de la década de los 50

(1) En 1952 se concede a España un crédito por el Import-Export Bank de EEUU. En 1953 se produce un acuerdo económico y de colaboración militar con Estados Unidos: España recibía ayuda económica y técnica a cambio de prestar territorio español a EEUU para la implantación de sus bases militares bajo el marco de un programa de seguridad mutua. En 1955, España, después de ser repudiada desde el final de la guerra civil, ingresa en la ONU. En 1958, le toca ingresar en la Organización Europea para el Desarrollo Económico (OEDE), entidad creada para la gestión de los fondos del Plan Marshall tras la Segunda Guerra Mundial, de los que España no se pudo beneficiar. También en este año ingresa en el Banco Mundial y en el Fondo Monetario Internacional. En 1959, se produce otro hecho que tendrá efectos trascendentales para España: la puesta en marcha del Plan de Estabilización y Liberalización de la economía española por los denominados tecnócratas, muchos de ellos pertenecientes al Opus Dei.

(2) Si se desea, los números precisos se pueden encontrar en varias publicaciones. Por ejemplo, en los trabajos de Jesús Núñez (véase "La Guardia Civil contra el Maquis" en las IV Jornadas sobre el Maquis en Santa Cruz de Moya. 2-4 de octubre de 2003).

(3) En relación con esos partidos de fútbol que se jugaban en la capital, me hablaron de uno de ellos al que fueron desde Cuenca varios aficionados en un autobús fletado para ello. El partido fue la final de la copa del Generalísimo, entre el Barcelona y el At. Bilbao. En relación con el clima social que había por entonces, es interesante mostrar un rasgo de ese clima en el que participaron varios conquenses y, en particular, un tal Pellicer, que destacaba por su carácter extrovertido, su vocación bromista, propia de esta década, y una cierta tendencia al exhibicionismo. En el postpartido, los de Cuenca se unieron a los vascos en la Puerta del Sol de Madrid para "celebrar la derrota". Los confortadores castellanos de Cuenca se introdujeron en la congregación de "derrotados" vascos para cantar, bailar comer y, sobre todo, beber de las innumerables botas de vino que por allí había. Al misericordioso Pellicer, en línea con su espíritu, que también debía ser ocurrente, no se le ocurrió otra cosa que aportar el postre: se metió en "La Mallorquina", compró la tarta más grande que había, coronada por una gruesa capa de nata y puso la condición para su consumo: "no se podía tocar con las manos, había que meter la boca en ella y llevarse el bocado". Se cuenta que el revuelo que se organizó con la tarta fue tremendo, allí acudían los derrotados, uno tras otro, en fila interminable, a llevarse su bocado. A mí ese apunte de hechos del 1954 me sugiere que el clima social e interregional que había entonces era alegre; es evidente que ese ambiente no ha mejorado con el paso del tiempo.

(4) Algún artista de la cinematografía fue sensible a la moda de las bromas de los años 50. Uno de estos artistas fue Juan Antonio Bardén, director de la película "Calle Mayor" que se rodó en Cuenca, Palencia y Logroño. "Calle Mayor" no parte de la pretensión de llevar la realidad a las pantallas; por tanto, no se puede considerar una película realista. El autor se basó en una obra literaria, "La Señorita de Trévelez" de Carlos Arniches, de la que retiró los aspectos cómicos y exageró los dramáticos. Siendo una conmovedora película hay que señalar que el tipo de broma que se expone en ella, no responde a la realidad del tipo de bromas que se gastaban por entonces. Aquellas bromas eran simples, incluso infantiles, y se hacían entre varones. En Palencia, la película contó con una reacción negativa en relación con el uso de esa ciudad en su rodaje, quizás, precisamente, por su desajuste con la realidad.

(5) Por entonces y en décadas posteriores, año tras año, venían a España, procedentes de Europa, bandadas de pájaros con miles de ejemplares. Recuerdo verlas en mi niñez, se puede decir que eran como nubes. Esas bandadas tan numerosas ya no existen; al menos, yo llevo años sin verlas. Dentro de este libro, en las últimas décadas de estas Crónicas de Caza y en el último capítulo, concretamente en las Crónicas del siglo XXI y en el capítulo titulado "Después de estas Crónicas" se expondrán razones posibles de su desaparición.

(6) Cada río tiene su trucha, con disposiciones distintas en color, distribución y tamaño de las pintas. Una de las zonas en las que pescaba Martín Almagro con mayor frecuencia era en "Los *Cortaos*", sobre el río Júcar, aguas arriba de su paso por Villalba de la Sierra hacia Uña. Las truchas que se servían en el Bar-Restaurante Tógar debían proceder del río Júcar y, concretamente, una de varios kilos la tenían disecada como elemento decorativo del Bar-Restaurante. Años después, en la década de los 60, Fernando Zóbel, artista y benefactor para la ciudad de Cuenca, incluyo esa trucha en uno de sus dibujos con notas manuscritas dentro del libro "*Cuenca. Sketchbook of a Spanish Hill Town*".
A continuación, mostramos unas imágenes en relación con lo anterior: la imagen de truchas en las que se aprecia el colorido de la piel y la distribución de las pintas distinta según su procedencia. Fernando Zóbel dibujó la trucha que decoraba el local con fidelidad. La distribución de las pintas de esa trucha hacer ver que se trata de una trucha del Júcar (pocas pintas sobre una piel de

104

color claro). El Bar-Restaurante Tógar, significado por su excelente cocina conquense y castellana, ya no existe.

Trucha del curso alto del río Júcar.

Trucha del curso alto del río Tajo.

Dibujo de Fernando Zóbel. El artista captó con precisión la trucha del Júcar que decoraba el local; se puede contrastar el esquema del dibujo con las fotografías de distintos tipos de trucha. Nos indica también que 100 gramos de gambas costaban 25 pesetas (en 1967), que en verano había cangrejos de río y que la decoración del local era suntuosa y "casi comestible".

- La década de los 60 -

Diversas circunstancias sociales y políticas dan lugar a la etapa de mayor crecimiento económico de España, en términos absolutos y relativos, de la historia contemporánea. España creció más que los países europeos de su entorno en aquella época y más que en cualquier época anterior y posterior a ella, hasta hoy día[1]. A este fenómeno se le ha dado el literario nombre de "milagro" económico español. Este crecimiento, como es imaginable, estuvo acompañado de una intensa actividad tanto de producción como de consumo y, como es obvio, sus efectos tendrán un impacto importante sobre las formas de vida de los españoles.

Vamos a dar algunos datos que ilustran lo anterior. En 1960 había un vehículo por cada 100 habitantes; en el año 1970, cuando termino esta década, el número de vehículos por cada 100 habitantes se aproximaba a 30; es decir se había multiplicado por "treinta" la presencia de vehículos en la sociedad española. En cuando a televisores, allá por el 1960, sólo 50.000 familias tenían televisor, menos de un 1% de hogares; en 1970 el 60% de los hogares españoles tenían televisión[2]. Ambos elementos, automóvil y televisión, tendrán especial repercusión en las relaciones del hombre con la naturaleza; esto se ilustrará más adelante.

Los campos se vacían.

Aparte de la emigración al extranjero, se produjo una migración interior dentro de España. La población de la España interior rural se desplazó hacia los núcleos poblacionales que demandaban mano de obra (Cataluña, Valencia, Vascongadas, Madrid, …). El éxodo rural español que comenzó en los años 50 se incrementó de forma notable en los años 60; la población de muchas provincias rurales interiores decreció más que en cualquier otra década del siglo XX. Por ejemplo, la provincia de Cuenca perdió cerca de 80.000 habitantes sobre una población de 328.000 habitantes (rurales y urbanos); es decir, aproximadamente una cuarta parte de la misma; si tenemos en cuenta únicamente la población rural la proporción de emigrantes es mucho mayor.

107

La revolución verde se va infiltrando en España.

La revolución verde se inicia en Europa después de la II Guerra Mundial y se introduce paulatinamente en España. Esta revolución, aunque llamada "verde" nada tenía que ver con el ecologismo. Consistía en conseguir una mayor producción con las mejoras de una adecuada reparcelación, tecnificación, fitosanitarios y mejora genética de plantas y semillas. Una mayor producción agrícola y la propia disminución de la población en esos territorios produjeron un aumento notable renta per cápita, por encima de media nacional en los territorios de la España rural interior.

El día a día.

Año a año, durante esta década, cambió continuamente el nivel de vida de los españoles; ese cambio fue creciente, a mejor cada año. Por ello no se puede hablar de un "día a día" en cuanto a la forma de vivir durante esta década. Sí se puede decir que día a día se vivía mejor. Los salarios, tanto nominales (los escritos en el sobre de la paga) como reales (el que expresa cuánto se puede comprar con lo escrito en el sobre de la paga) tomaron una línea ascendente, lo que hace comprender los datos de crecimiento sobre el consumo, de coches y televisiones, que se expusieron antes.

Un sueldo nominal medio a principio de esta década era del orden de unas 45.000 pesetas/año; a mediados de la década se había elevado a unas 80.000 pesetas/año; al final de la década estaba en unas 120.000 pesetas/año.

En cuanto a la horquilla salarial ordinaria, a mediados de los años 60 el sueldo mínimo interprofesional estaba en 1.800 pesetas/mes; un sueldo bajo sería sobre unas 60.000 pesetas/año; el sueldo medio estaba en unas 80.000 pesetas/año; un sueldo medio-alto estaba sobre unas 160.000 pesetas/año; un sueldo alto, se acercaba a las 300.000 pesetas al año.

La partida de gasto más importante en una familia seguía siendo la de la alimentación (cerca del 50% del gasto iba a ello) y, dentro de la alimentación, la partida con más peso era la de carne (una cuarta parte del gasto en alimentación). Esto conllevaba que las proteínas sacadas de la naturaleza a través de la caza o la pesca tenían interés económico.

Poco a poco, la gente se iba animando a comprar electrodomésticos y vehículos, lo que suponía un gasto importante que habitualmente se realizaba a pagos aplazados con la fórmula de letras de cambio. A mediados de los años sesenta un coche Seat 600 costaba unas 60.000 pesetas, cerca de un año de trabajo con un salario medio, una moto de cilindrada media (175 o 200 cc) costaba unas 30.000 pesetas (4 meses de trabajo), una televisión sobre unas 15.000 pesetas (2 meses de trabajo).

El campo, la caza y la pesca.

Los avatares de esta época van a producir grandes cambios, sobre todo en relación con la fauna y el ejercicio de la caza y la pesca. Los hechos que dan lugar a esos cambios son los naturalmente derivados de las circunstancias económicas de esta década y de las decisiones administrativas que se tomaron en aquel tiempo sobre el medio natural y que resultaron trascendentales para el incremento de la biodiversidad en los campos españoles.

En el campo prosiguió el incremento de zonas de monte en aquellos lugares donde era difícil la explotación agrícola consecuencia del éxodo rural.

Por otra parte, se prosigue con la ejecución del Plan General para la Repoblación Forestal de España, iniciada en 1939 con algunas características propias de esta década que provienen, sobre todo, del abandono de los campos. Una de ellas fue que, debido a las fuertes migraciones de la población campesina y a la subida coste de la mano de obra, se recurrió, cada año con más intensidad, a la mecanización de las operaciones. Otra característica fue que se liberaron tierras en los municipios, muchas de ellas de carácter fértil, que también se repoblaron con carácter preferente con especies forestales de crecimiento rápido (las importaciones españolas de madera eran en cuantía las segundas en importancia después de las de petróleo). La iniciativa privada se involucró en este proceso. En cuanto a la cuantía de la reforestación, fue parecida a la de la década de los 50, superándose el millón de hectáreas reforestadas.

Consecuencias naturales de las circunstancias de esta década son una mejora de las condiciones de vida para la caza mayor, especialmente para el jabalí. Los jabalíes empezarán a verse de forma habitual en los campos españoles.

Hay que destacar un hecho importante: la mejora de la accesibilidad a los cazaderos debido al incremento de vehículos. Esa mejora de accesibilidad fue espectacularmente creciente a lo largo de la década: al principio sólo una persona de cada 100 tenía vehículo, al final había 30 personas de cada 100 con vehículo. La mejora de la accesibilidad a los cazaderos se tradujo en una mayor presión cinegética en gran parte del territorio de la España interior que, en la mayoría de los municipios, estaba en régimen libre. Empezó a ser frecuente el flete de autobuses en ciudades grandes que acudían a cazar a esos territorios rurales del interior de España. Evidentemente se trataba de una mala práctica que se debería haber regulado con rapidez y que desapareció en la década siguiente con la implantación masiva de acotados en los términos municipales.

Otro efecto de la posesión popular de automóviles fue un cambio en la forma de cazar: descendió el número de cazadores individuales al salto, mientras se incrementó la caza en mano por cuadrillas de cazadores aprovechando los vehículos de que se disponía. Evidentemente esto supuso una mayor presión cinegética sobre las especies de caza menor: la caza en mano da más oportunidades de disparo que la caza individual al salto y no requiere el conocimiento en profundidad del terreno y de las especies que la habitan.

Es fácil imaginar que también se incrementaron los encuentros sociales de cuadrillas de cazadores, pescadores y amigos en general, que se citaban extraordinariamente para pasar alguna jornada de carácter festivo; unos cazando, otros pescando y otros haciendo ambas cosas.

Un aspecto agrícola, a mi modo de ver positivo en relación con las especies cinegéticas, liebre y, sobre todo, perdiz, fue el aumento de las parcelas cultivadas con girasol en buena parte de la España interior; cultivo que otorga defensa a esas especies con respecto a sus depredadores, incluido el ser humano. A través de los girasoles, esas especies ven y no son vistas, con lo que articulan eficazmente su huida, y también dificultan los ataques de las rapaces desde el aire. Esta práctica agrícola aumentó la densidad de estas especies.

Otra novedad importante en el ejercicio de la caza fue el continuo incremento de la presencia del jabalí en los campos españoles. A principios de los años 60 ya se detectaron los efectos negativos que producía en cultivos. Conforme fueron pasando los años esos efectos se incrementaron. En los años finales de la década de los sesenta se empezaron a organizar a nivel municipal de forma masiva batidas al jabalí que, normalmente, se organizaban en los meses de enero y febrero, cuando venía a terminar la temporada de caza menor. Para muchos cazadores de menor era una especie de postre de lo que había sido la temporada de caza. Desde la óptica de hoy, cincuenta años después, hay aspectos de esas cacerías que resultarían pintorescos: uno de ellos era la ausencia de rifles, los cazadores, en sus puestos utilizaban sus escopetas de caza, de dos cañones o de un cañón a los que se introducían cartuchos de bala o, más frecuente, postas de 3 o 5 plomos en cama que pronto mostraron su peligrosidad, de forma tal que fueron prohibidas unos años después; esa peligrosidad procedía del hecho de que las postas, a veces, chocaban unas con otras desviándose de forma importante de la trayectoria teórica de salida del cañón. En cuanto a rehalas especializadas en caza mayor no se utilizaban en este tipo de cacerías populares; participaban ojeadores humanos con algún perro que pateaban el terreno haciendo ruido. Con esos medios, el número de capturas no era elevado; en los pueblos de la provincia de Cuenca, 3 o 4 jabalís capturados era un buen número; en una ocasión en una batida realizada en Las Tejas (Barbalimpia-Cuenca) se capturaron 7 jabalís y eso fue noticia televisiva nacional. Las batidas terminaban al caer la tarde

111

con una comida; normalmente un jabalí de los que se habían abatido, que se hacía frito con ajos en una enorme sartén y todo el que había participado en la batida tenía derecho a la merienda final bajo la idea de que con la participación se había ayudado a luchar contra un problema que afectaba al pueblo que consistía en los perjuicios que los jabalís causaban o podían causar en la agricultura. Al contrario que algunas décadas después, la participación era gratuita.

Otro cambio progresivo fue el conocimiento de las variedades de razas de perros que había en el mundo en relación con el ejercicio de la caza. A principios de los años 60, si al azar preguntásemos a cualquiera, en cualquier pueblo, *"¿cuántas razas o tipos de perros de caza conoces?"*, contestarían con 5 razas: podenco, sabueso, galgo, pachón o "cruzado". En la categoría de cruzado estaban todos los perros que por descuido o intencionadamente procedían de la mezcla de esas 5 categorías, en la que también era relativamente frecuente la intromisión de los careas de los pastores. Si esa misma pregunta se hiciese a finales de los años 60, al menos en el caso de "los pachones", se obtendría una respuesta con mayor variedad: pointer, setter, braco, bretón, … etc. Hubo una serie de razas que a finales de la década se introdujeron en el ejercicio de la caza y que anteriormente no se conocían popularmente.

Como es fácil de imaginar, al igual que ocurrió con el ejercicio de la caza, en la pesca fluvial la creciente presencia de automóviles fue mejorando la accesibilidad a los cursos fluviales y se incrementó la presencia de pescadores en los ríos. Ello supuso una mayor presión en ciertos ríos en régimen libre que, sin embargo, no se hizo notar de forma ostensible en cuanto al nivel de capturas. Como en la década anterior, las especies más deseadas fueron la trucha, la luina y el cangrejo de río que seguían teniendo, como en las décadas anteriores, aparte del uso recreativo, un uso alimenticio y comercial.

En cuanto a la pesca, otra novedad fue la práctica popular en la España interior de una nueva modalidad de pesca: la realizada en los embalses sobre la carpa, el lucio y la perca. En la década de los cincuenta, en los grandes embalses hidroeléctricos y de regadío que se iban construyendo, se inició la introducción de esas especies, con finalidad deportiva y alimenticia. Con la mejora de la accesibilidad que ya se ha comentado, la pesca en pantano de esas especies fue incrementando su popularidad.

Pero no podemos dejar de mostrar hechos trascendentales de carácter administrativo que produjeron un incremento de la fauna cinegética y de la biodiversidad. Un hecho de gran importancia fue la implantación de las Reservas Nacionales de Caza a lo largo del territorio español. Por otra parte, en esta década se promovió la aparición en televisión de programas sobre naturaleza, lo que dio lugar a un fenómeno de carácter mediático que ha afectado a las generaciones de esta década y posteriores en la concepción de la perspectiva social sobre la naturaleza: el fenómeno de Félix Rodríguez de la Fuente.

El hito de las Reservas Nacionales de Caza.

Varias actuaciones administrativas a principios de los años 60 anticipaban lo que estaba por venir. El 31 de mayo de 1966 se firmó una Ley de gran importancia en relación con la conservación del medio natural y recuperación de especies próximas a su extinción: se trataba de la Ley de Creación de las Reservas Nacionales de Caza[3]. Fue una Ley aplaudida internacionalmente y con unos sistemas de gestión que, en lo esencial, se están aplicando 50 años después. Tales hechos dan idea de la bondad de su concepción[4]. La visión sobre el medio natural y humano que contiene esa ley, sin entrar en una descripción pormenorizada de sus artículos, se puede contemplar en el preámbulo de la misma que transcribimos a continuación:

Las especiales circunstancias, de orden físico y biológico, que concurren en determinadas comarcas españolas las señalan como núcleos de excepcionales posibilidades cinegéticas, cuya protección, complementada con las adecuadas medidas de conservación y fomento, podría garantizar la difícil pervivencia de especies tan características de la fauna ibérica como son la cabra montés, el rebeco, el corzo, el oso, el urogallo y otras.

Estas consideraciones de orden cinegético, unidas a los reconocidos valores agrestes de las comarcas que se pretende proteger, son, de por sí, lo suficientemente importantes para ocupar la atención especial del Estado, constituyendo en ellas las denominadas Reservas Nacionales de Caza. En estas Reservas, previa la protección y cuidados

113

necesarios, una vez que se consigan alcanzar niveles de densidad cinegética biológicamente adecuados, será llegado el momento de ordenar el aprovechamiento de esta riqueza, procurando dirigir hacia las comarcas afectadas una intensa corriente dineraria que permita mejorar sustancialmente sus condiciones económicas y sociales, con evidente beneficio de todos los intereses afectados.

Con la creación de estas Reservas se inicia en España un importante programa de protección y conservación de su fauna más selecta, mediante el cual será posible asegurar la utilización racional de estos recursos, contribuyendo así a promover la máxima satisfacción social, económica y recreativa que la Naturaleza y los seres que la pueblan puedan proporcionar a una comunidad.

Inicialmente, a través de la Ley de 1966, se crearon 20 Reservas Nacionales de Caza que se ampliaron hasta el número de 36 entre 1970 y 1973. En total, todas ellas, ocuparon una superficie aproximada de un millón y medio de hectáreas.

El fenómeno mediático de Félix Rodríguez de la Fuente.

En los años 60 apareció en España un personaje con una prosodia seductora, imposible de igualar y casi imposible de superar. Este personaje mostró a la sociedad, adulta e infantil, capítulos de la vida natural inolvidables. Hay que decir que han sido inolvidables en el sentido textual, pues Félix, junto con sus filmaciones, sigue siendo recordado y citado. En mi memoria está grabada con fuerza la primera vez que vi uno de sus programas; se trataba de un capítulo dedicado al pájaro carricero y al cuclillo "cruel ocupador" de sus nidos; lo vi en el blanco y negro televisivo de aquellos tiempos; debió ser a finales de los años 60.

A mi modo de ver, varias razones influyeron en ese fenómeno mediático. En primer lugar, la más importante, fue la existencia de un medio de difusión adecuado para mostrar la vida natural, atractiva en sí misma, que se fue incorporando en la sociedad española a lo largo de esta década: la televisión. Sin la televisión, no se hubiese producido ese fenómeno mediático. En segundo lugar, con menos peso, el atractivo de esos capítulos para una sociedad que, en buena parte, se había alejado

114

de la vida rural e instalado en la vida urbana; aparecía así, a través de la televisión, un acercamiento a esa vida natural de la que se había alejado.

Como es lógico, es casi imposible grabar hechos concretos de la vida natural sin realizar montajes predeterminados para mostrarlos a la sociedad. Ha habido críticas a los programas de Félix por la existencia y contenidos de esos montajes; pero esos hechos al natural no podrían haber sido presenciados por la sociedad sin esas preparaciones. Esos hechos sólo pueden ser presenciados al natural por aquellos que tienen un contacto continuo e intenso con el medio natural y la "suerte" que sólo se da esporádicamente. Los cazadores cuya afición a la caza conlleva una presencia continua en la naturaleza, tienen una probabilidad más alta de ver esas escenas al natural; afición cuyo origen profundo está, en buena parte, en el deslumbramiento que la naturaleza ejerce sobre ellos.

Hay que significar que ni Félix Rodríguez de la Fuente, ni otros biólogos de renombre científico que se han dedicado a la conservación de la vida natural, se han opuesto al ejercicio de la caza[5]. Ha sido todo lo contrario. En el caso de Félix, su extensa e intensa visión de la naturaleza ha incluido al ser humano formando parte de ella como depredador y cazador[6].

Detrás de los visillos de la fama (recordatorio a Jaime de Foxá).

Pero detrás de Félix ha habido otras personas cuya acción ha sido de gran importancia en todo lo relativo a la percepción de la naturaleza por la sociedad y en el ejercicio de la práctica cinegética. Se trata de personajes menos populares pero que tuvieron influencia crucial en su momento. Me parece obligado recordar a uno de ellos en estas crónicas. Se trata de Jaime de Foxá. Jaime de Foxá fue el que introdujo a Félix en el mundo de la televisión; las consecuencias de tal acción pertenecen ya a la historia contemporánea de España. Pero, además, Jaime de Foxá, participó en la concepción de la Ley de las Reservas Nacionales de Caza y en la Ley de Caza de 1970, leyes equilibradas y racionales actuando sobre la conservación de la naturaleza y en su mejora. Su sentido común

115

y su comprensión de la naturaleza, la salvaje y la humana, le llevó, más allá del fácil uso de la aplicación de normas y castigos, que resultan frecuentemente ineficaces. Se relacionó con los furtivos afamados para mostrarles sus objetivos y convencerlos que debían dejar de cazar ciertas especies. Ese "de tú a tú" entre cazadores, legales y furtivos, fue, sin duda, más eficaz que la norma escrita castigadora. Un dato más para mostrar su personalidad: personaje valiente e independiente, se enfrentó a la Administración Estatal defendiendo la limpieza de las aguas del Tajo, perteneciendo él mismo a ella como Gobernador Civil de Toledo.

Crónicas de la década de los 60

Hay una novedad importante en los relatos que configuran las crónicas de esta década: el autor de las mismas participa en ellas. Esta es una diferencia con las crónicas de las décadas anteriores, cuya acción fue contada pero no vivida directamente. En esta década, el autor fue niño, al principio, y adolescente al final.

Ya se habló de la fuerte despoblación del medio rural en esta década, del febril crecimiento económico en España. En relación con el impacto de estos hechos en la caza y la pesca es obligado incluir algunos relatos. Esta inclusión es coherente con la concepción y objetivos de este libro. Así, en el primer relato, *"Pérdidas y ganancias de un emigrante"*, se muestra el impacto de la emigración sobre una persona cuya vida fue eminentemente rural, en la cual, un ingrediente importante era el de la caza. Se trata de un relato directamente vivido por mí ya que el emigrante sobre el que lo baso era uno de mis tíos paternos. En el segundo relato, *"Moto vs. máquina de tricotar"*, se muestra el cambio de la forma de vida que se dio en esta década hiperactiva; ese cambio de la forma de vida incluía las formas de transporte a los cazaderos y tramos fluviales de pesca.

Como niño, el relato *"Juegos de depredación infantil"* muestra los cambios que, de forma natural, acaecen a través del crecimiento y, particularmente, los correspondientes a su relación con la naturaleza y la vida salvaje. El aprendizaje y conocimiento de los animales y la naturaleza puede contener algún deseo erróneo o irrealizable. Yo tuve alguno de esos deseos que no pude realizar, pero que me ayudaron a conocer la naturaleza animal; uno de ellos lo cuento en el relato *"Como dejé de creer en las películas de Walt Disney"*. Posteriormente, el relato titulado *"Primeros recuerdos de perros"* tiene la componente subjetiva de lo que recuerdo sobre mi relación con los distintos perros que conocí y posteriormente, otra componente más objetiva, sobre el comportamiento de los perros de caza, que obtuve conforme fui creciendo; en este relato; además, se muestra la evolución que en esta

117

década se produjo en el conocimiento de los cazadores sobre razas de perros que, en décadas anteriores, era menor y más simple.

Llegó el momento en que me dejaron una escopeta del doce con la que conseguí abatir mi primera pieza de caza. Tendría unos diez u once años. Se narra en *"Mi primera pieza de caza con escopeta"*. Evidentemente, antes había conseguido otras piezas con otras artes (piedras, arcos, cepos, arreos de pesca, … etc.).

Pérdidas y ganancias de un emigrante

- i -

Lo que pasó ayer no lo recuerdo; lo que pasó hace un montón de años, cuando era niño, sí. Lo recuerdo a base de rasgos más o menos precisos. Sé que eso mismo le pasa a otra gente. Así, con rasgos aproximados, recuerdo lo que pasó una noche hace muchos años.

Pudo ser en 1962 cuando al caer la tarde, necesariamente de primavera, fuimos, con el coche de alguien que no recuerdo, a la aldea donde nació mi padre con el objeto de coger caracoles en las huertas, pastizales, regueros y fuentes que por allí había. Cuando llegamos era ya de noche. Fuimos a casa donde vivía su hermano, mi tío, con su mujer y sus tres hijas.

La casa no tenía agua corriente, ni luz artificial. La luminosidad en aquella habitación grande que era cocina, cuarto de estar y, probablemente, a veces dormitorio, la proporcionaba el fuego de la chimenea. Yo me quedé en la casa al cuidado de mi tía y los demás salieron con candiles a buscar caracoles. Después de un tiempo volvieron. Portaba cada uno su cubo a medio llenar con caracoles.

- No se ha dado muy bien, no había muchos, … bueno, hay que conformase, de todos modos hay suficientes para hacer una buena caracolada -dijeron unos y otros conformándose con los resultados.

118

- ¿Resolviste lo de la zorra? -preguntó mi padre a mi tío.

- Sí. He arreglado las bardas; ahora se ve que ya no puede pasar al gallinero. La hemos visto merodear por la noche, pero no ha podido saltar al gallinero.

- ¿Y lo de marcharte?... ¿Cómo lo llevas?

Esa pregunta que hizo mi padre a su hermano heló el ambiente. Recuerdo concentración y silencio bajo las iluminación tenue e irregular de la lumbre en el fondo de la chimenea tras la pregunta; después de un rato, trabajosamente, llegó la respuesta.

- Pienso mucho en ello; es en lo que más pienso. Yo, la verdad, estoy aquí bien. Yo no me iría. Pero, … ¿y mis hijas? Aquí no tienen futuro. Todos se han marchado; aquí ya no queda nadie, solo estamos nosotros … y en todos los pueblos de alrededor está pasando lo mismo. No veo otra que marcharse.

- ¿Dónde iréis?

- A Barcelona. La mayoría de los de por aquí se han ido a Barcelona. Por lo menos allí coincidiré con algunos paisanos. Algo es algo. En fin, vendré en vacaciones, saldré de caza algún día. Iré vendiendo los útiles del campo. Lo venderé todo; todo menos la escopeta, solo me quedaré con la escopeta para tenerla cuando tenga ocasión de volver.

Recuerdo su discurso entrecortado, serio, quizás triste, …él sentado en un poyo de madera, con mi padre enfrente, en aquella cocina amplia y lúgubre, iluminados por el fuego de la chimenea.

- ii -

La escopeta, junto a su documentación, la dejó en Cuenca. Año, tras año, en el mes de agosto, cuando cogía sus vacaciones, volvía a su tierra. Venía y volvía en "La Rápida"; "La Rápida" era una compañía de autobuses que, al menos en el trayecto Cuenca-Barcelona, no parecía

119

hacer honor a su nombre a tenor de las 12 o 14 horas que tardaba en hacer ese trayecto, aunque no fuese toda la culpa suya. Después, al llegar, gran parte de las conversaciones que sostenía con familiares y conocidos, versaban sobre la caza: sobre si habían criado las perdices bien, si cantaban las codornices, si se veían liebres, sobre dónde abundaban los conejos, sobre jornadas de caza pasadas, sobre los perros que se estaba utilizando, sobre los acontecimientos cinegéticos acontecidos en tal o cual paraje por él conocido. Los días vacacionales sobresalientes eran los que cogía la escopeta e iba al cazadero al que le llevaban acompañado por algún perro que le cedían; así, junto al perro prestado, pasaba sus mejores días del año.

- Mañana vamos de caza; a las tórtolas; hay muchas; en un rato por la tarde se tiran 50 o 60 tiros -le proponían.

- Yo no soy escopetero. Prefiero irme con el perro a las codornices. Iré donde las achicorias, como el otro día; con ocho o diez que me levante el perro tengo más que de sobra para divertirme. El perro que me habéis dejado este año es bueno, tiene muy buenos vientos, quizás demasiados, hace muestras dónde no hay nada.

Sí. El perro tenía grandes vientos. Era un pointer puro, blanco con manchas negras y sobrado, como suele ser habitual en esa raza, de vientos; las "muestras a nada" que realizaba eran por falta de experiencia y vientos sobrados. Durante su vida cazadora, Santos no había manejado ese tipo de perros; sus acompañantes perrunos habían sido sabuesos, podencos y los cruces tradicionales, que se daban en la tierra donde nació, entre sabueso y podenco, menos espectaculares en la caza pero muy efectivos. Tampoco era "escopetero": no predominaba en él el deseo del disparo, sobre el deseo de la aparición de la pieza tras su búsqueda.

- iii -

La imaginación es útil para sobrellevar la vida. Puede que sea también un mecanismo de defensa. Uno puede imaginar gratuitamente lo que quiera, de la forma que quiera de acuerdo con su carácter. Miguel, el cuñado de Santos, tenía un carácter competitivo y su imaginación complacía a su carácter.

- Si yo me hubiese quedado aquí -decía Miguel-, … si yo me hubiese quedado aquí -repetía-, … ya veríais que montones de perdices hubiese matado. Si yo me hubiese quedado aquí, no hubiese habido quién me mojase la oreja -decía Miguel, convencido de sus propias palabras.

- Eso no se sabe, Miguel. Nadie sabe qué hubieses hecho si te hubieses quedado aquí.

- Estoy seguro de que, si yo me hubiese quedado aquí, hubiese matado montones de perdices y nadie me hubiese mojado la oreja. ¡Mecá! ¡Claro que sí! Yo tiraba bien a la perdiz y corría detrás de ellas como nadie.

- La caza no sólo es correr y pegar tiros, hay más cosas.

- ¿Qué más cosas?

- Intuir dónde están los animales y lo que van a hacer, hacerse con un buen perro y que sea capaz de compenetrarse contigo, …

- Bien, con todo lo que tú dices, yo digo que si me hubiese quedado aquí nadie me hubiese mojado la oreja cazando perdices.

- Quítate la idea de "si yo me hubiese quedado aquí"; no sirve de nada. Nosotros dejamos todo eso cuando nos fuimos a Barcelona. No sabemos qué hubiese sido de nosotros de habernos quedado.

- ¡Pues yo si lo sé! Hubiese ocurrido lo que digo ¡Ya está!.

- iv -

Vicente no había caído por Barcelona como Santos o Miguel. Vicente no soñó nunca con hacer grandes perchas de perdices. Vicente tuvo alguna oportunidad para elegir su destino. Vicente cayó por Soria, primero. Luego cayó por Cádiz.

121

- Mal sitio es Barcelona para un cazador castellano, de provincias y sin nada en los bolsillos -dijo Vicente.

- ¡Hombre! Barcelona no es el mejor sitio, pero se aguanta -decía Miguel.

- No sé si yo hubiese aguantado. Yo sólo en Barcelona, con mi carácter tímido, poco social y sin disponer de la única forma de evasión que he tenido: el campo y la caza, … ¡menos mal que caí por Soria!

- Soria no parece el mejor sitio para prosperar.

- No fui a prosperar, fui allí a vivir, no tenía alternativa. Menos mal que cuando aprobé la oposición saqué un número bajo y no tuve más remedio que irme a Soria; el destino de Soria no lo quería la gente; quedó una plaza allí y no en Barcelona. En Soria, tuve campo y caza; mi salvación. Luego cuando pasaron los años fui optando a otras plazas; la característica que, para mí, tenía que tener una plaza para optar a ella es que hubiese campo y caza en el lugar de destino; si no la había, no la quería; cobrase lo que cobrase. Así, mi siguiente destino fue Cádiz; allí también había caza, muchos conejos. Mi tercer destino, por fin, fue el de mi tierra y ya de aquí no he salido.

- Buena cosa es ser funcionario para elegir destino mirando la caza. Nosotros no hemos tenido esa suerte. Nosotros, lo que mirábamos era el futuro de nuestra familia. Eso era todo en aquellos momentos; el campo y la caza no contaba frente a eso -decía Santos.

-v-

Llegaba el final del mes de vacaciones. El final de las vacaciones de Santos, de Miguel, de tantos otros. Habían pasado el mes viendo los cambios de sus campos, un mes recordando sobre el terreno tiempos pasados, un mes con algunas, siempre ilusionantes, salidas de caza. Después de ese mes llegaba la vuelta, obligada y asumida, a Barcelona.

122

- Se terminaron las vacaciones. El lunes salgo para Barcelona de vuelta; ya tengo el billete -anunciaba Santos con un conformismo asumido.

- Llévate unas codornices, ya peladas y limpias creo que aguantarían.

- No me llevo nada. Son muchas horas de viaje y hace calor. Lo que sí quiero es que, de vez en cuando, me escribas cartas contándome cosas de caza: lo que han cazado tu padre e Hilario, dónde han ido a cazar, como van los perros que tenéis, lo que se ve por el campo, … en fin, esas cosas; con eso me basta -me pidió.

- Vale, te escribiré.

Y le escribí. Sin saber el alcance que podían tener esas cartas en su vida. Le escribí varias con informaciones sobre caza. Hoy me doy cuenta de su valor benéfico, de lo que podían suponer esas cartas para ellos. Para esos que emigraron y sufrieron un gran cambio en sus vidas. Para esos que cambiaron los estímulos que les ofrecía la naturaleza en su quehacer campesino durante 20, 30 o 40 años, por vidas en bloques de viviendas metidas en una gran ciudad, dedicándose día tras día a una tarea rutinaria rodeados por cuatro paredes. Duro cambio. El abrazar la opción de la emigración por la gente joven de entonces fue el pago adelantado de una herencia inmaterial que esa generación hizo a la que le iba a suceder.

Moto vs. Máquina de tricotar

- i -

En la memoria me ha quedado la imagen de Marcelino, con escopeta colgando del hombro metida en funda de lona, morral cerrado y perra, cuando salía del vagón del tren, a la vuelta de una jornada de caza, acompañado por algún que otro cazador con parecidos atuendos y enseres.

- ¿Qué tal se ha dado? -se le preguntaba entre holas y adioses mundanos, con el ruido de la máquina de vapor de fondo.

- Bien, bien, … en el morral está todo.

- Ya veremos cómo lo aprovechamos.

- Sí, ya lo veremos. Hay una liebre joven, algo estropeada por el tiro; esa tiene mala venta; va a haber que freírla con ajos.

- Pues se freirá con ajos; ¿le pongo una pizca de vinagre al final?

- Pónselo si quieres; esta liebre es tierna y quedará buena.

- Sí. Seguro que sí.

Desde la estación se caminaba en dirección a casa y cuando se llegaba a ella se abría el morral y se veía el contenido. Las perdices se vendían; ello se hacía sin desplumarlas y los mayores clientes eran los restaurantes. Las liebres y conejos también se vendían, normalmente sin desollar, pero se hacía más a nivel privado a alguna persona que había hecho un encargo. Lo que no tenía salida era lo que se consumía en casa.

- ¡Venga, coge una tajada de liebre con un trozo de pan! -se me ordenaba.

A mí no me gustaba la liebre. En cuanto a carne de caza sólo me gustaba la de la perdiz y, sobre todo, la de codorniz cuando llegaba la época. La carne de conejo la comía sin entusiasmo y la de liebre la comía cumpliendo órdenes. Así que, ante la orden, cogía un pedazo de carne y otro de pan, me la metía en la boca y la comía con esfuerzo.

- ¿Está buena eh? ¡Coge otro trozo! - se me ordenaba de nuevo.

No contestaba a la pregunta y cogía otro trozo, me sacrificaba y me lo comía. Así alguna tajada más hasta que ponía fin a la ingesta cuando me parecía que su final iba a ser aceptado.

- ¡Que buenas están estas liebres jóvenes fritas con ajos! En Francia había liebres a miles, eran como un ganado; una vez cogimos un par de ellas a mano en la finca de *Mesié de Busí*; las preparé cómo aquí, fritas con ajos. Los franceses se volvieron locos con de ricas que les estuvieron; decían *"no, no, no, ...no plus de paté, ... liebgues frgits, frgits,... se bon, se bon"*. Se las comieron con ansia -contaba Marcelino recordando su etapa francesa.

- ii -

- Necesito una moto para moverme por ahí -decía repetidamente Marcelino-.

- Tranquilo, hombre, tranquilo, que la moto ya se comprará; ahora hay que comprar una máquina de tricotar; con eso se puede ganar un buen dinero, podemos ahorrar más y, cuando llegue el momento, ya te comprarás la moto -se le explicaba.

Marcelino no esperó y se compró la moto con el sistema de pago de letras de cambio. Una Ducati, modelo TS 175, color rojo oscuro, con adornos anaranjados.

- Ya he comprado la moto -dijo.

- ¿Y cómo la vas a pagar?

- Con lo que saque de la caza y la pesca iré sacando para pagar las letras; al precio que están los cangrejos en Madrid en un par de meses pago la moto entera – afirmó con seguridad.

En la parte de atrás de la moto instaló una especie de soporte que servía para llevar una jaula con un perro, o dos bien apretados, o bien, para poner un buen saco con cangrejos y llevarlos a puntos de venta de Madrid. Así empezó lo que podría ser un lucrativo negocio que daría lugar a una rápida amortización de la moto y, además, ingresos para conformar el deseo de ahorro y prosperidad familiar de aquellos años.

125

- ¿Qué tal se ha dado lo de los cangrejos en Madrid?

- Bien. Pero no tan bien como esperaba. Resulta que a los responsables de los restaurantes tengo que regalarles dos o tres docenas para que el restaurante me compre diez. Hay más gente que les quiere vender cangrejos y hay que hacer regalos para que se los cojan a uno. Es un abuso, pero… no hay más remedio si no quiero volver con los cangrejos sin vender. Esto es lo que he sacado -con poca alegría enseñaba la ganancia de la jornada.

- Pues con estas ganancias, vas a tardar en pagar la moto.

- A ver si en otra zona de Madrid se me da mejor.

Pero no se daba mejor. En otros lugares se daba igual o, a veces, peor. En ocasiones llegaron a su destino los cangrejos muertos y, entonces, todo eran pérdidas.

- Lo de los cangrejos voy a tener que dejarlo; se han muerto en el viaje y no he podido venderlos. Me voy a limitar a lo de la caza; la vendo en Cuenca, como he hecho siempre. Con la caza puedo ir pagando la moto poco a poco -decía Marcelino, ya sin rotundidad, con más tristeza que alegría.

- iii -

Marcelino se olvidó de la pesca y venta del cangrejo en Madrid y, al tiempo, amplió e intensificó las horas detrás de las perdices. Cazaba en cuanto podía; lo hacía solo, acompañado de su perra. Puntualmente, los domingos lo acompañaba su hermano Hilario. El número de capturas que le permitirían pagar la moto era alto; sin embargo, surgió un nuevo problema: apareció un competidor que hacía exactamente lo mismo que él.

- ¿Qué tal la venta?

- Esta vez mal. No he podido vender la caza. Ya ha estado el "Herero de Cuevas" vendiendo perdices por los restaurantes. Tenemos que buscar a gente que nos compre la caza.

- No sé qué vamos a hacer con tanta perdiz.

- Venderlas a quien podamos y lo que quede comerlo en casa. No las vamos a tirar.

- ¿Comer las perdices? ¿Cómo en Navidad?

- Pues sí. No hay otra.

Algunas veces, no hubo más remedio, de forma contraria a como terminaban algunos cuentos, que unos infelices comieran perdices porque no había más remedio. Todo motivado por la actividad cinegética y de comercialización del Herrero de Cuevas. Es de suponer que al Herrero de Cuevas le pasaría lo mismo que a Marcelino en ocasiones recíprocas.

- iv -

- ¿Quién era el Herrero de Cuevas?

- Una persona rara y un cazador también raro.

- ¿Por qué raro como persona?

- Porque es raro que un guardia civil renuncie a su trabajo, se meta en un pueblo, se haga herrero y cazador profesional; incluso furtivo cuando era necesario.

- ¿A qué le dedicaba más tiempo, al hierro o a la caza?

- No sé; pero quizás a la caza, aunque ambas cosas las hacía. Tenía varios hijos y los tenía que sacar adelante.

- ¿Cómo era como cazador?

- Me tropecé con él algunas veces por Cuevas, por la Ventosa, por esos pueblos … Cazaba siempre sólo, no le gustaba la compañía; sin embargo, conmigo alguna vez se prestó a echar una mano en equipo a algún cerro. Lo que más me sorprendía era su relación con los perros; no les hacía caso y los perros hacían lo que les daba la gana; yo lo conocí cuando tenía un sabueso al que le puso el nombre de Bartolo; Bartolo acompañaba al Herrero a distancia, en las cuestas iba siempre por encima de él. Mientras el Herrero se desfondaba, saltando en los pedregales, más corriendo que andando, hurgando palmo a palmo el terreno, Bartolo parecía un espectador impasible de la acción del cazador, era como si se hubiesen cambiado los papeles y El Herrero era quien cazaba para el perro. Cuando volcaba una perdiz de ala, llamaba al perro: *"Bartolo, Bartolo, ven aquí"*; entonces aparecía Bartolo, moviendo el rabo con desgana; sin nervio ni emoción, empezaba a moverse lentamente cortando el terreno hasta que cogía el rastro y, eso sí, siempre terminaba cobrando la perdiz. *"Bartolo ha cobrado la perdiz; pero si los perros hacen, … ¡más hago yo!, ¡qué cojones!; … si lo que mata a las perdices no son los perros, las mata la escopeta y, más, las piernas, ¡qué cojones!"* - decía El Herrero[7].

- ¿Qué fue de él?

- No sé. Terminé perdiéndole la pista.

- V -

El tiempo en España corría deprisa a finales de la década de los sesenta. La moto fue pagada, pero no a través de la caza, sino a través de las máquinas de tricotar y de las prendas que se hacían con ellas para los niños europeos. Eso dio pie a nuevas aventuras de locomoción con escopeta guardada, no en funda de lona, sino en elegante maletín de los que se veían en los campos de tiro. Hubo compra de un automóvil que, a su vez, era necesario en el negocio de las máquinas de tricotar.

128

- *Roncales*, veo que has dejado la moto; ya se terminó ir a los cazaderos cargado con escopeta, perro y morral, en vagones de tren o encima de una moto -le decía Esteban a Marcelino, sonriente y alegre como siempre.

- Sí. He comprado un coche. Es necesario para lo de las máquinas de tricotar.

- Y para cazar también va bien, ... ¿te acuerdas de mi coche?

- Claro ¿Cómo no me voy a acordar? No se olvida la aventura de ir a los cazaderos en aquel coche; tardase lo que tardase, ... eso ya no es así, los coches de ahora andan más; si la carretera está bien les haces ochenta, e incluso noventa, kilómetros en una hora.

- En aquellos tiempos con cincuenta nos conformábamos; cincuenta kilómetros nos parecían una maravilla.

- Sí, por entonces eso era una maravilla.

- Supongo que ya no vendes la caza.

- No, ya no, ... al menos no lo hago por obligación.

- ¿Cazas sólo?

- No, ya no cazo solo; ahora estoy en una cuadrilla, también ha entrado en ella mi hermano Hilario. Ahora cazamos en mano. Los tiempos cambian.

- Si. Cambian más que lo que somos capaces de ver. Los humanos somos cortos de vista en eso.

- vi -

A Julián Colmena le tenía que ir bien su economía doméstica; Julián Colmena vendía como churros en aquella época enseres y

129

electrodomésticos entre los que incluían las televisiones Iberia; las mejores del mercado, según él decía. Aparte de vendedor de televisiones y otros enseres, Julián Colmena era pescador; pescaba todas las especies fluviales que tenía a mano, aunque especialmente, con mayor afición, la trucha a cucharilla en lo que fue un pionero. Pero también le gustaba, tanto o más, la comida, la bebida, el tabaco y la blasfemia; esto último lo manifestaba socialmente y lo hacía con fruición.

- Julián Colmena era el que pinchaba para que nos juntásemos cazadores y pescadores, amigos o conocidos. Decía: ¡"Mecagüen" la hostia "consagrá"!; *nos juntamos el domingo y con lo que pillemos cazando y pescando hacemos una paella del copón; le metemos cangrejos, codornices, truchas, pato ,… lo que pillemos.*

- ¿Os liaba? ¿Hacíais la paella?

- Sí, nos liaba a veces; hicimos algunas.

- ¿Qué tal salían con tanto componente y tan variado?

- Con un sabor muy fuerte, se les metía de todo, hasta un par de arrendajos le metieron en una ocasión como broma. Pero lo que más le metíamos eran codornices y cangrejos. Las paellas quedaban muy sabrosas pero el problema era siempre el mismo: había más tropezones que granos de arroz; la gente buscaba y rebañaba con ansia los granos de arroz; el arroz se agotaba y el final era comer los trozos de carne, cangrejos y lo que hubiera con pan. Las paellas salían descompensadas con tanta carne.

- ¿Así terminaba la fiesta?

- No terminaba así. Esas comidas se hacían en agosto, cuando se abría la media veda y después de la comida, con el calor, nos tumbábamos en algún sitio fresco. Julián Colmena llevaba una hamaca que colgaba en los árboles a la sombra y allí se tumbaba con una copa de coñac en una mano y un puro en la otra, entonces decía *"Mecagüendios`; de bien que estoy, estoy mal".*

- Veo que no paraba de blasfemar.

- No, no paraba, blasfemaba mucho y sin razón. Pero eso se terminó; como también se terminaron sus paellas, el tabaco, el alcohol, …

- ¿Cómo fue eso?

- Fueron unos curas que cayeron por Cuenca los que terminaron con sus costumbres… ¡eran unos curas más listos que los ratones *coloraos*! ¡Anda que no había que ser listo para cambiar a Julián Colmena! Lo llevaron a hacer cursillos de cristiandad y se transformó, aunque a mí me dijo que su cambio no había sido por los cursillos sino porque había visto un milagro.

- ¿Un milagro? ¿Qué milagro?

- Me dijo que se le había aparecido Dios en lo alto de la Sierra en un día de pesca. Ese día se puso un cielo negro, tan negro que se asustó, salió corriendo y se metió en el coche; entonces empezó una tormenta terrorífica. Empezaron a caer rayos en el cerro que tenía enfrente de él y cada vez que caía un rayo en el cerro, se formaba una cruz de fuego donde había caído. Después de eso es cuando se metió a hacer cursillos de cristiandad. Todo eso cambió su vida

Juegos de depredación infantil

Abejarrones.

Mis primeros recuerdos depredadores están en el patio del colegio. Los patios de los colegios de entonces podían estar sin tapiar; había colegios cuyo patio, se puede decir así, era el campo abierto y si algún niño quería largarse, se largaba y en paz, ya aparecería. El patio del colegio donde yo asistí de niño era de campo abierto sin tapiar; había una zona central aledaña al edificio, el suelo era de tierra compactada que solían ocupar los más mayores, niños de nueve o diez años; el resto de lo que se podía llamar patio, era campo donde crecían plantas vivaces de distintos tipos, cardos de distintas clases, amapolas, retamas, jaramagos, ... y donde yacían objetos inservibles, trozos de cristal, tornillos, clavos oxidados, ... ; entre ese conjunto de vegetación pobre y ente los distintos objetos, volaban insectos diversos, corrían las lagartijas, tejían sus telas las arañas y andábamos los niños de seis o siete años, todos o casi todos, concentrados en nuestros primeros juegos depredadores.

Nuestros primeros juegos depredadores consistían en excavar un buen pozo en el suelo, tapar la entrada con un cristal e ir metiendo en él, retirando levemente el cristal, abejas y abejorros que cazábamos, al unísono y concentrados, con una caja de cerillas que nos daban nuestras madres cuando estaban vacías. Había una jerarquía de importancia entre las piezas que conseguíamos: la menos valorada y la pieza más común era la abeja, por encima de ella estaban lo que llamábamos reinas, había una reina a la que denominábamos de culo blanco, otra de culo naranja y otra, menos deseada, que era peluda y marrón; la pieza más valorada era "el negro", un abejorro negro que volaba a gran velocidad, vivía en unos agujeros que hacía en lo más alto de los postes de madera, libaba en los cardos más grandes y altos y era más receloso que el resto de abejorros. El abejorro negro no lo conseguíamos atrapar; cuando aparecía uno, nos llamábamos la atención unos a otros, *"¡mira, un negro!"*, *"¡un negro!"*; "el negro" volaba por encima de nosotros pasando de largo. A veces, algún niño avezado de 9, 10 o más años, conseguía atrapar uno de ellos; cuando ocurría tal cosa el siguiente paso era hacerse un buen tramo de hilo de coser, abrir ligeramente la caja de cerillas para que sacase la cabeza el negro y cuando la sacaba se cerraba la tapa de forma que quedase solo la cabeza fuera, entonces se le ataba a la cabeza el hilo y, con gran alegría, en una zona abierta, se abría la caja y el negro salía volando mientras su propietario iba dirigiendo su vuelo. Los pequeños nos admirábamos de ese vuelo dirigido y deseábamos poder algún día tener la oportunidad de emular esa acción. Cuando finalmente terminábamos las capturas, nos complacíamos mirando absortos y con deleite el producto de nuestra cacería: un montón de abejas y algún abejorro en el pozo que, en natural búsqueda de su libertad, pretendían escaparse a través del cristal.

En una ocasión se presentó en el barrio, ante nosotros, uno al que le decíamos *El Moreno,* muy ufano, presumiendo de la captura de un negro. Lo llevaba en su caja de cerillas con su correspondiente hilo ya atado.

- Déjame que lo vuele -le pidió uno de los críos.

- No ya volarás los tuyos cuando seas mayor y caces los tuyos si eres *espabilao* y sabes lo que yo ya sé de los negros -le contestó.

El Moreno, con regodeo, abrió la caja de cerillas. El negro salió volando con el correspondiente hilo. El negro empezó a volar alrededor del Moreno trazando trayectorias circulares. El negro le dio un montón de vueltas con el hilo alrededor del cuello y cuando lo tenía a una cuarta delante de los ojos, el pánico al aguijón le hizo perder el control de la situación y no se le ocurrió mejor cosa que soltar el hilo y salir corriendo pegando gritos. *"Corta el hilo, corte el hilo"* -le gritábamos-, mientras el negro daba vueltas alrededor de su cabeza a menos de una cuarta de sus ojos. Los críos nos moríamos de la risa viendo esa escena.

Lagartijas y lecciones de anatomía

No recuerdo cuánto tiempo nos duró la pasión depredadora por abejas y abejarrones. Recuerdo que ya cerca de los diez años, la depredación se iba centrando en otras especies: lagartijas a pedradas, renacuajos y ranas, pajarillos con gomero, sistema más sofisticado que la simple pedrada y que requería especialización en el tiro, y pececillos que, la mayoría, pescábamos con rudimentarios arreos. De la pasión depredadora anterior, solo se mantenía la del abejarrón negro que seguía siendo perseguido para volarlo placenteramente con el hilo.

Allí donde había una buena pared al sol con agujeros, era normal ver a grupos de niños con piedras en la mano a la caza de la lagartija. Si la lagartija se ocultaba en algún lugar vulnerable, por ejemplo un ladrillo de barro cocido en la pared, no se escamoteaban esfuerzos: se cogían piedras duras y se rompía a golpes el ladrillo para atrapar, en este caso, a la lagartija viva, la cual frecuentemente mordía a su captor en algún dedo sin grandes consecuencias. Las lagartijas capturadas, las muertas, las medio muertas y las vivas, eran guardadas cuidadosamente en una caja que, a veces, se llevaban a escondidas a casa eludiendo una prohibición, intuida como segura, de las aprensivas madres. Después las lagartijas se aprovechaban en otros juegos que ofrecía el marco de una naturaleza que nos iba enseñando características de su eficacia, competencia y aprovechamiento extremo de recursos: se dejaban en las proximidades de algún nido de urraca para ver como los padres urraca las cogían y las subían al nido para alimentar a sus pollos o se introducían atadas con un palo en las madrigueras de las arañas lobo y cuando picaba se tiraba del palo y así se atrapaba con algún recipiente a la araña que pasaba a ser actora de otros juegos inventados por las mentes infantiles. A veces, alguno iba más lejos y las destripaba para ver su interior, sobre todo para sacar alguna conclusión sobre lo relativo a los aspectos reproductivos.

- ¿Lo que tienen las mujeres entre las piernas está en horizontal o vertical? -preguntaba un muchacho.

- Me parece que debe estar en horizontal, todas las lagartijas lo tienen así - respondía algún investigador lagartijero.

- Pues no, no, ... el otro día se lo vi a mi hermana cuando la lavaba mi madre y lo tenía en vertical; entre las piernas como en las lagartijas, pero en vertical - decía otro que había tenido la suerte de tener esa iluminadora experiencia

- Las mujeres y las lagartijas son cosas distintas.

- ¿Y por dónde salen los niños?

- No sé. Las lagartijas lo hacen todo por el mismo sitio, pero nosotros no sé por dónde hemos salido.

Depredando en Pandilla

Por entonces se daba el fenómeno social de las pandillas de barrio. No se exigía nada distinto a la mera participación para pertenecer a una de esas pandillas; simplemente uno se metía en ellas y ya se estaba dentro, nadie preguntaba ni pedía nada. La gama de edades que se daban en las pandillas de barrio era amplia; había muchachos ya adolescentes de hasta de 16 años y otros de 6 o 7. También las diferencias en cuanto a sus dedicaciones eran distintas: unos iban al colegio e iban bien, otros iban al colegio e iban mal, otros habían dejado ya el colegio y habían iniciado incursiones en el mundo del trabajo. Era inevitable que, sobre todo, por esas grandes diferencias de edad en fase de desarrollo, físico y psicológico, se generasen inquietudes y sentimientos distintos. Los que superaban los 16 años desaparecían de la pandilla y no volvían a ella; iban a otras pandillas formadas con muchachos de edad similar y donde un nexo de unión que no podía faltar era el de la preocupación ante lo femenino. Al contrario que las pandillas de barrio, estas pandillas adolescentes eran selectivas en cuanto a la pertenencia a ellas. Las pandillas de barrio se activaban fácilmente en cuanto había algo qué hacer: un partido de futbol, buscar leña para hacer una hoguera, matar una rata que había aparecido por el barrio o cualquier otra cosa.

- Hace calor ¿Qué hacemos esta tarde?

- No sé.

- Algo habrá qué hacer.

- Y si nos vamos por donde las vías del tren a ver si encontramos carburo y esta noche volamos el bote[8].

- Buena idea. Vamos a buscar carburo.

Aquel día íbamos caminando por las vías bajo el sol un grupo de quince o veinte muchachos de edades variadas. La caminata era pesada y aburrida bajo el sol. Uno de los mayores, ya próximo a los 16 años, se

135

arrancó a cantar: *Bajo el palio de la luz crepuscular / Cuando el cielo va perdiendo su color / Mirando al mar soñé / Que estabas junto a mí.*

- ¿Qué significa crepuscular? - le preguntaron.

- Pues, pues, … algo así como "mucho amor".

- ¡Aaaah!

- ¿Y palio?

- Debe ser "palo", pero dicho de otra forma.

- ¡Aaaah!

Probablemente el muchacho cantante no sabía que faltaba muy poco tiempo para irse de la pandilla del barrio y no volver jamás.

Seguíamos caminando y habíamos llegado a una especie de nave que tenía el nombre de cocherón y era el lugar donde se guardaban los vagones del tren. El cocherón tenía en el suelo un foso grande que formaba un depósito lleno de agua. El adolescente cantante repetía su canción y se le había sumado otro de edad parecida, otro que dentro de poco también se iría de la pandilla del barrio. Los dos entonaban: *Mirando al mar soñé / Que estabas junto a mí / Mirando al mar yo no sé qué sentí /*… Así estaban cuando, de golpe, se rompió la melodía.

- ¡Mirar! ¡Copón! ¡Mirar qué culebrón!

Una culebra de gran tamaño que por allí había se lanzó al foso mientras los cantantes quedaban mudos.

- ¡A por ella! ¡A por ella! - gritaron.

Todos al unísono, incluidos los cantantes ahora enmudecidos, nos cargamos de piedras. Balasto no faltaba. Todos nos pusimos a lanzar pedradas a la culebra. Se hundía en el agua y cuando sacaba la cabeza le caían de golpe más de una docena de pedradas. Así fue durante un buen rato, hasta que la culebra ya no pudo más. Finalmente fue acertada por las piedras y terminó muriendo. Con unos palos la sacamos del agua, era una hermosa culebra, no sabíamos qué hacer con ella: llevarla al barrio para enseñarla o dejarla allí. Se decidió dejarla allí. Poco después encontramos en ese mismo cocherón una buena cantidad del carburo deseado para volar el bote, lo que dio lugar, por la noche, a un concurrido espectáculo vecinal.

Recordando aquellos hechos, me parece destacable cómo todo el conjunto de muchachos ante la percepción de la culebra, al unísono, se organizaron de modo natural, sin estrategia previa, para acabar con ella. Algo hay en el genoma humano que hace posible ese hecho. Sospecho que aquellas pandillas de barrio responden biológicamente a la psicología de las partidas de caza humanas que se han dado en todos los lugares y épocas de la historia.

Depredación fluvial.

El abuelo de Pepito era hombre sin amigos; sin embargo, era hablador con pose solemne y vocación de aristócrata; respondía a la tipología de los que gustan hablar ellos solos con voz engolada diciendo lo que les viene en gana, tenga interés o no para su interlocutor. Pepito era también hablador, pero de la tipología de los redichos sin llegar al engolamiento y más piadoso que su abuelo con sus interlocutores.

- *Vennnte a mi casssa te voy a enseñarrr lo que heee cogggiiddo.*

Y uno iba a su casa creyendo que iba a presenciar una captura extraordinaria por parte de Pepito. La realidad era que Pepito había atrapado 3 o 4 renacuajillos, que para nosotros no eran dignos de atención pero que para él eran un tesoro.

- Pepito, yo creía que me ibas a enseñar algo más. Los renacuajos los tengo muy vistos ¿Qué les echas de comer?

- *Migasss de pannn.*

137

- Me da que se te van a morir. Yo he hecho eso mismo con renacuajos y peces de varias clases y todos se me terminan muriendo. Necesitamos una pecera, una de esas que echan burbujas de aire como la que hay en la tienda de pesca de la calle Carretería. Yo les digo a mis padres que compren una, pero no me hacen caso; si no se guardan en una pecera terminan muriendo -le decía a Pepito mientras él hacía silencio tras el vaticinio - ¿Dónde los has cogido?

- En el parrrque, en las rrreguerasss del parrrque hay muchosss.

- Mejor que te vayas donde el río, en el río hay unas charcas donde puedes coger renacuajos de los gordos, algunos con patas, otros que ya son casi ranas, también hay peces y muchas más cosas.

- Irrr al rrrío no me dejjjann miss abuelosss; dicennn que me puedddo ahogarrr.

Pepito no iba al río. No le dejaban ir porque se podía ahogar; pero la mayoría de los niños sí iban y alguno, de vez en cuando, se ahogaba. Con todo, el río era para nosotros el lugar de mayor disfrute en el verano; también era lugar de disfrute para los adultos.

Cuando empezaba a atardecer los caminos que iban al río y sus alrededores se llenaban de gente: desde parejas de novios cogidos de la mano a ancianos jubilados de paso lento, desde grupos de niños agitanados a serias familias con merienda campestre. Mirase hacia donde se mirase, se divisaba una caña de pescar cada 20 metros y una secuencia seguida de lamparillas para la captura del cangrejo. Los niños también nos poníamos pescar donde podíamos, en algún hueco, con nuestros arreos (hilo, corcho, plomo y anzuelo) que comprábamos a un precio bastante menor que lo que costaba una entrada de cine y, en términos de diversión, obteníamos un rendimiento muchísimo mayor.

Para conseguir el cebo nos metíamos en el río, elegíamos una buena piedra, la levantábamos y atrapábamos las gusarapas que allí había; otras veces excavábamos en la orilla con un palo y conseguíamos lombrices de tierra. Unas y otras eran eficaces para la pesca; bastante mejores que la masilla, una mezcla de pan y algo de aceite que terminaba siempre tirada al río por su ineficacia frente a los otros cebos.

Los peces de distintas clases que capturábamos los ensartábamos en un junco. Con ellos y con algún cangrejo que cogíamos manualmente en las piedras del río al caer la tarde teníamos la cena familiar. Era común, por las calles de Cuenca en aquellas noches de verano, el olor a fritura de pescado de río, más dulzón que el del pescado de mar. Era algo que se repetía año tras año y que nadie imaginaba que algún día podía terminar.

Cómo dejé de creer en las películas de *Walt Disney*

No fui yo quien lo cogió del nido. Según me dijeron debió caerse del nido y unos críos lo cogieron. El caso es que pasaron sus propietarios de entonces por delante de mis ojos y yo quería ese pájaro. Era un pollo de águila, pardo, de unos 30 o 35 centímetros de largo desde la cabeza a la cola. Me hice con él pagando 25 pesetas, allá por el año 1968 o 1969.

Diariamente iba a la carnicería para alimentarlo con despojos. Los despojos los troceaba, se los daba al águila y el águila los engullía sin titubear; uno tras otro, sin descanso; cuando veía que el buche lo tenía hinchado, paraba, pues temía que reventase.

Mi ilusión era hacer que volase y que viniese hacia mí cuando se lo ordenase; me parecía posible porque había visto en televisión que se podía conseguir. Con eso me conformaba, pero también tenía el sueño de que algún día me cazase alguna perdiz, algún conejo, alguna paloma, … Con esos fines lo entrenaba a diario *"¡Águila, ven! ¡Águila ven!"* -le ordenaba poniéndolo encima de alguna piedra en alto y separándome de él 10 o 15 metros, y el águila no hacia ni caso. *"¡Águila, aquí! ¡Águila, aquí!"* -le ordenaba cambiando la palabra "ven" por la palabra "aquí", por si le sonaba mejor, y el águila no hacía ni caso. *"¡Aquí águila! ¡Aquí águila!"* -le ordenaba cambiando el orden de las palabras y ofreciéndole un trozo de carne por si hacía más caso, y el águila como si nada. Así

139

discurría el, siempre aciago, entrenamiento diario. Luego cuando iba a recogerlo, si me descuidaba, me pegaba un picotazo doloroso; cuando eso hacía lo cogía por el pescuezo y le apretaba diciéndole *"¡mecagüentó, le vas a picar a tu madre!"*.

El asunto de los picotazos no se reducía a los momentos de entrenamiento. Aquella águila picaba cuando le parecía, sin avisar. Los picotazos que recuerdo más dolorosos eran los que me daba en las orejas cuando lo llevaba en el brazo de un sitio a otro. El brazo me lo tenía que proteger con lona fuerte para que no me clavase las uñas. Ante el nuevo picotazo se repetía la escena de engancharlo por el cuello mientras le decía una retahíla de improperios.

- ¡Muchacho! ¡Deja de apretarle al águila! ¡Que lo vas a matar! -me dijo un hombre mayor en una ocasión.

- No lo quiero matar, quiero que deje de meterme picotazos; me acaba de pegar uno en la oreja que me ha hecho ver las estrellas -le contesté.

- Sí. Buen picotazo te ha metido. Échate un poco de alcohol o agua oxigenada no vaya a ser que se infecte.

- ¿De dónde lo has sacado?

- Lo encontraron en el campo. Dicen que se había caído del nido.

- Pues este pájaro ha tenido suerte. Si no lo llegan a encontrar y cuidar, muerto seguro estaría. Es un águila ratonera. Seguro que ha pensado que tu oreja es un ratón y se ha lanzado a ella.

No me gustó que el tipo de águila que estaba cuidando tuviese el calificativo de "ratonera". Me parecía entonces poca cosa eso de "ratonera" aunque luego pensé que mejor que hubiese sido un simple ratonero: si llega a ser un águila real mi oreja hubiese terminado en su buche sin posibilidad de coserla en su lugar de origen. Seguí alimentando y entrenando, sin resultado alguno, a aquel pájaro indiferente al castigo y al premio y sin ninguna empatía hacia los humanos. Pasó el tiempo. Un día llegué dónde lo guardaba, como siempre, con los despojos de carne para alimentarlo y no estaba. Lo busqué por todos los lados, pregunté a todo el mundo y nadie sabía nada del águila. Simplemente, con la abundante alimentación que le suministré había cogido fuerzas y se había largado volando. Se había largado sin despedirse de su protector y salvador y es que, eso de despedirse amistosamente, es cosa sólo de los humanos y él, evidentemente, no era humano; era un águila ratonera que nunca hubiese sido mi amigo.

Esta experiencia tuvo consecuencias. Una fue aprender que los seres humanos tenemos el error perceptivo de considerar a los animales como nuestros semejantes y el error sentimental de desear que sea así; dos grandes errores al tiempo. Otra consecuencia fue que dejé de creer en las películas de Walt Disney sobre la naturaleza en la que sus actores principales eran un niño y un animal que se amaban.

Mi primera pieza de caza con escopeta

Yo era feliz con lo que hacía, era feliz con mis pedradas, con el arco y el gomero, con mis arreos de pesca. En ello andaba cuando se me dijo que me iban a llevar de caza, de morralero, a la codorniz. Fui, no en jornada completa sino en media jornada por la tarde, cuando empezaba a atenuarse el calor de los días de verano. Llevábamos una perra llamada Perla, de raza pachón navarro con su nariz partida, era de color canela y blanco. Cazábamos desde las seis de la tarde hasta que se ponía el sol, a eso de las nueve; las últimas codornices se mataban ya con muy poca luz.

En cuanto al número de capturas, recuerdo que se cobraba un número de alrededor de 40 piezas en esas tres horas de caza lo que supone una media estadística de una codorniz cada cuatro minutos y medio; el número de levantamientos era considerablemente mayor, como es lógico. Esto da idea de la densidad codornicera que había por entonces. Algo que me sorprendía y me sigue sorprendiendo hoy día, después de más de cincuenta años, es que se cobrase día a día aproximadamente el mismo número de codornices cazando en el mismo lugar cuando el sentido común me indicaba que debían quedar menos codornices en un lugar después de cada jornada vespertina de caza. De alguna forma se recargaban los cazaderos por la noche; ya fuese con codornices del lugar o por paradas de descanso y alimentación de codornices en proceso de emigración del norte hacia el sur africano. La codorniz plantea muchas preguntas, es un pájaro enigmático.

A pesar de que mis primeras salidas de caza fueron a la codorniz, mi primera pieza cazada con escopeta no fue codorniz.

- He visto que las torcaces están entrando en unas salegas[9] que hay hacia la Osilla; te vas a venir y te voy a dejar la escopeta, creo que apoyado podrás tirar a las palomas -me dijo mi padre.

Era de noche antes de amanecer de un día de septiembre cuando me despertó para estar en las salegas cuando rompiese el día. Hacía frío y me puse un buen jersey. Llegamos al lugar cuando despuntaba el día. Dentro de una frondosa carrasca estaba hecho el puesto, tenía muy buena visibilidad hacia las salegas y tenía unas piedras para sentarse que resultaban cómodas en esas circunstancias.

Pronto empezaron a llegar palomas que sobrevolaban las salegas; daban vueltas y vueltas sobre ellas; algunas se paraban en los pinos que las rodeaban. Así estuvieron un buen rato. En un momento dado, una bajo a posarse en una de las piedras para tomar su sal y, a renglón seguido, de golpe se tiraron todas hacia las piedras; fue espectacular. En unos pocos segundos tenía delante de mí un montón de palomas comiendo sal, tantas que no sabía a cuál tirar. Elegí a una, de porte hermoso, que estaba a unos veinte metros, disparé, quedó seca y, tras el estruendo, también de forma espectacular, levantaron vuelo todas y, en pocos segundos ya no había ninguna paloma en las salegas.

- ¿Ahora qué hacemos? ¿esperamos que vuelvan?

- Sí. Esperaremos. A ver si hay suerte y vuelve alguna.

Esperamos y esperamos y no aparecía ninguna torcaz. El frío de la madrugada había desaparecido; hacía calor, cada vez más. El jersey me lo quité. Estábamos pensando dejar ya la espera cuando apareció volando algo distinto a una torcaz. Se trataba de una tórtola que se paró en una carrasca que me parecía lejana, podría estar a unos 40 o 50 metros. Cogí de nuevo la escopeta, la apoyé en una rama de la carrasca, apunté lo mejor que pude al bulto, disparé, y vi como caía a plomo desde la rama donde estaba posada al suelo. Corrí hacia ella, la recogí muerta, me gustó su plumaje, era la primera vez que veía una tórtola, especie que, por entonces, su caza no era común en Cuenca.

La naturaleza plantea preguntas no fáciles de responder y el ejercicio de la caza ofrece una ventana privilegiada para que, a través de ella, sean formuladas. Una pregunta que me planteó en aquella ocasión fue si esa primera paloma tenía la característica de ser pionera en cualquier circunstancia y la mayoría del resto eran seguidoras o si era, simplemente, una primera paloma catalizadora del movimiento de las demás, una consecuencia del azar y un día era una determinada paloma la pionera y otro día otra, sin seguir pauta alguna. Esa pregunta la realicé a cazadores adultos con experiencia y no hubo una contestación clara; yo mismo, después de muchos años, sigo sin saberlo.

Primeros recuerdos de perros

Cali

Allá por el 1965, los perros de caza que tenía mi padre eran para mí como alguien más de la familia, algo parecido a un amigo o, incluso, una especie de hermano.

Como es evidente, en aquellos tiempos, yo todavía no tenía la experiencia y los conocimientos para saber lo que es un perro de caza y lo que significa para sus dueños cazadores. Eso lo sé hoy. Para un cazador, su perro de caza es más que un animal de compañía o un amigo. El perro de caza, en función de lo que hace y en sentido creciente, puede llegar a ser simplemente aceptado, o puede ser amado,

143

venerado o mitificado, más allá de su existencia perruna. Cuando llega al nivel que digo "de veneración", ese perro de caza ha sido excepcional para su amo y sus faenas son recordadas en las jornadas de caza de su dueño de forma recurrente. El perro al que llamo mitificado, es el perro reconocido por su calidad, no sólo por su dueño, sino por grupos de cazadores que tuvieron la ocasión de verlo actuar. El perro mitificado aparece más allá del recuerdo reconfortante que su dueño posee sobre él; aparece en las conversaciones entre cazadores muchos años después de dejar su vida cazadora.

La primera perra que recuerdo se llamaba Cali. Cali era una perra color marrón caoba, con el pecho blanco con manchas marrones, resultado del cruce entre setter irlandés y braco alemán, Cali llegó a ser venerada por su dueño cazador.

- Creo que Cali es la mejor perra que he tenido -decía Marcelino-. Llegó a hacer lo que ningún otro perro, adelantarse 200 metros de la escopeta y empezar a cazar hacia mí, como si de un ojeador humano se tratase… ¡Qué extraordinaria!... Fue extraordinaria desde pequeña. Los perros extraordinarios lo son desde pequeños, se les ve venir. En su primer año, no traía la caza, ese era su único defecto; sin embargo, no se dejaba ni una perdiz "de ala" en el campo. Las encontraba y se ponía a jugar con ellas, como si le pareciese poco encontrarlas; tenías que ir dónde estaba para recoger la pieza. Ese defecto terminó cuando los perros de otro cazador quisieron quitarle una perdiz mientras jugaba con ella, entonces la cogió y salió corriendo hacia mí para entregármela; a partir de entonces se terminaron para ella los juegos con las piezas de caza. Siempre fue admirable, siempre cumplía con creces, si algo salía mal, la culpa no era suya. Recuerdo un día que iba cazando a mi aire, cuando oí que otro cazador me llamaba; había volcado una perdiz y su perro, un hermoso pointer, ni daba con la perdiz ni quería dar con ella; llegué con la Cali, se puso a cortar el terreno y dio con el rastro, siguió el rastro más de un centenar de metros hasta que llegó a una oquedad, la perdiz se había metido en ella y no se podía coger; Cali se puso a excavar con sus patas, estuvo largo rato con ese trabajo, fue admirable, finalmente consiguió que la perdiz saltase de donde estaba por encima de su cabeza; entonces el pointer le echó la boca a la perdiz y la apretó hasta destrozarla, la dejó inservible, hecha un harapo; cuando vi cómo destrozaba la perdiz con la boca me dieron ganas de pegarle una patada en los dientes; *¿qué me dices de esto, ahora qué hacemos?* -le pregunté enfadado al bragazas dueño de ese perro que no hacía absolutamente nada tras presenciar la escena-. Él, indolente, me contestó: *"nada; hay diferencias entre los perros: unos cazan para sus amos y otros cazan para ellos mismos"*; yo le dije: *"el perro que tienes no llega ni a cazar para él, lo que hace es destrozar la caza de los demás; si vuelcas otra perdiz, no me llames, no vendré"*. Me di media vuelta y me marché disgustado con mi perra halagándola por el trabajo que había hecho.

Cali vivió trece años. Murió en un caluroso día 15 de agosto, día de desvede de la codorniz, por un golpe de calor que se produjo por desconocimiento e imprudencia humana. Recuerdo bien aquel día; llegó mi padre a casa inesperadamente a la hora de la comida cuando, lo normal, era que apareciese ya entrada la noche; le preguntamos qué había sucedido y contestó con amargura: *"ha muerto La Cali; dejamos a los perros en el maletero para ir a por unas gaseosas, fue poco tiempo pero suficiente para que el calor los matase, le hice el boca a boca a ver si rompía a respirar pero no ha servido de nada; tenía que haberme ido solo a cazar en la moto y no haber quedado en grupo"*. Marcelino no quiso comer; se fue al dormitorio, se metió en la cama y no salió de allí hasta el día siguiente.

Geyper

Después de Cali, el siguiente perro que entró en casa fue Geyper; el nombre se lo puse yo, sacado de una caja de juegos que vendían titulada *"Juegos Reunidos Geyper"*. Geyper era un sabueso del terreno, de color negro. A la llegada de Geyper se superpuso una enfermedad que contraje a mediados de sesenta, lo que conllevó tener que ir a Madrid para que me operasen. Recuerdo que lloraba cuando me llevaban a coger el autobús para ir a Madrid y el motivo de mi llanto era tener que dejar al perro. Evidentemente había motivos mucho más importantes en la vida para llorar, pero eso lo aprendí después. Cuando volví de los hospitales, Geyper ya no estaba.

- ¿Dónde está Geyper? ¿no se habrá muerto? -pregunté, con una lógica angustia.

- No, no ha muerto.

- Entonces, ¿dónde está?

- Lo he regalado a uno de un pueblo que caza el conejo y la liebre; esa caza es la que necesitaba el sabueso y yo como me dedico a la perdiz más que a otra cosa, no podía ofrecerle al perro ese tipo de caza con suficiencia.

- ¿Está bien?

- Sí el perro está bien y dicen que va bien con los conejos, pero aún le quedan un par de años, por lo menos, para soltarse por completo; el sabueso es perro de aprendizaje lento.

Geyper había sido regalado a un cazador de pelo[10]. No lo sentí demasiado. Comprendí las razones de su marcha; habían pasado dos años desde aquel primer viaje a Madrid y se habían producido cambios en mi persona de orden mental y emocional que evitaron el seguro berrinche que hubiese pillado dos años antes por esos mismos hechos.

Perla

Geyper se había ido y su lugar había sido ocupado por "Perla", pachona navarra de nariz partida, de color canela y blanco. Yo tenía cerca de diez años y a Perla la sacaba a la calle de paseo y a que hiciese sus necesidades; por entonces era fácil ir a un buen lugar a realizar tales tareas, había mucho terreno libre de edificaciones en los alrededores de cualquier barrio; los perros, además, gustaban de esos lugares.

Aproximándome a los diez años de edad, mis sentimientos hacia los perros habían cambiado. Ya no los miraba como un amigo o hermano. Los veía como perros de caza y los valoraba dentro de mis conocimientos, según lo que hacían en el campo en el ejercicio de la caza: sus muestras, sus cobros, su obediencia. "Perla", sin llegar a lo venerable, era una buena perra: trabajadora, segura en la muestra, tenaz en el cobro. Ella fue la primera perra que me acompañó en mis salidas al campo como morralero buscando las codornices. No llegué a cazar con ella; en los cinco o seis años que faltarían para que empezase a hacerlo, murió en un insólito y desgraciado accidente de caza: un solo plomo de un tiro a una liebre fue a alojársele en el cerebro con efectos mortales; ambas, liebre y perra, murieron en el mismo tiro; la liebre siendo vista, la perra invisible al ser ocultada por la áspera, dura, escasa pero inquebrantable, vegetación de la Alcarria conquense.

Collú (de Sotiello)

La historia de la llegada de Collú a nuestras manos es singular, incluso cómica; la historia de como volvió a su lugar aristocrático de origen, también.

Martín Almagro fue el iniciador de una historia con efectos perdurables en el tiempo en cuanto a la presencia de perros en las tierras conquenses de la España interior. Martín Almagro, excelente pescador, que ya ha formado parte en este libro en los contenidos de la década de los cincuenta, persona innovadora en las artes de la pesca de la trucha, decidió ampliar su relación directa con la naturaleza a través de la caza. Es decir, Martín Almagro se hizo cazador y pronto aportó al mundo de la caza su particular personalidad, creativa y tenaz, en un aspecto muy importante: el de la introducción de una nueva raza de perro de caza en Cuenca: el drahthaar.

Martín Almagro se propuso la tarea de conseguir un perro de esa raza alemana que habían introducido en España gentes de la realeza borbónica y otras cercanas a ella. Consiguió contactar con esas personas en exposiciones de perros que se realizaban en Madrid y les pidió que le diesen algún perro de esa raza. Lo consiguió, se lo dieron. Le regalaron una perra que no tenía las características suficientes para competir en exposiciones de belleza. Ello abrió la puerta del aprovechamiento para la caza de esos perros rechazados para exposiciones. Así llegó prestado Collú a nuestro lado, con su nombre

147

ya puesto y con la imperfección interna de que no le encajaban perfectamente los dientes de la mandíbula superior e inferior de la boca. Por lo demás, se trataba de un perro fuerte que imponía con su majestuosa presencia. Iba a verlo todos los días a la finca donde lo teníamos y lo paseaba por el campo. Apareció en mí un sentimiento más en relación con los perros: sentía orgullo de tener ese perro imponente.

Pero pronto mostró un defecto para la caza que lo hizo inaprovechable para ella: el miedo a los tiros. Lo que ocurrió el día en que mostró tal defecto merece ser contado. Fui de morralero, avanzada la temporada de la codorniz, a la Vega del Codorno, un paraje situado en la Alta Serranía de Cuenca, un lugar alto, fresco y de cultivos variados en aquellos tiempos, ideal para la codorniz. Junto a Collú llevábamos a Perla, la pachona navarra. Soltamos a los perros y la primera muestra la marcó Collú; salto la codorniz que fue derribada y cobrada. Llegó una segunda muestra también marcada por Collú, cosa que hacía pensar que poseía unos vientos superiores a la experimentada pachona y que podía ser un perro excepcional; la codorniz fue derribada pero entonces sucedió algo imprevisto y sorprendente: el perro se dio media vuelta, se separó unos cincuenta metros de nosotros en dirección al coche y ya no hubo forma de hacerle cazar si veía una escopeta. El día resultó frustrante en cuanto a la actuación de ese perro: si me veía lo suficientemente separado de la escopeta, entonces se venía hacia mí y se ponía a cazar como si no hubiese ocurrido nada y, lo peor, levantaba codornices, una tras otra, a un ritmo superior a la pachona. Para poder acompañar a mi padre como morralero, le pusimos la cadena y lo llevaba a mi lado tirando de ella; en esa tarea estaba cuando en un momento determinado se adelantó, se acercó a la docena larga de codornices que llevaba Marcelino en el perchero y pegó un bocado al montón llevándose media docena que se tragó al instante. Ya no se podían aguantar más jugarretas y humillaciones. Se me ordenó que llevase el perro de vuelta al coche y que lo atase por allí. Así hice, pero el show cinegético no terminó: con la cadena puesta tiraba de ella en una dirección y lo siguiente que ocurría era una muestra que daba lugar al salto de la codorniz, una tras otra, en distintas direcciones. Alejado veía a mi padre mirando estático la acción del perro, mientras levantaba las manos, una con la escopeta y la otra iba a la cabeza, cada vez que salía una codorniz volando. *"Si no lo veo, no lo creo"*, *"esto es para contarlo"*, *"increíble"*, *"no, no, … a este perro no le vamos a hacer cazar si ve una escopeta"* … -mascullaba Marcelino en el viaje de vuelta-. Efectivamente, así fue: a ese perro no hubo forma de hacerle cazar en presencia de una escopeta. El perro terminó siendo devuelto a sus dueños de la nobleza.

Tir (y su descendencia)

Después de conseguir Martín Almagro su drahthaar, algún cazador de Cuenca se animó a conseguir un perro de esa raza. Uno de ellos, Ramón, compró un macho en un criadero. Ambos perros, el del Martín y el de Ramón, no salieron tan melómanos como Collú; es decir, no presentaron el problema del rechazo al sonido de los tiros. Por otra parte, daban buenos resultados como perros de caza. Dadas las circunstancias, era lógico sacar alguna camada de ambos. Así fue y uno de los cachorros se lo regalaron a Marcelino, A ese cachorro le puso el nombre de Tir. Tir compensó los sinsabores que dejó Collú. En un año llegó al nivel máximo de valoración: el de la mitificación de los cazadores que lo conocieron. Su historia como perro de caza fue tan breve como intensa.

- Bien pensado, Cali fue la mejor perra que he tenido -decía Marcelino.

- Creo que no aciertas en ese juicio. Es posible que haya sido la perra que más has querido, pero eso de "la mejor", es mucho decir ¿Qué me dices de Tir? ¿Te acuerdas de aquella liebre cuando lo pusisteis a prueba?

- Sí, ¿cómo no me voy a acordar?. Vimos como cogía el rastro y como se fue siguiéndolo hasta que dio con ella en el fondo de la vega. Por la distancia casi no se distinguía en medio de los pedazos de la vega, nos dimos cuenta de que la había encontrado porque el corte del rabo le había dejado una especie de pompón blanco que destacaba; por ese pompón vimos que se paró y luego arrancó hacia nosotros, cuando avanzó observamos que traía la liebre.

- Y os escondisteis, … os cambiasteis de sitio para gastarle una broma, como si se tratara de un humano.

149

- Sí así fue. Llegó justo donde habíamos estado; ese perro parecía que pensaba como humano; vimos que soltó la liebre, excavó y la escondió ligeramente; después empezó a cortar el terreno con el olfato, pronto dio con nuestro rastro y se dirigió hacia nosotros; nos encontró y entonces le dijimos ¿y la liebre? ¿dónde está la liebre? Y Tir se dio la vuelta hacia dónde la había dejado, llegó allí y se hincó de bolo al lado de ella medio enterrada.

- ¿Te parece poco?

- No. No fue poco. Era mucho. Isidoro, el médico, un día que lo vio actuar le impresionó el perro, en admiraciones estaba cuando el perro puso el broche final a su actuación. Fue con una perdiz de ala y una liebre al tiempo. Volqué una perdiz que cayó alicortada y Tir iba tras ella a cobrarla pero en el camino se puso de muestra, salió una liebre, disparé y la maté, cogió la liebre y, con ella en la boca, se puso a completar el cobro de la perdiz, la perdiz apeonaba hacia unas zarzas, entonces decidió dejar la liebre en el suelo y corrió hacia la perdiz antes de que entrase en las zarzas, la atrapó; como hacía siempre apretaba levemente a las piezas hasta que notaba su muerte; dio la vuelta con la perdiz en la boca, llegó donde había dejado la liebre y se puso a intentar coger las dos piezas con la boca, lo intentaba y lo volvía a intentar pero eso no lo conseguía, cuando cogía una pieza, se le caía la otra de la boca.

- El perro era casi humano pero le faltaba tener manos humanas, …

- Sí, ¡no le hubiese faltado más que tener manos! Fuimos hacia él y nos entregó, una a una, las piezas. Isidoro, el médico, entonces me dijo: *te doy ciento cincuenta mil pesetas y me llevo el perro*, …; le dije *no*. Aunque era mucho dinero yo nunca he vendido mis perros y menos iba a vender a ese fenómeno. ¡Lástima el final que tuvo aquel perro!

Tir era un perro drahthaar puro de una gran inteligencia, trabajador meticuloso e incansable, con grandes vientos y, en general, con unas condiciones excepcionales para la caza que le iban a llevar pronto a la fama, al nivel de "perro mitificado máximo". Sus primeras salidas a cazar fueron con ocho meses; a esa corta edad no se dejó ni una sola perdiz alicortada en el campo sobre una cantidad de piezas cobradas que, en aquellos tiempos en las tierras donde operaba, superaba las doscientas. Tir tenía las puertas abiertas en ese olimpo de los perros de caza inolvidables. Sin embargo, tuvo la desgracia de enfermar del moquillo. Tras esa enfermedad quedó inservible para la caza. Fue retenido un tiempo con la esperanza de poder ser utilizado como semental. Pero las secuelas del moquillo tampoco lo permitieron. Tir fue adoptado por un almacenista y así cambió su ocupación natural de perro de caza por la repetitiva, monótona y, se puede asegurar que, para él, aburridísima ocupación de perro de guarda y compañía de un almacenista. Pasaron algunos años y un día un camión lo atropelló; así terminó la que era ya una apagada y anónima historia de un perro de caza que hubiese sido legendaria.

A pesar de todo lo anterior, se dio un hecho importante que tendría importantes consecuencias. Tir, con un año de edad, ya era famoso; otro cazador, poseedor de una braca alemana de calidad, se enteró de su existencia y le pidió a Marcelino que le dejase al perro intentar hacer una monta a lo que accedió. Aunque el perro era joven para ello, consiguió montar a esa perra. Un par de meses después, Tir enfermó irreversiblemente, pero la camada que generó salió de alta calidad y a Marcelino le ofrecieron dos cachorros a elegir. Uno de los cachorros, fue Curra que llegó al nivel de los perros mitificados y que dio lugar a una saga de perros que duró treinta años[11]; de alguno de ellos hablaré en crónicas de décadas posteriores.

Zoco: ¿carea o perdiguero?

- i -

- ¿Cómo te las apañaste para que la perra que has comprado te la montase un carea? – le preguntaban al dueño de Zoco.

- Se me escapó. Estaba en celo.

- Tenías que haber tenido cuidado despúes de lo que te ha costado traerla.

- Pues sí, pero, … ¡qué le voy a hacer! Ya no tiene arreglo. Además, es posible que lo que ha salido sea bueno o muy bueno: una perdiguera de Burgos, con sus vientos y su afición a la caza, unida a un carea, con los listos que son y buenos cumplidores de órdenes, pueden tener una descendencia de quitarse el sombrero. Me he quedado con un macho de la camada que tiene muy buena pinta, tiene una cabeza de perdiguero que da gusto verla. Va a ser canela en rama, ya lo veréis, tiempo al tiempo. Le he puesto de nombre Zoco, como el jugador del Real Madrid.

- No sé, no sé, … Ojalá aciertes y te salga bien el cruce, … pero hay por ahí una película que cuenta la historia de un emparejamiento humano, entre un hombre que era muy feo pero muy listo y una mujer que era muy guapa, pero muy tonta. Querían obtener una persona muy guapa y muy lista ¿Sabes lo que tuvieron de descendencia?

- No. ¿Qué tuvieron?

- Un hijo muy tonto y muy feo.

- En este caso no va a ser así. No hay más que ver la pinta que tiene Zoco. No puede fallarme.

- ii -

Era el primer día de caza. Los coches llegaron al punto de partida. Como siempre los perros los soltaron. Entre ellos estaba Zoco.

- ¡Zoco! ¡Zoco! ¡loco! ¿Pero dónde vas? - se oyó gritar al dueño de Zoco.

Incomprensiblemente, Zoco salió corriendo en una determinada dirección olvidándose de su dueño, de los otros perros, de cualquier cazador del grupo, de las perdices y de las liebres. Pronto todos nos

152

dimos cuenta del porqué de esa carrera: iba en dirección de un rebaño de ovejas próximo.

- Verlo para creerlo; es más carea que perdiguero. El primer rebaño de ovejas que ha visto en su vida y ya ves cómo ha reaccionado[12], ... ¿tú crees que te va a dar resultado con las perdices? -le preguntaron al dueño de Zoco

- Tiempo al tiempo -contestó tímidamente el dueño de Zoco, cabizbajo y escéptico; sin el entusiasmo que antes tenía.

Notas de la década de los 60

(1) En el libro "Crecimiento Económico de España 1850-2015" de Leandro Prados de la Escosura se expresan los siguientes datos de crecimiento en distintas etapas de España.

Sub-periodo	Crecimiento anual medio
Sexenio democrático previo a Restauración borbónica (1868-1874):	2,3%
Restauración borbónica (1875-1923):	1,0%
Dictadura de Primo de Rivera (1923-1930):	1,8%
II República (1931-1935):	-0,6% (decrecimiento)
Guerra Civil (1936-1939):	Decrecimiento alto desconocido
Primera fase del Franquismo (1940-1958):	3,4%
Segunda fase del Franquismo (1959-1975):	5,5%
Primera fase democrática hasta crisis (1978-2007):	2,6%
Democracia post-crisis (2008-2016):	-1,2% (decrecimiento)

(2) Datos expresados en números redondos; obtenidos del libro "Manual de Estructura Social de España", de Amando de Miguel, Ed. Tecnos, 1974.

(3) Previamente a la Ley hubo una serie de actuaciones administrativas alineadas con ella. Dichas actuaciones administrativas se realizaron usando Órdenes Ministeriales llevadas a la práctica a través del Servicio de Caza y Pesca Fluvial de entones. En el caso de Cuenca, las especies de caza mayor estaban ausentes, a excepción del jabalí que en los años 50 empezó a verse después de décadas de ausencia. Por otra parte, el último ciervo cobrado, registrado administrativamente, está datado en 1914 y fue cobrado en la zona de Valdeganga, al Sur de Cuenca. Por orden Ministerial de 30 de junio de 1962 se hicieron varias sueltas en la Serranía de Cuenca de ciervos, gamos y corzos, prohibiéndose su caza. Los lugares de suelta fueron Lagunillos, El Hosquillo y El Pozarrón. Las sueltas consistieron en: 65 ciervos procedentes de Quintos de Mora (Toledo), Lugar Nuevo y El Cortadero (Jaen); 140 gamos procedentes de Riofrío (Segovia); 12 corzos de Saja (Santander); 4 jabalís, de propina y cuyo origen no he conseguido saber. En 1973, cuando se creó, por Ley la Reserva Nacional de la Serranía de Cuenca (2º grupo después de las de 1965), las especies introducidas se habían extendido y reproducido considerablemente. Las estimaciones de animales en 1973 estaban en el orden de 800 ejemplares de ciervo y de 1000 ejemplares de gamo (se pretendía que no hubiese más de

400 en el Plan Cinegético de la Reserva); los corzos no fue posible censarlos. La abundancia de especies cinegéticas que había en 1973 en la Serranía de Cuenca hizo posible que se pusiese en marcha inmediatamente, tras su declaración como Reserva, un Plan Cinegético de Caza. Posteriormente se introdujeron otras especies, como el muflón o la cabra montés. En relación con la extensión de población cervuna fuera de la Reserva, indico que en 1969, en una batida en Barbalimpia (Cuenca) a zorros y jabalíes, a unos 100 kilómetros al Sur de la Reserva, en un paraje denominado Prado del Escalón, se vieron varios ciervos; lo que significa que la población cervuna se había extendido lejos de sus límites, por lo que sospecho que la estimación de 800 ejemplares de ciervo en la provincia de Cuenca, por parte de los servicios forestales, se quedó corta.

(4) Una Ley es un trabajo que un determinado grupo de seres humanos y cabe preguntarse cómo se puede valorar la calidad de ese trabajo. Índices de la calidad de una Ley pueden ser la duración de la misma y el número de leyes de otros países sobre las que influye. No obstante, pueden considerarse otras características de una Ley, indicadores de calidad. Por ejemplo, que los objetivos que pretende sean cumplidos tras su aplicación, lo que requiere la condición previa en sus redactores de un conocimiento suficiente de la realidad, cosa que, muchas veces, no existe; o que los artículos que establecen en el papel las formas de actuar para conseguir esos objetivos sean poco costosos fáciles de aplicar, cosa que, muchas veces, tampoco se produce.

(5) Por ejemplo, José Antonio Valverde, que tiene un amplio, interesante y muy destacado historial en relación con el estudio y la conservación de la naturaleza en España. Fue uno de los promotores de la creación de la Reserva Nacional de Doñana y el primer director de la misma, una vez constituida la Reserva en 1963 tras la expropiación de los terrenos, financiada por la fundación World Wildlife Fund (WWF) y el Gobierno de España. En su libro "Los Lobos de Morla" muestra su valoración, particular y positiva, del mundo de la caza y de los cazadores y ensalza su aportación en la investigación biológica de distintas especies. Junto con citas a Antonio Covarsí y a su propio hermano, es destacable la cita que realiza sobre Fernando Lucas de Iranzo, cazador conquense del siglo XV, nacido en Belmonte, cuyas observaciones escritas sobre la fauna de su época se encuentran en el Museo Británico de Ciencias Naturales. Añado que el libro "Los Lobos de Morla" tiene un interés excepcional desde varios puntos de vista: biológico, sociológico, histórico, etc. Hay que indicar que, junto a JA Valverde, el libro también tiene como coautor a Salvador Teruelo, pastor de Morla de la Valdería (Sierra de La Cabrera,

León), cuya impagable experiencia de años con los rebaños en esas tierras loberas se muestra en este libro.

(6) La visión científica de Félix sobre la naturaleza y el ser humano está dentro de la biología "evolucionista". Dicho de una forma muy resumida, esa visión consiste en admitir como hecho científico la existencia de una lucha continua en la naturaleza entre los seres vivos en los que unos viven en competencia con otros o/y alimentándose de otros (se incluyen hongos, plantas, virus, bacterias, …) y cuya interacción tiene como resultado la evolución de las especies. Como ejemplo de tal visión incluimos parte del prólogo que redactó para La Enciclopedia de la Caza (VVAA. Editorial Vergara, 1967).

¿Es justo que el zoólogo, el proteccionista, el amigo de los animales, abra las páginas de un libro que, de manera tan rigurosa como atractiva, describe las técnicas de la persecución, el acoso y la muerte de las criaturas salvajes? El naturalista, con toda sinceridad, no tiene más remedio que responderse a sí mismo afirmativamente: puede y debe introducir al lector en las artes venatorias. Primero, porque él mismo llegó a conocer y a querer a los animales siguiendo las venturosas sendas del cazador. Y, sobre todo, porque la caza, lo que los científicos llaman la predación, ha venido constituyendo el resorte supremo de la vida desde que ésta apareció sobre nuestro planeta. Porque el cazador, si mata siguiendo las rígidas e inmutables leyes que ha impuesto la naturaleza a la gran estirpe de los predatores, regula, con su acción, y dirige, al mismo tiempo, el complejísimo concierto de las especies: el equilibrio entre los vivos y los muertos.(…) Querría, también, recordarle las reglas estrictas que, desde el principio de los tiempos, han venido respetando todos los cazadores, desde el tiburón al águila, desde la mantis religiosa al tigre. (…) El predator no sólo es el guardián de los pastos y de los frutos, al evitar la excesiva proliferación de los fitófagos, sino que también actúa como un verdadero forjador, como una formidable fuerza selectora que, implacablemente, va mejorando las condiciones anatómicas, fisiológicas, y psíquicas de todas sus presas. Pero el propio cazador ha de adaptarse también, incesantemente, a las depuradas cualidades conquistadas por el vegetariano, porque todos los predatores mal dotados, incapaces de mantener su 'plena forma' en esta fascinante y trágica carrera de perfeccionamiento, son incapaces de cazar habitualmente, se debilitan más y acaban desapareciendo como individuos o como especies en el concierto de la vida. Por ello, compañero cazador que, olvidado de tu condición de artesano, de intelectual, de financiero o de político, te sumerges de pronto en la eterna e inmutable tensión del predator ante la presa, piensa que la naturaleza ha impuesto reglas muy severas a cuantos nos hallamos en la cúpula de la pirámide de la Vida. (…) Una sola pieza que te exija una tarde entera de persecución, una penosa espera desafiando al cierzo o un laborioso cálculo de estrategia cinegética, representará más alta conquista y más provechosa dedicación. Porque no es la cantidad de capturas lo que forma y ennoblece al cazador, sino la calidad de las mismas».

(7) Paraje entre Cuevas de Velasco y La Ventosa en el que se enmarca el comentario del Herrero: *"lo que mata a las perdices no son los perros, las mata la escopeta y, más, las piernas"*. La panorámica cubre una parte de la Alcarria conquense.

(8) Volar el bote consistía en aprovechar las propiedades explosivas del Carburo (carbonato cálcico) cuando se le añade agua. El gas resultante es explosivo. Se hacía un pocillo en el suelo, se ponía el carburo y encima el bote boca abajo de forma que tuviese una oquedad para meterle fuego. Cuando estaba preparado se le añadía en agua y a renglón seguido se le aplicaba fuego con un palo largo, se producía la explosión y el bote salía lanzado hacia arriba como si de un cohete se tratase. Cuando se hacía volar el bote, se reunían gentes del barrio, jóvenes, adultos y ancianos, a presenciar el espectáculo.

(9) Las salegas son unas obras rudimentarias de piedra que permiten poner en su parte superior sal para que sea consumida por el ganado. Se ponían en claros que dejaba el monte. La sal la necesita el ganado para su metabolismo y también algunas especies de la fauna cinegética.

(10) Para los lectores que no hayan tenido contacto con el mundo de la caza, en la jerga de la caza menor, cazador de pelo es el que se dedica al conejo y liebre.

(11) Una experiencia que se extrajo, por aquel entonces, de algunas razas de perros "puras", como era el caso del drahthaar, era que tenían una salud débil. Ante esa experiencia se optó por cruzar su sangre, de forma alternativa por generaciones, con sangre de braco alemán y, de nuevo, drahthaar. Los resultados de esos cruces fueron positivos en cuanto a salud obteniendo, al tiempo y en casos, excelentes perros de caza. En la salud débil de algunas razas puras de perros posiblemente tenga algo que ver que se haya usado excesivamente los cruces consanguíneos. Las razas antiguas de perros, como el Braco Alemán, presentan mayor fuerza genética a las enfermedades que otras razas creadas en tiempos recientes, como el drahthaar. Todo esto puede ser un atractivo tema de investigación veterinaria.

(12) El comportamiento de aquel perro plantea varias preguntas en relación con la contraposición de dos conceptos: naturaleza genética y educación. Zoco no había visto un rebaño de ovejas en su vida y no se sabe por qué, en cuanto vio aquel rebaño salió disparado hacia él dejando atrás a su dueño, a sus compañeros perrunos y al resto de cazadores. No sé qué fue de aquel perro, me hubiese gustado saberlo; su dueño fue un esporádico compañero de la cuadrilla oficial a la que pertenecí como morralero.

- La década de los 70 -

Quizás la característica predominante de esta década en España sea la de su agitación política. Esa "agitación política" provino de un cambio de régimen, y de la lucha por el poder de los partidos políticos tras la muerte del general Franco. Las Cortes del postfranquismo decidieron disolverse y, tras esa disolución, se inició un camino que terminó con la implantación de una democracia con un sistema electivo basado en el sufragio universal. También dio lugar a una nueva organización territorial cuyo pilar básico, de nuevo cuño, fueron las vigentes Comunidades Autónomas.

La acción política incluirá, no de forma desdeñable, la actividad de un ecologismo de carácter eminentemente político. Se puede decir que en esta década se inicia la presencia pública del ecologismo en España. Esa presencia pública se prolongará en el tiempo hasta hoy.

Un acontecimiento importante fue la crisis económica internacional del 73. Esta crisis supuso una contracción económica en Europa. En España estuvo, además, acompañada por una fuerte espiral creciente de precios y salarios. En estas circunstancias se puso fin a lo que se ha denominado "éxodo rural" de los años 50 y 60. Sin embargo, esta crisis no detuvo el proceso de la "revolución verde" que conllevaba la mecanización y tecnificación de la agricultura. Tampoco esta fuerte crisis frenó el crecimiento del parque móvil que, junto con una mejora normal de las infraestructuras, produjo un mayor acceso a los cazaderos y al medio fluvial. Los campos españoles del interior siguieron la tendencia de los años sesenta lo que implicaba cambios meramente cuantitativos, pero también experimentaron algunos cambios cualitativos. Uno de estos cambios cualitativos fue que hubo una implantación considerable de los cultivos de girasol. Estas modificaciones tendrán sus consecuencias sobre la presencia de fauna en el campo. Habrá más caza mayor, muy notable en el jabalí, aunque también de la cervuna por su expansión desde Reservas Nacionales de Caza. En cuanto a la menor, seguirá siendo abundante e, incluso, mejoró, debido probablemente al aumento del cultivo de girasol que le ofrece a esta fauna, aparte de comida, defensa.

En cuanto a lagos y ríos, la población de especies introducidas, como la perca y el lucio, en los embalses que se fueron construyendo en las décadas anteriores, prosperaron y generaron un divertimento social generalizado en España, aparte de proporcionar pescado en las economías familiares. Sin embargo, en esta década se empezó a observar una desgracia en nuestros cursos fluviales que, posteriormente, cabe calificar como pleno desastre ecológico: la desaparición del cangrejo autóctono.

Con las condiciones anteriores, no es de extrañar que el número de cazadores y pescadores aumentase considerablemente. La caza empezó a tener presencia en la sociedad más allá de los propios cazadores; empezó a ser, por entonces, un fenómeno social. Esta es la década de los primeros campeonatos de caza menor con perro y las noticias sobre los mismos fueron objeto de difusión nacional de la prensa generalista, no solo de la prensa especializada.

Después de muchos años, en 1970 apareció una nueva Ley de Caza. Una Ley con contenidos interesantes que, sin embargo, tuvo corta vida ya que no era compatible con la Constitución Española debido a las Comunidades Autónomas creadas y a las competencias que les otorgaba. No obstante, la Ley de Caza de 1970 influyó en las diversas leyes autonómicas sobre Caza que fueron sucediéndose posteriormente.

La crisis del 73 y el final del éxodo rural.

A finales de octubre de 1973, tras su derrota militar frente a Israel, los países islámicos iniciaron una segunda guerra, esta económica, contra Occidente, en general, y Estados Unidos, en particular. En esa guerra usaron el arma de reducir la oferta de petróleo en el mundo para elevar el precio del combustible. Ello lo hicieron a través de la OPEP (Organización de Países Exportadores de Petróleo) de la que formaban parte. El resultado fue que en un par de meses se multiplicó por cuatro el precio del crudo[1]. Todo se encareció y disminuyó el consumo en todo

Occidente. Cada país dependiente del crudo se buscó la vida como pudo y tomó las decisiones en materia económica que consideró más adecuadas según sus circunstancias propias.

España era un país dependiente del petróleo; dos tercios de su consumo energético provenía de él. Internamente se produjo un encarecimiento de la producción y consecuentemente una disminución del consumo interior[2]. Producción y consumo disminuyeron y la afluencia de trabajadores de la España rural a los centros de actividad económica se redujo considerablemente. Por otra parte, ahora tampoco era factible la emigración a los centros de trabajo de los países europeos, antes receptores de mano de obra; es más, hubo retorno de trabajadores españoles. En cuanto a sus relaciones con el exterior, España sufrió importantes consecuencias en el sector turístico y, como es lógico, también en sus exportaciones Con esto acabó el éxodo rural, tan significativo socialmente en los años 50 y 60; no obstante, la despoblación de los territorios rurales del interior de España continuó a un ritmo menor.

La revolución verde implantada.

La implicación de la revolución verde consistía en que con mejoras en reparcelación, accesos, uso de maquinaria, tecnología, fitosanitarios y genética de plantas y semillas, se conseguía una mayor producción. Durante la década anterior y en ésta se aplicaron esas mejoras en la agricultura. Se puede decir que al final de la década de los 70 se había llegado a un nivel de mejoras en los factores de producción agrícola que permite decir que la revolución verde se había implantado en España[3]. Con su implantación desapareció la tracción animal que fue sustituida por la tracción mecánica y, de esta manera, dejaron progresivamente de verse burros y mulas por los campos de interior de España; dejó de realizarse la escarda manual que fue sustituida por la escarda mecánica y química; desparecieron los segadores que fueron sustituidos por las máquinas cosechadoras … Este tipo de agricultura, sin entrar por el momento en más consideraciones, tendrá repercusiones sobre el medio ambiente y sobre su biodiversidad, tal como se mostrará en las crónicas de décadas posteriores a esta.

163

Aparece el ecologismo en España.

En el capítulo primero de este libro titulado "Antes de estas crónicas", se muestra el hecho obvio de que el ser humano se ha preocupado por la naturaleza y por los seres que la habitan desde tiempos inmemoriales. Los cazadores, tanto en preocupación como en acción, lo han hecho en el más alto grado. Motivos hay para tal preocupación y ocupación: en el caso de la caza deportiva, el cazador necesita naturaleza y animales para realizar el ejercicio de su pasión; los agricultores y los ganaderos, ocupaciones frecuentes de antaño, dependen de la naturaleza y están influenciados por los seres que la habitan. Ganaderos, agricultores y cazadores tienen una relación directa y plena con la naturaleza.

Sin embargo, en esta década van a aparecer en España grupos humanos con un relato de preocupación extrema por la naturaleza sin haber tenido, en general, relación directa con ella[4]. A muchos de estos grupos humanos se les puede calificar como "ecologistas" y participarán en la lucha política por las nuevas formas de poder que se vislumbraban acercándose a España: las formas democráticas basadas en el sufragio universal sobre la base de los partidos políticos. Su campo de acción irá más allá del "no a la caza"; su campo de acción fue políticamente global: aparte de conservacionistas, eran "anti" muchas cosas, eran anticapitalistas, antiamericanos, anti-OTAN, antinucleares, anti-autopistas, anti-embalses y, aunque parezca extraño, anti-Félix[5]. Estos grupos han sido denominados como pertenecientes al "ecologismo político". Los grupos del ecologismo político, con las modificaciones que impone la historia, se mantendrán hasta hoy y, como es lógico, volverán a aparecer en estas crónicas en capítulos posteriores.

Por otra parte, surgieron otros grupos con una relación más directa con la naturaleza, muy numerosos y que, en distinto grado, tuvieron corta vida. Estos han sido calificados como pertenecientes al "ecologismo ambiental", en contraste con el "ecologismo político". Se trataba, en general, de pequeños grupos que intentaban resolver problemas concretos relacionados con el medio ambiente en sus respectivas comarcas (contaminación de ríos, defensa de buitres o urogallos, atenuación de la contaminación, …). No hay datos cuantitativos sobre su número en una época en la que no había un registro formal de asociaciones, pero de hecho fue alto, posiblemente su número llegase al millar.

La nueva Constitución, las comunidades autónomas y el medio ambiente.

De lo expuesto en décadas anteriores se desprende el hecho de que la preocupación por la conservación de la naturaleza ha venido existiendo a lo largo del tiempo. Tampoco era nueva la demanda social de compatibilización del desarrollo económico con la conservación de los recursos naturales. Con esos precedentes en la nueva Constitución Española deberían incluirse algunas normas que abordasen la preocupación humana sobre la conservación del medio ambiente. Esa preocupación se plasmará en el artículo 45 de la Constitución. El contenido de ese artículo es parecido a otros artículos de otras constituciones que se habían redactado algunos años antes; por ejemplo, la griega o la portuguesa. Dentro del obligado clima de consenso entre las distintas fuerzas políticas que intervinieron en la redacción de la Constitución, algunas asociaciones tuvieron influencia con los contenidos finales del artículo 45; esas asociaciones eran de carácter ecologista[6]. No se conoce la presencia de otras asociaciones que pudieran y, en su caso, debieran haber intervenido en la redacción de ese artículo dentro de ese clima de deseable consenso, como son las de carácter cinegético, agrícola o ganadero.

El contenido de ese artículo es el siguiente: *1. Todos tienen el derecho a disfrutar de un medio ambiente adecuado para el desarrollo de la persona, así como el deber de conservarlo. 2. Los poderes públicos velarán por la utilización racional de todos los recursos naturales, con el fin de proteger y mejorar la calidad de la vida y defender y restaurar el medio ambiente, apoyándose en la indispensable solidaridad colectiva. 3. Para quienes violen lo dispuesto en el apartado anterior, en los términos que la ley fije se establecerán sanciones penales o, en su caso, administrativas, así como la obligación de reparar el daño causado.*

El contenido de este artículo es genérico y ello puede dar lugar a interpretaciones variadas y, hasta, contrapuestas[7].

Otros artículos que tendrán repercusión sobre la gestión de los recursos naturales serán los relativos a la distribución de competencias sobre esa materia entre Estado y Comunidades Autónomas. Esto está incluido en sus artículos 148 y 149. La Constitución viene a decir que la gestión de los recursos naturales le corresponde a las Comunidades Autónomas y que al Estado le corresponde emitir legislación básica que las Comunidades Autónomas pueden ampliar. Efectos de este nuevo orden jurídico serán la derogación de la Ley de Caza del 1970 y la desaparición de las licencias de caza y pesca generales para todo el territorio nacional.

El día a día.

Es difícil hablar de una forma general sobre cómo se vivía en esta década. Es difícil porque se produjo una espiral fuertemente creciente de precios y salarios. En esta espiral tuvo mucho que ver, en primer lugar, la crisis del 1973 de la que ya hemos hablado y la inquietud política de esta década por las nuevas formas de poder que se vislumbraban. En cuanto a la subida de los salarios basta decir que el sueldo medio de España[8] en 1973 era de algo más de 200.000 pts. anuales, en 1977 estaba en las 500.000 pts. (más del doble que en el 1973) y al terminar está década andaba cerca de las 750.000 pts., casi cuatro veces más. Se podría pensar que ese incremento espectacular suponía una vida mejor para los españoles. No fue así; al tiempo que subían los salarios subían los precios. La inflación, año a año, crecía con valores próximos al 20% (en 1977 se superó este número). Esos valores permiten decir que en 1977 venía a pagarse el doble que en 1970 por lo mismo. Este estado de cosas desembocó en una serie de medidas que se tomaron en 1977 pretendiendo que se cortase esa espiral creciente de precios y salarios; ello se hizo a través de unos acuerdos entre las principales fuerzas políticas de entonces; es lo que se denominaron "Los Pactos de la Moncloa".

En cuanto a los gastos de una familia, a mediados de los setenta la partida porcentual de gasto por persona más importante seguía siendo

166

la de la alimentación (cerca de un 40%), vivienda y gastos de hogar suponían sobre un 25%, vestidos y calzado sobre un 8%, quedando como consecuencia sobre un 27% para otros gastos[9]. Los números anteriores llevan a considerar que la caza y la pesca seguía teniendo repercusión económica notable en la economía familiar como fuente de proteínas.

El campo, la caza y la pesca.

La población rural en el interior de España siguió decreciendo, aunque a menor ritmo que en las dos décadas anteriores. Los campos, que un día se abandonaron, seguirán abandonados mientras el monte se fue adueñando de terreno. Por otra parte, continuó el proceso de plantaciones madereras contempladas en el Plan de Forestación de España de 1939, con críticas del ecologismo al proceso repoblador que lo fueron por los aterrazamientos de las plantaciones y por el tipo de plantas usadas (coníferas de crecimiento rápido). A pesar de esas críticas, durante esta década se reforestó una cantidad importante de hectáreas, unas 700.000 entre la repoblaciones públicas y privadas. En los campos de cultivo de secano del interior de España es reseñable el incremento espectacular de los cultivos de girasol que prosigue desde mediados de los años 60. Un dato ilustra este incremento: en 1965 el número de hectáreas de girasol en España era del orden de unas 11.000, en 1975 hay cerca de 700.000.

Todo lo anterior cambió el paisaje y el hábitat para varias especies Se incrementará notablemente la presencia de las especies de caza mayor; de forma generalizada la del jabalí que seguirá haciendo estragos sobre la agricultura. Otras especies como el ciervo también se expanden desde las Reservas Nacionales de Caza. Las especies venatorias de caza menor siguen siendo abundantes, incluso se puede decir que incrementaron su número en los territorios del interior. Una de las razones de este incremento puede estar, precisamente, en la expansión de los cultivos de girasol. Tal como se comentó en la década anterior, de las características de defensa que aporta este cultivo se benefician otra cantidad importante de animales de pequeño tamaño. Las repoblaciones de pino también otorgan buenas condiciones de defensa para la caza menor, mientras tienen un tamaño pequeño.

En cuanto a la práctica de la caza, la accesibilidad a los cazaderos mejoró; tanto en infraestructuras como en vehículos. A pesar de la crisis, el parque móvil creció pasando de unos 4,5 millones de vehículos en 1970 a unos 7 millones en el 1975 y más de 10 millones en el 1980. Por otra parte, la densidad de especies venatorias, de menor, pero sobre todo de mayor, mejoró durante esta década. Las condiciones anteriores propiciaron una intensificación de la acción cinegética en España, tanto en mayor como en menor; con una extensión popular más intensa de la menor. Durante la década de los setenta la caza menor tuvo un gran auge que iba más allá de lo económico o lo alimenticio. Muchos se hicieron cazadores. En bares y otros centros sociales era común escuchar conversaciones sobre caza. Un dato: en esta década se pasó de unas 600.000 licencias de caza en su inicio a superar holgadamente el millón al final de la misma.

Al mismo tiempo se produjo una evolución en el número de acotados. A lo largo de esta década se incrementó el número de cotos privados y decreció la disponibilidad de terrenos libres para el ejercicio de la caza.

Justo al iniciarse está década, todavía vivo el régimen franquista, fue importante la aparición de una nueva Ley de Caza en la que uno de sus pilares era la conservación y fomento de las especies cinegéticas. Como ya se ha explicado, esta Ley tuvo corta vida "oficial" por el nuevo orden legal que supuso la nueva Constitución Española de 1978.

En cuanto a la pesca, ocurrió algo parecido que con la caza. A finales de esta década el número de licencias de pesca fluvial superaba las 700.000. En algunas ciudades su número era mayor que las de caza (caso de Madrid). En la pesca en embalses, la introducción de la perca y el lucio se puede considerar exitosa en relación con los objetivos que pretendía: alimento y esparcimiento, para los ribereños y la sociedad en su conjunto; a estos lugares se acudía de diversas maneras y desde distintos lugares de origen: cuadrillas en turismos o en autobuses en grandes grupos, desde ciudades distantes en desplazamientos que llegaban a los 200 e incluso 300 kilómetros.

Los Campeonatos de España de Caza Menor con Perro.

El precursor de estos campeonatos fue Jaime de Foxá, personaje del que ya hemos hablado en la década anterior y que, a finales de los sesenta, era el presidente de la Federación Española de Caza.

La caza menor ha sido, sin duda, una actividad competitiva que estuvo extendida por todo el territorio nacional. No es extraño que surgieran los campeonatos de España de caza menor con perro. Surgieron y sus campeones cobraron fama en la sociedad.

Los cazadores que han practicado la caza menor, particularmente la de la perdiz roja con perro, saben que se trata de una actividad que encaja en lo que se denomina "deporte". Pero se trata de un encaje parcial, no total, porque la caza menor con perro es más que un deporte. La caza menor con perro exige pericias de distinto tipo. Dos de ellas son claramente deportivas: buenas facultades físicas y calidad como tirador. Sin embargo, hay otras dos pericias, que no se integran en el común entender del deporte y que son propias del ejercicio de la caza. Una es el conocimiento o intuición que se tiene de la naturaleza en relación con las especies de caza. Todos hemos visto a algunos cazadores que tienen una especial intuición que les lleva a adivinar dónde están las ansiadas piezas de caza en un momento dado; este ejercicio de búsqueda, comprensión e intuición sobre la naturaleza se encuadra más en la actividad de un estudioso, incluso de un científico, que en la actividad de un deportista. Otra es la "buena mano" del cazador para conseguir un buen perro de caza que, además, requiere suerte previa para que el perro que ha llegado a nosotros tenga las condiciones genéticas que le pueden llevar a ser un perro de caza querido e inolvidable. Esta suerte y pericia es extradeportiva y particularmente contradictoria con las otras dos pericias deportivas: un largo y dificultoso cobro por nuestro perro de una perdiz alicortada requiere un tiempo, una paciencia y un disfrute que va en contra de una intensa persecución de las piezas de caza con la finalidad de conseguir el mayor número de ellas.

Aun teniendo en cuenta que Los Campeonatos de España de Caza Menor con Perro[10] son una representación incompleta del ejercicio de la caza, se empezaron a celebrar en España. En un principio se celebraron sin grandes controversias. Los campeones que fueron surgiendo cobraron fama a nivel nacional: Rodolfo de Assas, Victoriano García, Francisco Sanz Garcés (Parrita), Leonardo Requena (El Pastor de Munera), ... fueron algunos ejemplos de ello.

La Ley de caza de 1970.

La Ley de caza de 1970 viene a sustituir a la antigua Ley de 1902 y a una buena parte de la normativa sobre caza que se emitió en esos, casi, 70 años. La Ley de 1902 ya fue comentada en la década de los 30 (estaba vigente entonces). Recordamos un par de cosas sobre ella: uno, que era una Ley protectora de la agricultura y la ganadería frente a la fauna salvaje; dos, que en ella no existe la idea o concepto de conservación de las especies cinegéticas.

Tras aquella Ley de 1902, en la Ley del 1970 parecen destacables, al menos, cuatro cosas. La primera que se trata de una ley con pretensiones protectoras y conservacionistas de la fauna cinegética que se considera una riqueza, como muestra su primer artículo que dice: *"La presente Ley regula la protección, conservación y fomento de la riqueza cinegética nacional y su ordenado aprovechamiento en armonía con los distintos intereses afectados"*. La segunda, que incluye legalmente a los cazadores en la participación en materia de política cinegética; lo hace a través de los Consejos Provinciales y Locales de Caza en los que participarán asociaciones de cazadores y propietarios de cotos (Art. 38). La tercera es su pretensión de facilitar el acceso a cotos de cierta calidad a todos los españoles; ello lo hace estableciendo los Cotos Sociales de Caza[11] definidos como *aquellos cuyo establecimiento responde al principio de facilitar el ejercicio de la caza, en régimen de igualdad de oportunidades, a todos los españoles que lo deseen* (Art. 18.1). La cuarta es que da normas precisas con rango de Ley con respecto a la financiación de los Cotos Sociales de Caza: limita los ingresos que pueden tener estos cotos, que se materializa con el número de permisos y precio de esos permisos, al 80% como máximo de los gastos del coto social que incluyen el establecimiento, protección, conservación y el fomento de la riqueza cinegética de esos cotos.

Sin embargo, esta Ley tuvo corta vida jurídica formal, aunque no "de hecho". Ello fue debido a los avatares políticos. Hubo una nueva Constitución con un nuevo régimen competencial en materia de caza. La caza quedará incluida en la materia medio ambiental, cuya competencia ejecutiva correspondía al nuevo concepto territorial de "Comunidad Autónoma". Cada Comunidad Autónoma emitirá su Ley de Caza, sobre la que influirá en distinto grado la Ley del 70; muchas de ellas mantuvieron aspectos de esa Ley; un ejemplo de ello fue el mantenimiento de la figura de los Cotos Sociales de Caza.

La desaparición de los cangrejos autóctonos.

Los cangrejos autóctonos de España y de Europa, se han extinguido casi en su totalidad por efecto de un hongo parásito letal para ellos: el "aphanomices astaci", que produce la enfermedad de la afanomicosis que, en el caso de España, se introdujo al implantar explotaciones comerciales de cangrejo rojo americano, portador de ese hongo parásito, en la provincia de Badajoz y Sevilla en los años 1973 y 1974. Hay que señalar que una vez que ese hongo entra en un río, desaparecen por completo los cangrejos autóctonos aguas abajo del punto de entrada y eso ocurre en muy poco tiempo, en días o pocas semanas. Las formas de entrada de ese hongo en los ríos pueden ser por vías variadas y, en casos, de casi imposible control: cangrejos portantes del hongo (como ya se ha dicho), aves, peces, animales como un erizo o un zorro, el ser humano que paseando puede trasladar esporas en sus botas, de un punto a otro, … etc.[12]

Unos años después, la tragedia ya estaba consumada. Tras la desaparición del cangrejo autóctono, en algunas autonomías se decidió suplantar el cangrejo autóctono con otro parecido, que fuese inmune a la afanomicosis (caso de Castilla-León, Navarra, País Vasco o la Rioja). El cangrejo que se utilizó fue el cangrejo señal, un cangrejo más grande que el rojo americano. Esto mismo se hizo en varios países europeos. El cangrejo señal, resistente a la afanomicosis, mostró una buena adaptabilidad en tramos medios y altos de nuestros ríos y vino a sustituir al cangrejo autóctono[13]. En las puertas de la democracia, la Administración Española, siguiendo los pasos de otros países europeos, con una timidez cuyo origen no se sabe si era político o procedente del conocimiento biológico, se limitó a introducirlos de forma estabulada, en instalaciones fijas al margen de los ríos -astacifactorías-. Se hizo en las provincias de Guadalajara y Soria, posteriormente se introdujeron en las provincias de Burgos y Cuenca. Todo esto ocurría al final de la década de los 70. Parece ser que el salto a los ríos se produjo en los años ochenta por un accidente; en teoría un escape de cangrejos de una astacifactoría en Soria a raíz de lo cual se vio la buena adaptación y aparente inexistencia de efectos indeseados de estos cangrejos en los ríos. Tras ese hecho, las administraciones lo fueron extendiendo en algunos tramos concretos de ríos y los particulares, al margen de la ley, completaron su extensión generalizada por toda España.

La gestión del problema de la extinción del cangrejo autóctono y la posibilidad de su sustitución por otras especies inmunes a la afanomicosis, no ha sido la misma en el territorio nacional; las decisiones administrativas sobre ello han dependido del signo ideológico de los gobiernos que ha habido en las comunidades autónomas correspondientes en cada momento, y en la mentalidad de los técnicos que los asesoran. Este hecho origina contradicciones de imposible comprensión científica: puede haber un curso fluvial que cruce la línea divisoria de dos comunidades autónomas y en uno de los lados de la línea se puede pescar cangrejos y al otro lado de la línea eso mismo está terminantemente prohibido, con sanciones administrativas de alta cuantía.

El cangrejo autóctono se puede considerar extinguido; solo existen puntualmente en parajes muy concretos que han tenido, hasta el momento, la suerte de no recibir las esporas mortales de la afanomicosis. Su futuro se vislumbra muy difícil o irremediablemente perdido.

Crónicas de la década de los 70

El instinto de detectar, tocar, manipular, poseer, en suma, animales es, a mi modo de ver, innato en la especie humana y lo es desde la infancia. Ello se mostró en el relato titulado "Juegos de depredación infantil", en la década de los sesenta. Prosiguiendo con esos juegos, casi sin darme cuenta, en esta década me metí en la práctica de la caza con escopeta. Empecé, como era habitual, yendo de morralero, en una cuadrilla de cazadores a la que, por entonces, pertenecía mi padre. Como morralero actué durante un par de años: parcialmente durante la temporada 1971-72 (con doce años) y totalmente durante la temporada 1972-73 (con trece años). En octubre del 1973 empecé a cazar con escopeta, ya cumplidos los catorce años.

Los primeros relatos de las crónicas de esta década se encuadran en mi época como morralero. He querido contar como era un día común de caza en la cuadrilla de caza menor a la que pertenecía. Ello lo hago en el relato *"Un domingo cualquiera"*. Fueron muchos días de morralero y, como es obvio, dentro de la generalidad se producen hechos y experiencias singulares que recojo en los relatos titulados: *"Cielo a borreguillas, agua a alcantarillas"* y *"Aprendiz de afeitador"*. Dentro de los recuerdos de morralero, no pueden faltar los proporcionados por el jabalí; ello se hace a través del relato titulado *"Batidas al jabalí"*, donde se describe cómo eran esas cacerías (batidas se les llamaba), por entonces. Con 14 años dejé de actuar como morralero y empecé a cazar con escopeta; con la adolescencia mediante, plasmo recuerdos de esta época en el relato *"Cazador adolescente"*.

La pesca fue popular. Como la caza, tuvo importancia social. En esta década se incluye un relato del que no soy autor. Esta inclusión se debe a que considero que su autor ha tenido una relación, ejecutiva y sentimental, más fuerte que la mía con la actividad de la pesca y por ello sus relatos deben contener mayor interés que algún otro relato que podría aportar yo. El relato que incluyo cumple la condición que he impuesto a todos los incluidos en estas crónicas: que muestren una imagen real, en materia de caza y pesca, tanto social como individual, de

173

la historia reciente de España. Este relato, se titula *"Mi Gran Lucio"* cuyo autor es Juan Vicente Visier Massó.

Un domingo cualquiera

A las seis de la mañana se salía de casa para ir a cazar. Un poco antes de esa hora detectaba algo de movimiento en la vivienda; yo ya estaba despierto. De todos modos, esperaba. Esperaba como un acto de disciplina que mi padre abriese la puerta de mi dormitorio y dijera *"venga, levántate, que nos vamos"*. Me levantaba, me lavaba la cara y las manos con un poco de jabón; me lavaba no alocadamente, lo hacía con medida y cautela porque, por entonces, la mayor parte de las habitaciones de una vivienda en Cuenca estaban frías o muy frías en invierno. Después me vestía con rapidez con la ropa de caza para ponerme al final lo más importante: las botas; unas botas que, necesariamente, tenían que estar bien apretadas, así se me indicaba y yo sabía que debía ser así para pisar los terrenos pedregosos donde cazábamos[14].

Después tocaba ir cargando progresivamente el coche. Primero con escopeta, morrales y la merienda propia. Después con los perros de uno. Después con los miembros de la cuadrilla que no tenían coche, también con sus correspondientes escopetas, perros y meriendas. Los perros iban en el maletero. El resto de útiles se adaptaban como se podía en los asientos de atrás, entre los tripulantes humanos. Después tocaba ir al activo, cálido y oloroso horno panadero a coger el pan y por último, íbamos al punto de quedada: algún bar donde pusieran café con leche y algo de acompañamiento, tal como madalenas o churros. En total se ocupaban dos coches con seis personas, contándome yo mismo como morralero.

Tras el rápido desayuno, con el volumen del habitáculo del vehículo aprovechado al máximo y el maletero lleno de perros, salíamos hacia los cazaderos, ya fuesen acotados o terrenos libres. Los acotados eran los de la Asociación de Caza. Esos acotados comprendían los términos de "Los Valparaísos", Horcajada de la Torre, Verdelpino de Huete, Castillejo del Romeral y Cueva del Fraile. A este último acotado, al mismo lado de Cuenca, no íbamos cuando nos tocaba, optábamos por ir a terrenos libres más lejanos pero que tenían, por entonces, más caza. Los cazaderos libres a los que con más frecuencia acudíamos estaban en la raya con la provincia de Guadalajara, en plena Alcarria: Valdeolivas, Villar del Infantado, Los Salmeroncillos. Otros lugares que recuerdo ir de morralero o a cazar estaban en la Serranía de Cuenca, por ejemplo, Valsalobre, Valdemeca o Enguídanos.

Metidos en el coche recorríamos las calles de Cuenca, oscuras a esas horas, iluminadas por unas lámparas urbanas que soltaban una luz tenue entre parda y rojiza; calles solitarias en las que, de vez en cuando, se percibía algún vehículo de algún otro grupo de cazadores o algún juerguista que torpemente volvía a su casa. Pasado el barrio de San Antón se terminaba la ciudad; nos metíamos en la carretera. Entonces el coche avanzaba a su ritmo rompiendo la oscuridad de la noche con su par de faros y se abría un nuevo espectáculo concentrado frente a sus luces. Era el espectáculo de los animales variados que merodeaban por la carretera, un zorro, un ratón, el vuelo sorpresivo de un búho o lechuza, un conejo, una liebre que, a veces, terminaba atropellada; extraordinariamente algún jabalí que provocaba excitación de todos apresurándose en abrir las ventanas, montar las escopetas y cargarlas con bala o postas.

Muy pronto los fumadores sacaban su cigarro: Justo Arribas su Ducados, Antonio Moya su Jean. Cuando se cargaba demasiado el ambiente por el humo del tabaco, se abría ligeramente la ventanilla para ventilar el habitáculo. No se abría mucho pues fuera, normalmente, estaba helando. A veces se detectaba un desagradable olor a cuesco; entones alguno decía *¡hígado! ¡hígado! ya ha soltado algún perro las bilis; hay que abrir las ventanas un poco para que se vaya el olor*, y no se discutía el origen, perruno o humano, del mal olor.

A lo largo del viaje no se paraba de conversar; las conversaciones las recuerdo tranquilas, pausadas; brotaba una conversación, se terminaba, se hacía silencio que se rompía con el sonido de un mechero para encender un cigarro y, al rato, surgía otra conversación, así sucesivamente durante todo el viaje. No recuerdo que se hablase de

175

política. A veces, se hablaba de algún conocido común que le había pasado algo reseñable o de algún evento deportivo que acababa de suceder. De lo que se hablaba comúnmente era de lo relacionado con la naturaleza y la caza: del porqué había caza en un lugar y en otro no, de donde había criado bien o mal la perdiz; de tal o cual lance singular; de perros y de las ilusiones y desilusiones que se depositaban en ellos.

Se llegaba al cazadero y se dejaban los coches en alguno de los lugares propicios, conocidos de antemano. El siguiente paso del grupo, nada original pues, a mi parecer, debe ser el de todos los grupos de cazadores del mundo de caza menor, era soltar los perros y ponerse, casi en armonía, perros y humanos, a hacer sus necesidades. Después se montaban las escopetas, se ajustaba la ropa de campo en el cuerpo y se hablaba de la estrategia a seguir con las patirrojas, rodeados de las carreras de los perros de un lado para otro. Se escondían las llaves de los coches en algún lugar concreto acordado y se fijaba una hora aproximada para reunirse a comer, cosa que algunas veces no servía de nada pues las perdices marcaban otros derroteros temporales. Por fin, se ponía toda la cuadrilla en marcha y se disgregaba de acuerdo con la estrategia establecida. Los perros de cada cazador iban con su dueño, pero era frecuente que algunos de ellos se adscribiesen a algún cazador concreto; sin saber nadie por qué, eso ocurría de forma sistemática con ese cazador[15] y le tocaba el trabajo de hacer que cada perro volviese con su dueño.

- ¡Cho!, ¡cho!, ¡cho!... ¡vete con tu dueño! -decía el acaparador de perros.

- ¡Tírale una piedra al perro y le arreas en "*to*" el lomo! A ver si ya, de una puta vez, deja de irse contigo -gritaba el dueño del perro, harto del comportamiento de su animal.

El acaparador de perros hacía un amago de tirarle una piedra al perro, pero sin lanzársela al lomo. Con el amago solía bastar y, si no bastaba, le lanzaba una piedra para amedrentarlo, sin intención de darle; si todo fallaba, el dueño del perro tenía que ir a por él, engancharlo del collar y llevárselo con una buena bronca por su desobediencia.

La cuadrilla se dispersaba según la estrategia marcada inicialmente poniéndose de acuerdo sobre quienes tenían que subir a los altos y quienes se quedarían en las manos más bajas. En cualquier caso, todos, en la caminata prestablecida íbamos acompañados por pájaros de mil clases que volaban entre las carrascas y espinos, con una panorámica de fondo donde había siempre rapaces planeando a gran altura. En los altos, en los pedazos de las navas, solían estar los bandos de perdices que, en esas condiciones, son muy difíciles de sorprender. La estrategia común consistía en echar los bandos hacia las cuestas abajo; de esa manera, por una parte, los cazadores que iban por las partes bajas de las cuestas tenían alguna oportunidad de disparar a esas perdices voladas desde arriba y, luego, por otra parte, con un par de vuelos las perdices se sujetan más y dan más oportunidades para su caza. Para llegar a esto último, se invertía tiempo y esfuerzo. Era normal en las cuadrillas de cazadores que aquellos con más edad y peores condiciones físicas se quedasen en las manos bajas; también, a veces, de forma más discutida, se quedaban en las manos bajas los mejores tiradores. En la cuadrilla, en la que yo iba de morralero, no había grandes diferencias entre sus miembros en ambos aspectos, capacidad física y acierto en el tiro, que influyesen decisivamente en la estrategia a seguir.

- La caza en mano de la perdiz requiere trabajo en equipo y orden -decía Marcelino.

- Así es -le contestaban asintiendo.

- Hay que respetar el plan que hemos pensado -insistía.

- Claro, claro, … -ratificaban los demás.

Sin embargo, una vez puestos en marcha no era habitual que se cumpliese con exactitud el plan prestablecido. Ello ocurría por aspectos aleatorios que sucedían: el cobro de alguna perdiz alicortada, problemas con algún perro desobediente, alguna necesidad física, frecuentemente por el comportamiento de las perdices que, a veces, escapan a los planes que quieren llevar a cabo los humanos y por existencia de un aspecto de la personalidad en algunos cazadores contraria a las ataduras, cosa esta última, quizás la más desorganizadora y de difícil enmienda. Marcelino tenía intuición para encontrar la caza, una propiedad que sólo algunos tienen; daba con ella y sabía reconducirla a lugares propicios para abatirlas en grupo; cuando esto ocurría y observaba que la cuadrilla se había desperdigado sin criterio, se cabreaba y maldecía.

- ¡*Mecagüen* el copón, un centenar de perdices he metido allá abajo y estos cabezas locas a su aire! ¡*Mecagüen* el copón y en *toa* la hostia! -se expresaba levantando la voz, con aspavientos, mientras se le bamboleaban las perdices que llevaba colgando en el perchero[16]. Yo, en el morral, cargaba, si su número no era excesivo, con las piezas de pelo, liebres y conejos; a Marcelino le gustaba llevar colgadas las perdices en el perchero, decía que quedaban más bonitas y se estropeaban menos; rara vez las introducía en el bolso trasero del chaleco o me las daba a mí para meterlas en el morral.

Llegaba la hora prefijada para comer, normalmente era las dos de la tarde. Era el momento de la contabilidad de resultados cinegéticos y se guardaba la caza en los coches antes de la comida. Cada uno se llevaba su propia merienda que, por otra parte, se compartía en grupo según las apetencias de cada cual. Antes, a eso de las diez de la mañana, cada uno por su cuenta comía algo allí donde estuviese en ese momento; a veces, ese tente en pie se realizaba andando, sin interrumpir la marcha; cada uno según sus costumbres alimenticias, algo de pan con fiambre, queso, tortilla, … a Marcelino y a mí no nos faltaban los higos secos que en aquellos momentos resultaban muy reparadores. De aquellas ingestas recuerdo algunas cosas singulares: una, que Justo Arribas, comía muy poco y fumaba mucho; otra, que Antonio Moya solía comer dientes de ajo crudos pues decía que le ayudaban a soportar el reuma, para ello llevaba un par de cabezas de ajo en el bolsillo; a Hilario no le faltaba nunca una lata de sardinas en aceite para su comida de las dos, decía que era lo mejor para las jornadas de caza; Santos Lara se adelantaba a todos en el tente en pié de la mañana tirando del bocadillo despuntando el día sin parar la marcha.

Puedo calcular que a eso de las tres de la tarde ya había terminado la comida, con postre incluido que era siempre fruta. Se decidía qué hacer en las tres horas escasas que quedaban de luz invernal. Si no se tenía claro dónde podían estar las perdices en buena cantidad, se optaba por encauzar una búsqueda con mayor probabilidad de hallazgos en zonas propicias para la liebre o para el conejo. El momento del arranque por la tarde, después de comer, requería voluntad pues ya había cansancio. No obstante, todos y siempre, aunque pesadamente, terminaban arrancando y después de un rato el ritmo de la marcha era el acostumbrado.

- Cuesta engrasar las bisagras después de estar un rato *sentao* y con la panza llena -decía uno

- Cuesta, cuesta, - se le contestaba resoplando.

El sol iba escondiéndose mientras unos y otros se apuntaban alguna pieza más. Después de las cinco de la tarde se notaba la falta de luz; cuando eso ocurría, el plumaje ceniciento del dorso de las perdices hacía que su vuelo se mimetizase con el del terreno y ello aumentaba la dificultad del tiro. Posteriormente ya con el sol próximo a ocultarse, llegaba el momento en que las perdices no se veían, solo se oía el arranque, con el sonido inconfundible y siempre emocionante de su vuelo; entonces tocaba mirar al cielo para, con suerte, ver la silueta de la perdiz en él y poder abatirla. Así se iba acabando la jornada cinegética mientras se caminaba hacia el coche que tenía su punto final sólo cuando se llegaba a él.

En el viaje de vuelta, la conversación era más concreta, más rápida e intensa. La conversación volvía a estar acompañada con humo de tabaco, pero, ahora, también con el olor agreste de las plantas aromáticas que nos había impregnado durante todo el día. La temática predominante, eran de lances de caza que se habían producido durante la jornada; en esos relatos se notaban las diferencias de personalidad entre los cazadores que daban lugar a relatos distintos acordes con ellas. Las diferencias eran tanto en la temática como en la forma de relatarlos. Había relatos más ricos en matices y más vividos que otros; alguno, con espíritu competitivo, se centraba en el número de piezas que había abatido; otros de espíritu más artesano, sobre cómo se había producido tal o cual lance, sobre lo que había hecho su perro.

Con ese tipo de conversaciones el viaje de vuelta se hacía más corto que el de ida. Se llegaba a la ciudad de noche, pero no a altas horas; la cuidad ahora estaba viva, con luces en las ventanas de las casas, con gentes diversas paseando por las calles, matrimonios cogidos del brazo, grupos de jovencitas, grupos de mozalbetes, escaparates iluminados, bares abiertos con su clientela viva. Acudíamos a un bar que le llamaban "La Pilarica" donde nos servían porrones de cerveza con gaseosa y, de aperitivo, cacahuetes y aceitunas. Una vez hidratados, llegaba el momento de repartir la caza; para ello se colocaban las páginas del Marca en el suelo de un pequeño almacén para evitar que se manchase de sangre; se hacían los montones y, en aquellos momentos, me tocaba a mí ir diciendo, de espaldas, sin mirar a los montones, el destinatario de cada montón.

- *¿Este para quién?*

- *Para Hilario.*

- *¿Y éste?*

- *Para Santos.*

- *¿Y éste?*

- *Para Antonio,…*

Y así hasta repartir los cinco montones. Con esto se terminaba la jornada en grupo. Cada uno volvía a su casa con su lote de caza colgando. Tocaba cenar, cosa que recuerdo hacer con deleite, e irse a dormir. Así hasta el domingo o festivo siguiente, en el que habría una nueva jornada cinegética tras las, siempre indómitas, perdices.

Cielo a borreguillas, agua a alcantarillas

El día acababa de despuntar. Empezaba una nueva jornada de caza. Justo Arribas miró hacia el cielo antes de echarse a andar. Lo observó durante unos segundos.

- Mira, Alberto; mira ese cielo.

Miré el cielo; era un cielo entre blanco y gris que ya casi tapaba el azul inicial del día, en él se estaban formando nubecillas que se retorcían y apelotonaban.

- ¿Sabes lo que significa? -me preguntó.

- No -le contesté, sin saber la intención de la pregunta.

- Cuando veas un cielo como este, que va camino de parecerse a la lana de un borrego, recuerda: "Cielo a borreguillas, agua a alcantarillas". Va a llover y, por lo que veo, mucho.

Me quedé con el pronóstico meteorológico de Justo Arribas en la cabeza

Pun, se oyó un disparo en un cerrillo bajo que teníamos a la izquierda. Marcelino se paró echando un vistazo al cerrillo de donde venía el disparo. No había pasado ni un minuto cuando, de nuevo, se oyó *pun*, otro tiro en el mismo cerrillo. Marcelino y Santos se quedaron mirando.

- Es Justo Arribas. Otra vez a su aire. Siempre hace lo mismo -observó Santos.

- Ha dado con los conejos, parece que hay. Se ha cargado otro; se agacha, ahora lo está cogiendo. Está haciendo lo de siempre, afeitarles el morro. Por lo que veo, hay que olvidarse de él para las perdices; hoy va a su aire detrás de los conejos. Hay que dejarlo. Nos vamos - determinó Marcelino.

- Sí. Vámonos.

Mientras avanzábamos cerro arriba, observaba a Justo Arribas. Parecía un podenco que había sustituido el olfato con la vista. Con su vista escrudiñaba meticulosamente todos los rincones del monte. Se movía con cautela; observaba una zona, daba un par de pasos y miraba al mismo sitio desde otra perspectiva. De vez en cuando se paraba definitivamente, entonces encaraba lentamente la escopeta y disparaba con tranquilidad; daba unos cuantos pasos en la dirección del disparo, se agachaba y cogía un conejo, miraba la pieza y la guardaba con cuidado en el morral.

- ¿Qué es eso de afeitarle el morro al conejo? -pregunté a Marcelino para ratificar lo que me imaginaba.

- Se trata de que cuando uno ve un conejo en el monte, quieto en su cubil, dispararle un poquito más delante de donde tiene en morro. Cobras el conejo con el morro afeitado por algunos plomazos sin destrozo en el cuerpo. Eso se hace cuando se caza en monte cerrado; si no se hace así, el conejo se levanta, lo pierdes de vista y es difícil hacerse con él. También se hace, a veces, con las liebres cuando están encamadas. El tiro es fácil; lo difícil es verlo en el cubil y, en eso, Arribas es único; ni yo, ni nadie que conozca, somos capaces de explicar cómo es capaz de ver los conejos en el monte de esa manera.

Fue avanzando la mañana y el pronóstico meteorológico de Arribas principiaba su cumplimiento. A media mañana el cielo parecía, ya plenamente, el pellejo de un borrego. Empezaron a caer unas gotas gordas y en poco tiempo arreció. Se puso a llover a tope. La cuadrilla estaba disgregada; cada uno por un lado. De Santos, que inicialmente venía con nosotros, no sabíamos nada. A nosotros nos había pillado esa lluvia en medio de los olivares, entre Valdeolivas, Salmeroncillos y una zona de monte denominada Los Cabezos, próxima donde teníamos la guarida del coche.

- Vamos a un sitio que conozco, un cerrillo que tiene una especie de cueva, allí nos podemos proteger -dijo Marcelino.

Nos pusimos a andar deprisa hacia ese lugar. Allí donde el terreno tomaba pendiente el agua corría formando torrentes que parecía podían tragarse alguno de nuestros perros. El ruido de la lluvia y la cortina visual que formaba dejaba desprovistas de las defensas esenciales de la vista y el oído a las perdices; Marcelino, en medio de la lluvia, entre los, nunca grandes ni frondosos, olivos castellanos, a corta distancia y en el mismo suelo abatió algunas.

- Ya ves, tres perdices han caído con la lluvia; no hay mal que por bien no venga. A ver si hay más suerte y en la cueva alguien ha dejado un poco de leña para poder calentarnos.

Pero no. Cuando llegamos al lugar no había leña seca, no había posibilidad de hacer un fuego en condiciones. Lo que sí había eran otros tres cazadores que les había pasado lo mismo que a nosotros: que conocían esa cueva, que querían protegerse de la lluvia y calentarse si fuera posible. Eran de Salmeroncillos de Abajo, ya metidos en años, alrededor de sesenta. Allí, en aquella oquedad, nos juntamos tres sexagenarios, un adulto y un niño de trece años que era yo. Todos encogidos por el frío, más por la ropa mojada que por lo que aportaba la temperatura.

- ¡Chaval! ¿Tienes frío, eh? -me preguntó uno de ellos.

- Sí. Algo.

- ¡Venga! ¡Échate una pelea conmigo! ¡Anímate! Ya verás como así se te va el frío.

- No.

- Anímate, que eso va bien en momentos como este. Eso es lo que hacíamos en la guerra; en el frente de Teruel. No podíamos hacer fuego, pero no era porque la leña estuviese mojada sino porque con el fuego delatabas tu posición y te pegaban un tiro. En la oscuridad de la noche nos peleábamos para quitarnos el frío; así nos apañábamos. Aquello era peor que esta lluvia [17].

Esperamos un buen rato hasta que la lluvia mermó lo suficiente. El reloj sobrepasaba las horas convencionales del almuerzo. Nos despedimos. Los sexagenarios se dirigieron hacia su pueblo; allí les esperaría la estufa y un plato de comida. Nosotros nos dirigimos en dirección contraria, entre aquellos olivares, hacia donde teníamos el coche a una distancia considerable. En aquellos momentos, aparte de frío, también teníamos hambre. Camino del coche llegamos a una zona más abrupta de monte donde Marcelino sabía que había una *tiná* [18] y pensaba que en ella podría haber leña seca bajo la techumbre. Acertó; hicimos un fuego fuerte que me arregló el cuerpo y secó algo la ropa.

Camino del coche por un monte empapado de agua salieron varios conejos. Marcelino mató algunos antes de llegar al coche. Después de todo hizo una buena cacería: seis perdices y varios conejos.

Aquel día, Arribas fue el que mató más caza. Más de una veintena de conejos; todos o casi todos con el morro afeitado, sello de su especialidad, y algunas piezas más.

- ¿Qué tal Alberto? ¿Cómo ha ido el día? -me preguntó Justo Arribas.

- Pues, … bien, - contesté dubitativo tras la experiencia del aguacero-, , … he visto que es verdad eso de "*cielo a borreguillas, agua a alcantarillas*".

- Ya te lo decía yo. Eso no falla.

Aprendiz de afeitador

Arribas[19] era un cazador único, inusual. Se acompañaba de una podenca a la que dejaba ir a su aire. Podías ver a la podenca a 100 metros de él y, ambos, podenca y cazador, ir cada uno a lo suyo de forma independiente.

- Me tienes que enseñar como te las apañas para afeitarles el morro a los conejos y las liebres – le pedí a Arribas.

-No eres el primero que me pide eso y te voy a decir una cosa: lo he explicado mil veces y no ha habido ninguno que lo haya aprendido.

- Explícamelo a mí; a ver si aprendo.

- Si aprendes, serás el primero que lo hace. Con los conejos la cosa es fácil de explicar y, por lo que me dice mi experiencia, difícil de llevar la explicación a cabo, aunque el aprendiz la haya entendido. Básicamente se trata de observar con atención el monte y luego tener buena vista para ver el conejo donde uno cree que debe estar.

- ¿Y cómo uno puede saber dónde debe estar el conejo?

- Mirando el suelo del monte; observando la tría, los pasos que hacen en los espesares que, para ellos, son como nuestros caminos y carreteras; intuyendo donde pueden estar los posibles cubiles donde se quedan encamados. Todo eso hay que hacerlo despacio, procurando no hacer ruido y, mejor, con el viento de cara. Los conejos tienen buena vista, buen oído y, lo que no toda la gente sabe, tienen un buen olfato. El último paso, después de determinar el lugar dónde debe estar, es verlo. Lo que yo he observado es que ahí es donde falla la gente, no ven los conejos y, claro, no pueden afeitarles el morro. Ten presente que la caza es más práctica que teoría. Yo te cuento todo esto, tú lo escuchas y me puedes repetir tú a mí todo lo que te he contado; pero a la hora de la verdad lo que hay que hacer es ejecutarlo en el terreno; si no lo ejecutas, no sirve de nada lo que te he contado.

- Practicaré y veré si, algún día, le afeito el morro a alguno, … ¿y las liebres?.

- Te digo lo mismo, la gente tiene el mismo problema que con el conejo: no las ven. Te digo una cosa, no me gusta afeitar el morro a las liebres; a las liebres las dejo correr a no ser que estén en un paraje muy cerrado y sepa que se van a perder de vista en cuanto salten de la cama ¿Sabes una cosa que me gusta de las liebres encamadas?

- No sé, ¿el qué?

185

- Hacer que alguien baile una jota antes de soltar un par de tiros a lo tonto. Hace unas semanas me invitó Segundo a su coto. Segundo me había pedido lo mismo que tú me pides ahora: ver liebres y conejos en sus encames para afeitarles el morro. Íbamos hacia el coche y le digo: *Segundo, ¿no querías ver una liebre en la cama?;* Segundo me contesta: *"ya sabes que sí, te lo he pedido mil veces, pero tú no te prestas a enseñarme";* entonces le dije: *Segundo, te voy a decir una cosa: tienes una liebre encamada a diez metros de ti, mira con atención, está entre el enebro y el montón de piedras que clarean, ¿la ves? No veo nada* -me contesta-. Entonces le dije: *ve caminando tranquilamente hacia donde te he dicho, son unos diez pasos, empieza … uno, dos, tres ….* Segundo iba caminando hacia la liebre, se pone pensativo y, cuando le quedaban un par de pasos para llegar a la liebre me dice: *mira Arribas que esto lo dejo, tú quieres cachondearte de mí y eso no me gusta.* Le insistí: *No, no,… no quiero cachondearme de ti, si das dos pasos más te quedan dos cuartas para pisarla, de verdad, te lo juro* -le dije-. Segundo, con dudas, dio finalmente los dos pasos-. *¿La ves ahora?* -le pregunté-. *No, no, … no la veo,* -me contesta. *Mira bien* -le ordené-. *Que no, que no la veo, … no es verdad lo de la liebre, la liebre no está, te estás cachondeando* -me dice nervioso, azorado-. Solo quedaba el último capítulo, a la liebre no le quedaba más que saltar, entonces le dije: *Tranquilo Segundo, ahora te digo qué vas a hacer para que salga la liebre: ponte a saltar, como si bailases una jota que la liebre también va a saltar, pero no porque sea aficionada al folklore sino para salvar el pellejo de tus pisotones.* Segundo dudó, pero finalmente se puso a bailar la jota y al primer salto que pegó salió la liebre como una exhalación; Segundo estaba descompuesto por los nervios, se echó la escopeta a la cara, siendo un tirador experto se precipitó, soltó dos tiros sin apuntar y la liebre se fue a criar. Me acerqué y le hice ver el hueco que había dejado en el encame que estaba a no más de dos cuartas de sus pies.

- ¿Cómo se quedó Segundo después de la experiencia?

- Blanco. No sabía qué decir.

Esas clases particulares de Arribas, según él de nulo éxito en los aprendices, eran cómicas. Cuando las contaba uno sentía no haber estado presente. Sin embargo, en aquellos momentos una duda me asaltaba; no me entraba en la cabeza que con tanto jaleo alrededor de la liebre, no hubiese saltado antes.

- ¿Cómo sabías que la liebre te iba a permitir montarle esa escena a Segundo?

- Era lo que debía ocurrir según mi experiencia. Había pasado antes "José", su hermano, con tres o cuatro perros a su lado, llamándolos, hablando a voces, … y esa liebre no se había movido; esa liebre había elegido sobrevivir quedándose quieta en el encame; es una estrategia que siguen a veces. Sabía que esa liebre iba a aguantar hasta que Segundo bailase la jota.

- Interesante comportamiento, pero yo lo que quiero es verlas en sus escames.

- Para mí, dar con la liebre es más difícil que el conejo. El conejo se centra en su monte. La liebre campea más; una misma liebre puede estar un día en el monte y dos días después en medio de un pedazo. Para mí, con la liebre hay que preguntarse *"donde estaría yo si fuese una liebre tal como se presenta el día"*. Que hace calor y sequedad, pues me voy a un sitio lo más fresco posible, un yerbazal en un prado, a la sombra en un monte en umbría,…; que hay viento, pues me metería en monte, buscando el abrigo de algunas matas; que hay lluvia y el suelo está mojado, pues donde el suelo esté menos mojado, por ejemplo entre piedras que hayan escurrido el agua en algún ribazo; también pensaría que como mi defensa es la carrera, debería buscar un lugar que, además, me permita correr y me pierdan pronto de vista, por ejemplo cerca de un camino para esprintar, cerca del cambio de rasante visual si lo hay, cerca de una zona de monte para despistar y perderme,… todas esas cosas hay que tenerlas en cuenta para dar con ella… de todas formas la liebre es un animal misterioso,… hay cosas en las liebres a las que no les encuentro una explicación.

- ¿Cómo qué?

- Por ejemplo, con heladas fuertes meterse en los regueros. A mí me han saltado liebres es esos sitios y en sus camas he encontrado una lámina de hielo; ¿no tendrán un lugar más seco y mejor para estar?

Por aquel entonces, en el Instituto donde estudiaba, ya me habían enseñado algunas cosas del calor y del frío. Sabía que el agua se mantenía a cero grados hasta que pasaba a ser hielo y solo a partir de entonces, cuando ya se había hecho sólida como una piedra, empezaba a bajar su temperatura hasta equilibrarse con la temperatura que la rodeaba. Siendo así, me pareció posible que la liebre, de nuevo, contra la primera intuición humana, estuviese acertando en sus decisiones sobre dónde estar al buscar un rincón húmedo, incluso parcialmente helado, para encamarse en él.

- Puede que la liebre acierte haciendo eso -le contesté a Arribas-; si lo que le rodea está a doce bajo cero, el agua está más caliente, a cero grados, doce grados más caliente que lo que la rodea. Cuando uno tiene la mano helada y la mete en agua fría, siente calor.

Estuvimos especulando largo rato con esos argumentos que podían dar una explicación a ese, en principio, sorprendente comportamiento de la liebre en las grandes heladas. Arribas llegó a admitir la posibilidad de que esa fuese la explicación que justificaba ese comportamiento de las liebres.

Han pasado muchos años desde que recibí aquellas lecciones. Desde entonces hasta hoy he visto unas cuantas liebres en la cama y muchas más saltando por delante de mí, a veces de forma inesperada. Como le pasaba a Arribas, a mí tampoco me ha gustado afeitarles el morro a las liebres; de hecho, nunca he ejecutado tal cosa, siempre las he dejado correr. También me las he visto con conejos en el monte y sobre esto tengo que hacer una confesión: he intentado durante años practicar las artes que me explicó Arribas y afeitar el morro a un conejo en el monte en situaciones parecidas a las suyas y nunca lo he conseguido.

Batidas al jabalí

Los domingos iban pasando; terminaba enero; llegaba febrero y las perdices empezaban a emparejarse. Con ello llegaba el final de la temporada de caza menor y cuando eso ocurría se iniciaban las batidas al jabalí en diversos pueblos de la provincia. También en esas batidas se pretendía eliminar alimañas, zorras fundamentalmente, entre otras cosas porque se consideraba que con ello se beneficiaba a las especies cinegéticas de la caza menor. La caza menor era la caza por antonomasia, la caza seria, la caza trabajosa, la caza de grandes madrugones, de largos viajes, la caza, por decirlo así, elogiosa en una época en la que el sacrificio estaba bien visto y era un adorno para la persona. La caza, llamada mayor, de aquellas batidas era algo secundario, menos importante; algo festivo sobre la que algunos cazadores no mostraban interés.

Nosotros, por entonces, íbamos a las batidas que se organizaban en Barbalimpia, un pueblo de la provincia de Cuenca; pequeño, como la mayoría de los pueblos de esa zona de España. Barbalimpia había cogido notoriedad a nivel nacional tras difundir televisión española la noticia de una cacería cuyos resultados, por entonces, eran excepcionales: en una de esas batidas, dada en un paraje denominado "Las Tejas", se habían cobrado siete jabalíes. Pocos años después esos resultados estarían dentro de la normalidad ante la extensión y proliferación del jabalí en toda España.

Aquellas batidas eran algo muy diferente a lo que serían años después: no se pagaba por asistir; los ojeadores eran personas metiendo ruido, no había rehalas de perros; los puestos no se sorteaban, la gente iba colocándose allí donde le apetecía; prácticamente no había cazadores con rifle, todos iban con escopeta, de uno o dos cañones o, a lo más, alguno llevaba una automática; se disparaba más con postas que con cartuchos de bala; cuando había que cobrar alguna pieza, los más cercanos a ella colaboraban para llevarla a un punto de recogida; finalmente había una merienda-cena, también gratuita, con alguna de las piezas que se habían cobrado, la cual se guisaba frita en una gran sartén con un montón de ajos que más que condimento se consideraban alimento; la merienda se completaba con pan, pinchado en trozos con las navajas, de forma tal que hacía la función de plato, e iba quedando embardunado con el aceite de la sartén que llevaban las tajadas y los ajos; de bebida, vino en botas, siempre en movimiento, que iban pasando de uno a otro en el círculo que se había formado alrededor de la sartén con los participantes en la batida y la pareja de guardias civiles que habían acompañado la cacería. En el sencillo banquete, todos quedaban sentados en el suelo, alrededor de la sartén. Con esa merienda, ya caída la tarde, se terminaba una jornada que se había iniciado con la luz de las nueve o diez de la mañana y en la que se habían dado unas tres o cuatro batidas en distintas zonas seleccionadas previamente.

Esas batidas se fueron extendiendo en el tiempo. Empezaron a hacerse en primavera y verano; ello era debido a los perjuicios que causaban los jabalíes sobre las cosechas. Recuerdo una de ellas por los hechos insólitos que de produjeron. Aquella batida se dio en La Frontera, otro pueblo de la provincia de Cuenca y debió de ser ya en verano por el recuerdo que me ha quedado del tremendo calor que hacía.

Los lugareños decían que había muchos jabalíes; afirmaban que habían llegado a ver grupos de 30 o 40 y que estaban acabando con las cosechas de cebada y girasol. Se organizó la batida para moverlos de donde debían estar encamados para lo que formó una barra de escopetas que, además de cubrir un amplio espesar que había en el alto del cerro, cubría una cuesta, larga, pronunciada y con poca vegetación, algo a desmano de los espesares, que intentaba dar respuesta a la posibilidad de que los jabalís optasen por arrojarse por aquella cuesta inhóspita. Nosotros nos pusimos en la cuesta, aproximadamente a un tercio de la cota de la cumbre. A nuestro lado, un poco más elevado, se colocó Antonio, compañero de la cuadrilla perdiguera.

Se empezaron oír las voces de los batidores, el ruido de los golpes sobre latas. Pronto empezó el espectáculo. Efectivamente, había muchos jabalís, pero habían detectado la presencia de los humanos en la barra que se había formado sobre la cuesta. Los jabalís iban de un lado a otro corriendo en desorden en unos grupúsculos que se habían formado, algunos llegaron a la cuesta donde estábamos. En uno de esos grupúsculos de jabalís que se formaron, recuerdo ver un zorro con un zigzag confuso entre ellos. El tiroteo fue intenso y rápido; después de un breve tiempo se paró. Antonio y Marcelino tirando con postas, dejaron heridos a varios jabalís, incluso a uno muy grande de forma aparatosa que incomprensiblemente no cayó abatido y siguió su camino. Después de la zapatiesta había varios rastros de sangre en el suelo y de forma difícil de comprender ningún jabalí muerto. Lo siguiente que ocurrió fue que los cazadores, incluidos Antonio y Marcelino salieron corriendo tras los jabalís detrás de los rastros que habían dejado y yo me quedé solo, en medio de la cuesta, custodiando nuestras pertenencias. Empezó a pasar el tiempo y no aparecía nadie. Siguió pasando el tiempo y seguía sin aparecer nadie; en contra de mi voluntad opté por el cambio de puesto en el que estábamos en principio, a un lugar con más sombra, pues el calor era agobiante; sabía que ese cambio era desaconsejable por razones de seguridad, teníamos la norma estricta de no cambiar de puesto bajo ningún motivo. El tiempo seguía pasando y todo seguía igual; no sabía qué hacer; se me pasaba por la cabeza dejar nuestros enseres en la sombra donde me había mudado y salir detrás de los rastros a ver si daba con los cazadores; pero pensando en las circunstancias de la cacería, también por seguridad no me parecía una buena decisión. En un momento determinado vi un hombre en el barranco que había al fondo de la cuesta, iba acompañado por un perro y parecía que llevaba una escopeta; no comprendía la presencia de aquel hombre solitario en aquel lugar; no tenía sentido su presencia en relación con la jornada de caza. Decidí dejar las cosas donde estaban e ir a su encuentro.

- ¿Buenos días? -saludé.

- ¿Buenos días? -contestó.

Me di cuenta de que conocía a esa persona. Pensé un poco y di rápido con quién era. Se trataba de Paquillo "el del Batán" [20]. A Paquillo "el del Batán" lo veía cuando iba al Júcar a pescar con infantiles arreos. Paquillo "el del Batán" era cetrero y en el Batán que había al lado del río, cuidaba rapaces de distinta clase: halcones, azores y pájaros de presa; los dejaba tomando el sol al mismo lado del camino que yo frecuentaba y ello me daba la ocasión de deleitarme mirándolos. Félix Rodríguez de la Fuente hizo un programa de televisión con él como protagonista.

- ¿No sé si usted habrá visto a los cazadores de la batida que se está dando por allá arriba? - le pregunté.

- No, no he visto nada. Yo no voy con ellos. Yo salgo a cazar a mi aire -me contestó.

Paquillo el del Batán llevaba una escopeta de un cañón muy vieja y se acompañaba de un gozquecillo entre sabueso, pachón, carea y alguna sangre más.

- Es que verá lo que ha ocurrido: han salido bastantes jabalís, les han disparado, algunos han quedado heridos y han salido todos detrás de ellos. No sé dónde están. Hace más de una hora que han desaparecido. -Le expliqué.

- Bueno, bueno, … -se quedó pensativo con el ceño y la mirada parecida a la de las rapaces que cuidaba-; con lo que cuentas me parece que ha ocurrido lo siguiente: han salido corriendo detrás de los jabalís, con el calor que hace se habrán cansado y no han tenido más remedio que irse a un punto donde haya agua y se esté fresco; por allá hay una fuente a la que han debido acudir, allí estarán -explicó, rotundo y con seguridad, marcando la dirección de la fuente.

Paquillo optó por llevarme hasta la fuente. Cogí las cosas que custodiaba a la sombra, debajo de una carrasca, y nos metimos en el monte. Después de un rato caminando llegamos a la fuente que se encontraba en una pequeña hondonada en medio del espesar. Solo, por mi cuenta, hubiese sido difícil encontrarla. Allí estaban todos tumbados al fresco, tras haberse hidratado lo suficiente. Paquillo "el del Batán" acertó plenamente en su vaticinio; sus deducciones fueron precisas. Demostró que, aparte del comportamiento de las rapaces, también sabía de comportamientos humanos en determinadas circunstancias.

Después de aquella batida, no recuerdo que se diera alguna más. El resultado fue muy pobre para lo que se había visto: un solo jabalí. Antonio y Marcelino no supieron nada de sus piezas heridas. A pesar de ello los del pueblo quedaron contentos; decían: *¿pillar gorrinos?, no hemos "pillao" muchos; pero con el susto que les hemos "pegao" se habrán ido a lo alto la Sierra y no volverán durante un buen tiempo; estos ya no nos joden las "cebás", ,… ni las pipas.*

Imagen de cazadores y resultados, buenos en esa época, de una batida al jabalí. Tres jabalís cobrados era un resultado excelente; el zorro, en esta ocasión, era lo de menos. El ambiente es festivo y el éxito de la cacería merecía la pena ser fotografiado.

Cazador adolescente

- i -

Mi inicio en el mundo de la caza como cazador armado fue natural. Era natural que con los precedentes que operaban sobre mí. En cuanto cumplí 14 años, obtuve mi licencia de caza, mi permiso de armas y me hice con una escopeta, necesariamente cedida porque todavía no tenía ingresos derivados del trabajo propio.

Mi primer día de caza fue en uno de los cotos de la Sociedad de Caza, Pesca y Tiro de Cuenca. En el sorteo nos tocó ir a cazar en el día del desvede de la general a Horcajada de la Torre. Cazamos en los cerros que había al lado de la carretera, entonces cubiertos de pequeños pimpollos de las repoblaciones forestales. Había muchas perdices que me ofrecieron posibilidades para estrenarme con la reina de la caza; fueron muchos y variados los lances que no aproveché; finalmente en un tiro cruzado, sin saber muy bien cómo, abatí una perdiz que cayó seca entre los pinos y que, no sin dificultades, conseguí encontrar gracias al rastro de plumas que dejó entre los pimpollos en su choque con el suelo. Esa fue mi única pieza abatida en aquel día y la primera perdiz de mi vida. Me di cuenta de que acertar a las perdices no era una cosa fácil, tal como me parecía de morralero; a ese parecer contribuía que los miembros de la cuadrilla eran aventajados tiradores. Me decía a mí mismo que los errores que cometía eran por no dominar los nervios, por precipitarme en el tiro, por emocionarme demasiado cuando saltaban las perdices. Así era; las perdices que abatí en aquella época fueron todas con la frialdad que otorga la larga distancia; cuando las perdices saltaban, más o menos cerca, me emocionaba y fallaba; supongo que eso mismo le ha pasado a otra gente.

Mi media, durante aquella primera temporada, fue de un par de piezas por jornada. Pobre resultado si lo comparábamos con la media general del grupo, cuyo número exacto no lo conozco pero que, sobre la base de recuerdos difusos, puedo estimar en unas seis piezas por jornada. Eso causó un problema en cuanto al reparto de la caza en la cuadrilla, ya que, según la ley consuetudinaria de la caza, yo, como cazador que era, debía participar en el reparto de la caza como uno más. Hubo unos de la cuadrilla que decían que debía de ser así y otros que no debía ser así y que yo debía ser excluido del reparto de caza en el grupo. Yo era consciente del problema interno que se había planteado y que podía destruir esa cuadrilla; por ello intervine a favor de que se me excluyese del reparto; así se terminó un problema que, mirado con retrospectiva, creo que se resolvió.

- ii -

En las manos de la cuadrilla[21], yo me ponía donde se me indicaba; casi siempre iba al lado de mi padre. Recuerdo que Marcelino tenía tendencia a coger las manos altas cuando se iniciaba la jornada. En consecuencia con lo anterior, yo solía ocupar una mano a media cuesta, a unos cincuenta metros de la coronación del cerro. Marcelino, el acaparador de perros del que he hablado en mis historias como morralero, cuidaba a sus perros y, además, les daba lo más importante para ellos, su droga vital: caza. A través de su intuición cinegética, Marcelino conducía a sus perros hacia las piezas que ellos luego buscaban, que después cobraban cuando eran abatidas y que entregaban, finalmente, con alegría, a su dueño.

- Ponte en esa mano que los perros cazan para los dos -me decía.

- Vale, vale.

Pero los perros no cazaban para los dos. Cazaban para él. De todos modos, yo no podía tener quejas. Si abatía una perdiz alicortada, Marcelino acudía presto con los perros para intentar cobrarla; cosa que siempre se conseguía.

A media cuesta iba una tarde, al final de la jornada, sin nada en el perchero, cuando se arrancó una perdiz bastante larga. Encaré, disparé y la perdiz cayó al otro lado de la falda del cerro que estaba delante de mi vista. Salí corriendo entre las piedras porque pensé, con acierto, que la perdiz iba alicortada. Llegué al otro lado de la falda y vi la perdiz apeonando cuesta abajo; con el deseo de quedarme con ella le disparé hasta cuatro tiros a larga distancia, cosa que no pareció interrumpir su marcha. Llegó al pie de la cuesta donde había un pedazo de cereal, en medio de esa parcela había una zarza grande asociada a una carrasca; la perdiz, claramente visible ahora, se metió por el pedazo y se refugió en la zarza. En esas circunstancias no quedaba más que cobrar la perdiz,

195

cosa nada fácil en una zarza cerrada que ocupaba treinta o cuarenta metros cuadrados. Por la mano baja iba Santos con un pointer macho de buena factura; pensé echar mano de ese perro para cobrar la perdiz. Llegó el pointer a la zarza e hizo una muestra escultural; intenté incitarlo a que se metiese en la zarza animándolo, tirando varias piedras al interior de la zarza; el pointer hacía un leve movimiento, rozaba los pinchos de la zarza, y volvía a hacer la escultura. No había manera de que cobrase la perdiz y eso me enervaba; mi única alternativa era llamar al acaparador de perros que estaba en la lejanía del alto de la cuesta. Marcelino se dio cuenta de lo que ocurría y no tardó mucho en aparecer; llegó con las dos perras que teníamos, cruce de braco y drahthaar, que marcaron la presencia de la perdiz con la muestra sobria de estas razas. Sin embargo, en este caso, no hice más que animar a los perros tirando, de nuevo, una piedrecilla dentro de la zarza, para que ambas se introdujesen de pleno en ella. Mientras, el pointer no había modificado su posición escultural. Después de unos cuantos segundos las dos perras habían atrapado a la perdiz que entregaron a Marcelino viva.

- Santos, te confieso una cosa -le dije-: cuando estaba tu perro de muestra sin entrar en la zarza, me estaban dando ganas de pegarle una patada en esos cojones que tiene colgando.

- ¡Cómo si a ti te ponen en pelotas y te meten en la zarza! -contestó Santos enojado.

Ante el enfado de Santos hice silencio. Lo que habían cobrado las perras era un hermoso macho de perdiz que me fue entregado y coloqué cuidadosamente en el perchero.

Dejando atrás recuerdos concretos, en general era frustrante ir cazando en la mano limítrofe con la de Marcelino. Como en el caso de Justo Arribas, Marcelino tenía cosas de difícil explicación en el ejercicio de la caza. A Marcelino le salía mucha más caza que a mí y a cualquiera de nosotros. Encontrar una explicación a ello no era fácil. Ello ocurría no solo por los perros que lo acompañaban; los movimientos que daba en su mano eran tales que levantaba más cantidad de caza.

- Tienes que explicarme por qué a ti te sale mucha más caza que a mi yendo casi juntos.

- No sé.

- Algo podrás decir sobre ello.

- No sé qué decir. Voy viendo el campo; a veces me parece que en tal cual sitio está el bando de perdices o hay una liebre, … voy hacia allí y a veces acierto. No hay más que contar.

- Y qué de particular tiene tal o cual sitio que a ti te parece que hay caza.

- No sé. Debe ser por un conjunto de cosas que me dicen que tal o cual sitio tiene buena pinta para la caza.

Es posible en que la explicación esté en que a lo largo de su vida las jornadas de caza habían formado una especie de imágenes de esos lugares propicios, cada una de ellas con un montón de atributos, no escritos, no concretados en el lenguaje, pero sí vistos y que se concretaban, precisamente, en esa imagen. Cuando encontraba una imagen semejante en otro lugar, calificaba ese lugar como propicio y muchas veces acertaba. La situación desproporcionada en cuanto a caza vista y abatida, daba lugar a que yo, aparte de cazador, a veces tenía que volver a ser morralero: recuerdo que en una ocasión en unas cuestas entre Langa y Verdelpino, Marcelino cobró siete liebres en menos de una hora, mientras yo, a cincuenta metros de él, no levanté ni una sola liebre; serían sobre las diez de la mañana y no tuve más remedio que meterme a presión en el bolso grande del chaleco cuatro de ellas.

- iii -

Las conversaciones en los viajes a los cazaderos seguían siendo iguales a los de mi etapa de morralero. La única novedad era que, a veces, me preguntaban por algún lance que habíamos vivido, a lo que contestaba con el mínimo de palabras; si no había pregunta me mantenía en silencio. Las conversaciones tenían la misma temática que antes: la mayor parte de naturaleza y cinegética, a veces de algún acontecimiento deportivo que había salido en los medios de difusión o comentarios sobre conocidos comunes vinculados al mundo de la caza.

- El otro día vi a Gonzalo. Él y Julio siguen con sus sabuesos.

- ¿Con esos sabuesos tan raros?

- Sí, con esos salchichas cabezones que, más que salchichas, son morcillas culares. Dicen que es una raza conocida en el extranjero, les llaman *"basetjún"* o algo así. Los ha traído Julio en sus viajes,… de Inglaterra o de por ahí,… Dios sabe,… es muy viajero.

- ¿Y esos sabuesos van bien?

- No sé, habría que verlos detrás de las liebres. A mí me parece que deben ser demasiado lentos. Por su físico deben de tardar más del doble que los sabuesos de aquí en dar la vuelta a las liebres. Pero a Gonzalo eso le da igual; así me lo ha dicho. Dice que sale a cazar para evadirse de los problemas que trae la vida, que cuando se mete entre los pinares detrás de las liebres con esos perros ve las cosas con más amplitud y serenidad, que se tranquiliza; que la caza es medicina. Se ve que le da igual una liebre más o una liebre menos ante las cosas que tiene la vida.

- Pues sí. Mejor ir tras una liebre que cocerse en sopas de ideas que no llevan a nada.

- iv -

Fueron pasando los meses rápidamente. Iba creciendo en edad mientras iban cayendo sobre mí experiencias, tribulaciones y los cambios propios de la adolescencia, que suelen ser más turbulentos que tranquilos y más amargos que dulces. Se iban abriendo ventanas en la mente que habían estado cerradas durante años. Me empezaron a interesar los avatares políticos que me rodeaban que, además, fueron intensos en aquella época. También, al margen de los estudios que cursaba, de forma suplementaria y personal me interesaba la historia, la filosofía y otras ramas del saber; iba a la biblioteca, semanalmente compraba una revista titulada Sábado Gráfico y otra de humor llamada Hermano Lobo. Me empezó a interesar el género femenino, pero, acompañado ese interés por mi timidez y algún complejo, lo encontraba misterioso y de difícil acceso. Esas ventanas que se iban abriendo eran individuales, no eran compartidas; mis actividades sociales se reducían al fútbol, cuya práctica me resultaba placentera, y las jornadas dominicales de caza en aquella cuadrilla, que eran ya una parte cotidiana de mi vida.

Esas ventanas que se iban abriendo tenían su impacto en todas las cosas que hacía. Lógicamente también en el ejercicio de la caza. La alerta continua e intensa que debe tener el cazador no era posible en esas circunstancias. En medio del campo, en soledad, desarrollando la actividad cinegética, frecuentemente había intervalos de tiempo en que, sin pretenderlo, me sumergía, a través de alguna de esas ventanas que se abrían sin esperarlo, en algún tema que me preocupaba. En suma, la concentración en la caza se iba a otros a otros lugares y las perdices, de vez en cuando, con su rotura estrepitosa de vuelo me mostraban mi estado de abstracción de manera simpática.

- En la mano que hemos echado te han salido 3 o 4 perdices buenas, a huevo, y no les has tirado -me recriminaba algún miembro de la cuadrilla.

- No las he visto -le contestaba, sin querer dar más explicaciones.

- ¿Cómo no las has visto, si estaban delante de tus narices?

- No. No las he visto. Por el sol o por lo que sea no las he visto - contestaba deseando que se preocupasen solo de lo suyo, mientras ponían cara de extrañeza.

Poco tiempo quedaba para abandonar esta primera fase de cazador. Pronto me marcharía de Cuenca, de sus cotos y de sus perdices, para ampliar estudios.

El Gran Lucio
(Autor: Juan Vicente Visier Massó)

En la madrugada de un primaveral mes de marzo, debió ser allá por el año 1972 o 73, yo debía tener sobre los 11 o 12 años, me despertó mi hermano Dioni, en torno a las 6:00 de la madrugada. Como hacíamos muchos domingos, iniciábamos una nueva aventura para ir de pesca, hoy tocaba ir de lucios, en otras ocasiones podían ser truchas, barbos, e incluso cangrejos.

Me incorporé como un resorte, movido por mi enorme afición a la pesca, que me hacía estar ilusionado ya en la jornada de la víspera, a veces incluso costándome conciliar el sueño por el estado de nerviosismo que se apoderaba de mí.

Durante toda la semana, planificábamos con gran ilusión entre mi padre, mi hermano y yo, el destino de pesca al que nos dirigíamos cada domingo. Este en concreto decidimos ir a probar suerte al pantano de Buendía, a la altura de la casilla de peones camineros, situada nada más pasar la casa que Jose Luis Perales tiene en la orilla del embalse. Mi padre trabajaba en la droguería familiar, y recibía informaciones a través de sus múltiples contactos y amigos pescadores, sobre donde se conseguían las mejores capturas y, según le habían contado, en esta zona se estaban produciendo capturas de lucios de gran tamaño.

El viaje por las carreteras de la época constituía toda una aventura, pese a los 75-80 Km aproximadamente de distancia al destino, calculo que debíamos tardar en torno a la hora y treinta minutos en llegar al punto de pesca elegido.

Montamos en el coche y comenzamos el viaje, parada obligada en el Villar de Domingo García para comprar el pan de leña para nuestro almuerzo y tentempié.

Mi Padre siempre alegre y entusiasta, nos auguraba una jornada repleta de grandes emociones, mientras mi Hermano, de natural más pesimista, se dedicaba a rebajar la euforia, e incluso a poner en duda la veracidad

200

de las informaciones, pues a veces éstas eran origen de bromas que solían gastarse entre sus "amigos" pescadores. También era una manera de llevarnos la contraria unos a otros, que siempre ha sido una práctica con la que nos amenizábamos el viaje.

A la altura de los "muros de Cañaveras", al poco de iniciar la bajada a través de la espectacular sucesión de curvas enlazadas que se disponían antes del núcleo urbano de Cañaveras, nueva parada para que me diese el aire, e incluso a veces vomitar, pues con los baches, las curvas y el olor a gasolina del coche, me sumía en un lamentable estado de mareo y nauseas. A veces, también parábamos en esta zona para recoger algún desdichado conejo o liebre deslumbrado por los faros, y desnucado en los bajos del coche, pues normalmente llegábamos a este punto entre dos luces, cuando la abundante fauna comenzaba a moverse. En este caso, el morteruelo de mi madre ya estaba servido, nada se desperdiciada entonces.

Recuperado del mareo y con las fuerzas y la ilusión renovadas, llegamos al punto elegido, la casilla de peones camineros situada junto al camino de tierra, ahora carretera, que bordeaba el embalse desde el "Cerro de la Mora" en el término de Cañaveras, hasta el embarcadero en el que se encontraba el transbordador que cruzaba el pantano desde Cañaveruelas, hasta la orilla de en frente, situada a la altura de Alcocer, ya en la provincia de Guadalajara. Aparcamos el coche junto a la Casilla, armamos las cañas e iniciamos la bajada de varios cientos de metros hasta la orilla del pantano. Ya podíamos divisar, por encima del nivel del agua, la parte superior de las dos torres perfectamente cilíndricas, destinadas a palomares, que en su día quedaron bajo el nivel de las aguas del pantano.

Al ir abriendo la mañana comprobamos que se nos presentaba un día de "blandura", es decir, estaba nublado con una suave bruma, a ratos de ligerísima llovizna, y de temperatura suave. Iniciamos la pesca y, decimos ir mi padre y yo hacia la zona izquierda de la orilla, y mi hermano optó por ir en sentido contrario, hacia la derecha, con la idea de batir más zona pescable. Después de un buen rato lanzando nuestras cucharillas, de plomo, paleta y potera recubierta de lana roja, que entonces eran las más comúnmente utilizadas para la pesca del lucio, llegamos hasta una zona en la que la orilla presentaba un fuerte desnivel hasta encontrarse con el agua del embalse. Aquí se apreciaba como se incrementaba la profundidad por efecto de la inclinación del terreno e incluso de cortes en el mismo, en los que se veía el intenso color azul de las aguas profundas.

En aquella época, antes del inicio de la sangría que supuso el trasvase Tajo-Segura, el pantano llevaba una gran cantidad de agua que inundaba inmensas extensiones de terreno, llegando a denominarse al embalse de Buendía, el "mar de Castilla".

Comenzamos la pesca en esta orilla inclinada, de arcillas rojizas y peligrosamente resbaladizas debido a la suave lluvia que caía incesantemente. Tras uno de los primeros lances, y apenas sin dejar caer la cucharilla hacia el fondo de las aguas, como sería aconsejable debido a la gran profundidad, note un brusco parón nada más iniciar la recogida. Pensé durante un buen rato que se trataba de un enganche, posiblemente alguna rama de algún árbol sumergido, sin embargo, al comenzar a tirar con la caña flexionada, percibí un leve desplazamiento de la línea. Al principio muy leve, pero que se fue haciendo cada vez más apreciable, por lo que intuí, aunque tampoco estaba seguro, de que podría tratarse de un lucio, y di la voz de alarma a mi Padre que se encontraba a 15 o 20 m de mí. Se acercó, y en ese momento ya estaba convencido por el potente, aunque muy lento movimiento de la línea, que se trataba de un pez que tiraba de la línea hacia las profundidades. A partir de aquí noté como la tracción se incrementaba fuertemente, y en dirección hacia el fondo de las aguas. Pese a que en todo momento intenté forzar la línea para evitar que el pez bajara hasta el fondo y poder acercarlo a la orilla, no hubo manera de pararlo debido a la gran fuerza que ejercía, y que sacaba ruidosamente el hilo de la bobina, traccionado por encima del límite del freno del carrete. En un momento dado note como la línea se quedaba parada y pese a mis esfuerzos por levantar el pez, no se movía nada, se había "encerrado". Esto es algo muy temido por los pescadores, y que el en el argot significa que el pez en su huida se protege refugiándose entre ramas o cavidades, lo cual casi siempre supone la pérdida del pez e incluso del aparejo. En este caso, lo más probable pudo ser que el que el lucio se hubiese acostado bajo alguna de las grandes oquedades o rocas, que se perdían a la vista bajo las aguas y que le servían de refugio, quedando inmóvil en el fondo.

Mi padre, tan frustrado como yo ante la inminente pérdida del lucio, que intuíamos de tamaño importante, me recriminó el no haberlo "obligado", forzando la tensión de la caña y línea, para impedir que se encerrase.

Después de un buen rato tirando en diferentes direcciones, intentando con pocas esperanzas que el lucio saliera de su encierro, comencé, resignado a lo inevitable, a tirar con la caña paralela al hilo y la línea anudada sobre mi mano, que es la maniobra que se suele hacer para romper el hilo. En este preciso momento, noté un fuerte tirón, y comprobé como la línea comenzaba a moverse nuevamente. El lucio había salido de su escondite y nuevamente se iniciaba la lucha. Estuve más de media hora corriendo por la orilla del pantano siguiendo los caprichos del pez con el hilo de la caña tenso, cuando empecé a notar que el pez se paraba; ello era síntoma de su cansancio. Fue el momento de empezar a tirar yo de él, hacia arriba y hacia la orilla. Lo hacía lenta y trabajosamente; no podía hacerlo de otra forma en función de mis fuerzas. Notaba que, poco a poco, el pez se iba acercando hacia donde yo estaba.

Hay momentos en la vida únicos, de gran emoción, inolvidables; son momentos que se quedan fijos en la memoria; son momentos alentadores que te acompañan durante toda una vida; este fue uno de ellos. Lentamente comenzó a emerger desde el fondo un gran resplandor dorado, que fue haciéndose cada vez más nítido, hasta que pudimos ver con claridad la gran majestuosidad y belleza del gigantesco pez, que nadaba lentamente a pocos centímetros bajo la superficie. Recuerdo que en ese momento nos quedamos en silencio, no éramos capaces de articular palabra, ni siquiera mi locuaz Padre. La impresión y la emoción del momento se apoderó de nosotros, a mí me temblaban las piernas, hasta que el gran lucio se percató de nuestra presencia y de un fuerte coletazo, que nos lanzó una cortina de agua, se precipitó nuevamente hacia las profundidades dejando un remolino sobre la superficie del agua.

Todavía se sucedieron varios episodios parecidos, en los que el lucio se acercaba y, asustado al vernos, se alejaba violentamente hacia aguas profundas, hasta que finalmente agotado fue cediendo, y al cabo de casi una hora de lucha, mi Padre se disponía a ganchearlo para sacarlo del agua, como era la forma habitual de extraer los lucios en esta época. Cuando estaba ya casi encima del lucio y estiraba el brazo para darle el tirón, dio un resbalón y cayó de espaldas por efecto del suelo arcilloso mojado, golpeando con el gancho en el lomo del lucio sin llegar a clavarlo. Nuevo susto y vuelta a empezar después de que el lucio volviera a dar otro fuerte coletazo hacia las profundidades. Finalmente, agotado y tras acercarlo nuevamente a la orilla, mi Padre, ahora sí, lo pudo arrastrar fuera del agua, y nuevamente sentimos la fuerte impresión de ver de cerca al gigante con todo detalle.

Era un ejemplar magnífico y proporcionado, de librea dorado verdosa, mimetizada con los fondos rocosos del entorno, y a juzgar por lo abultado de su abdomen, se trataba de una hembra. Nos alegramos de que su barriga se encontrara blanda y hueca al haber realizado ya la freza, asegurando así una nueva generación de lucios.

Para terminar la jornada, mi Padre fue en busca de mi Hermano que recuerdo había ido por la orilla en sentido contrario, para darle la noticia de la gran captura, y cuando llegó hasta donde yo me había quedado con el lucio, casi se desmaya al ver el impresionante pez. Durante el rato que me quedé a solas, todavía en shock por la emoción de la captura, he de reconocer que llegué a sentir miedo de estar solo con un pez que era tan grande y pesado como yo mismo.

Lo subieron entre mi Padre y mi Hermano hasta el coche, y lo cargamos en el maletero del 127. Recuerdo que la cabeza y la cola del pez quedaban flexionadas, pues era más largo que el ancho del coche. En ese preciso momento llegaron unos pescadores de un pueblo cercano, y nos preguntaron cómo se nos había dado la pesca, mi Padre les dijo que habíamos pescado un lucio enorme y se acercaron un poco

204

incrédulos hacia el coche, pero cuando lo vieron comenzaron a proferir juramentos sobre santos y vírgenes típicos de su pueblo.

Ya en casa, descargamos el lucio en el patio, que arrojo un peso de 17 kilos con una longitud de 1,20 metros. Recuerdo, que lo enseñamos a todos nuestros familiares, abuelos, vecinos, amigos, y yo me consagré como pescador de la tribu. De ésta y otras jornadas de pesca inolvidables, proviene el veneno que se introdujo en mi cuerpo, y que más de 50 años después todavía no me ha abandonado.

He de hacer constar, que en esta época no se practicaba la captura y suelta. La pesca conseguida formaba parte de nuestra dieta, como ocurría en la mayoría de los hogares. Aquella enorme lucia formó parte de nuestro menú familiar y mi madre preparó durante muchos días su receta especial de "lucio a la vinagreta", que le explicó una, insólita en nuestra experiencia, pescadora madrileña que actuaba en el mismo embalse que nosotros, consistente en acompañar la carne de lucio, previamente cocida y sin raspas, con una vinagreta de tomate, pimiento, cebolla, aceite de oliva y sal, que resultó excelente para nuestro gusto.

Notas de la década de los 70

(1) Hay un documento interesante sobre este tema que se puede consultar. Se trata del acta de la entrevista del representante del Gobierno Español, Almirante Carrero Blanco, con el secretario del Estado de EEUU, Dr. Kissinger. La entrevista se celebró el día 19 de diciembre de 1973, en pleno impacto inflacionista en Occidente y un día antes de la muerte de Carrero Blanco a manos de ETA. El documento pertenece a la Fundación de la Transición Española y está referenciado en el libro "El Amigo Americano" de Carles Powel. En dicha entrevista el Dr. Kissinger afirmó que si los hechos que dieron lugar a esa subida del petróleo se hubiesen producido en el siglo XIX, los países inductores de ello hubiesen sido invadidos militarmente.

(2) Esto ocurrió a pesar de las medidas que se adoptaron por el Gobierno de entonces para combatir los efectos negativos de la crisis: optó por bajar los impuestos sobre el consumo de combustibles y adoptó medidas expansivas para calentar la economía entre las que se encontraban la moderación en los tipos de interés de los préstamos bancarios. Con estas medidas España creció económicamente más que otros países europeos (del orden de un 4% interanual). Sin embargo, este crecimiento estuvo acompañado de una importante inflación (un 20% interanual) y de continuas subidas salariales asociadas. Ese tándem creciente de subida de precios y salarios afectaba negativamente a la economía que, normalmente, requiere estabilidad para su desarrollo. Esto llevó a que en 1977, ya en plena Transición, se tomasen unas medidas en materia económica en relación con ello; se hizo a través de los Pactos de la Moncloa; como es lógico, esas medidas eran estabilizadoras, contrarias a la política expansiva que se adoptó a raíz de estallar la crisis del 73. Aun así, ya terminando la década, las economías occidentales sufrieron un nuevo palo: a raíz de la caída del Sha de Persia y de la guerra Iran-Irak, se produjo una nueva restricción de la oferta de crudo que desembocó en una nueva subida (cercana al 300% en su precio).

(3) En relación con la implantación de la revolución verde en esta década es significativo, como un ejemplo, el texto introductorio de la Orden 8/10/1973 sobre regulación de herbicidas hormonales que, a continuación, transcribo parcialmente: *"La progresiva mecanización de la agricultura española, unido al gran desarrollo de la industria química en materia de productos fitosanitarios para la lucha contra las «malas hierbas», ha permitido alcanzar un alto nivel de empleo de herbicidas hormonales, que constituye en la actualidad una operación normal de cultivo en nuestras producciones, cuyos resultados se traducen en un considerable incremento de la productividad, facilitando,* *al propio tiempo, las labores de recolección y la mejora de las producciones obtenidas. No obstante, el empleo incorrecto o el mal uso de los herbicidas hormonales puede ocasionar daños a las plantaciones próximas o colindantes a las parcelas objeto de tratamiento, por lo que es obligado regular la correcta aplicación de los referidos productos. Por todo ello, este Ministerio ha tenido a bien disponer: … Madrid, 8 de octubre de 1973. Allende y García Baxter".*

(4) Un grupo importante fue la Asociación Española para la Ordenación del Territorio y el Medio Ambiente (AEORMA) que luego pasó a denominarse AEPDEN (Asociación de Estudios de Protección y Defensa de la Naturaleza). En esta asociación predominaban personas próximas a los partidos socialistas y al partido comunista; por ejemplo, estaban Pablo Castellano, portavoz de la izquierda socialista, Enrique Barón, luego sería ministro con el PSOE, Donato Fuejo, del Partido Socialista Popular, Ramón Tamames, comunista hasta 1981. Singularmente, fuera de la anterior generalidad entró en esta asociación el conservador José Mª Gil Robles, de la Democracia Cristiana. Hubo también algún naturalista como Joaquín Araujo, colaborador de Félix Rodríguez de la Fuente. Tuvieron delegaciones regionales en toda España por lo que contó con medios importantes para realizar su propaganda a nivel nacional. Posteriormente, en 1977, ya muerto Franco, se creó el Partido Ecologista Español, cuyos resultados en las primeras elecciones democráticas fueron un fracaso (recibieron bastantes menos votos que el número de ecologistas que, en teoría, existían en España por entonces).

(5) También fueron anti Félix Rodríguez de la Fuente; en este caso por su silencio ante la energía nuclear y por su relación amistosa con alguna persona que habían ocupado puestos de poder en materia de gestión de recursos naturales durante el franquismo (por ejemplo, con Jaime de Foxá); críticas infructuosas ya que Félix continuó informando y, se puede decir, sensibilizando a la sociedad sobre la fauna española a través de la televisión en los capítulos inolvidables de "El Hombre y la Tierra"; ello lo hizo hasta su muerte que acaeció el 14 de marzo de 1980 en Alaska.

(6) Óscar Alzaga Villaamil manifestó que en la redacción final del artículo 45 de la Constitución Española influyó la asociación ecologista AEPDEN, derivada de AEORMA (quizás la que tuvo mayor poder propagandístico en materia ecológica durante la transición) junto con otra asociación ecologista catalana DEPANA (hecho citado por Tomás Ramón Fernández Rodríguez en el I Congreso sobre legislación ambiental). Me parece importante señalar que los cazadores en aquella época no parece que fueran consultados, al menos no he encontrado ningún testimonio de ello, tal como lo fueron años antes

208

cuando la administración precedente pretendía emitir alguna norma en relación con la caza y la naturaleza (he llegado a ver cartas dirigidas a mi padre por los servicios provinciales de montes). Tampoco, en aquellos momentos de la transición, los cazadores formaron asociaciones activas en materia política cuando estaba en juego su máxima afición y, se puede decir, su forma de vivir. Por ello, en el último capítulo de estas crónicas, titulado "Después de estas crónicas", se intentará analizar el porqué de estas ausencias y cuáles podrían ser ideas argumentales de los cazadores en relación con la conservación de la naturaleza y el ejercicio de la caza.

(7) A mi modo de ver, el contenido de este artículo constitucional es genérico con matices poco inteligibles, sobre todo, en lo relativo al punto uno del mismo. Dice que todos tenemos el deber de conservar el medio ambiente y todos tenemos el derecho a disfrutar de él, pero no dice cómo y, por otra parte, en cuanto a un medio ambiente "adecuado" para el "desarrollo de la persona", no establece que se entiende por ello.

(8) Los datos que se exponen tienen como procedencia institucional el Instituto de Estadística de Andalucía de la JJCC Andaluza, incluidos en el documento Estadísticas del siglo XX, publicados en el año 2002.

(9) La fuente de estos datos está en un trabajo de Laajimi, A. y Albisu, J.M., titulado *"El consumo de alimentos en España: cambios y nuevas tendencias"*. Está incluido en la revista Nº5 Agroalimentaria. La institución que acoge a esos autores es la Universidad de Zaragoza, en su departamento de Investigación Agroalimentaria.

(10) Los primeros Campeones de España de Caza Menor con Perro. El primero por la derecha es Julián Larrea fue el primer campeón, en 1969. A su lado está Rodolfo de Assas, campeón en los años 70, 71 y 76, le sigue Raúl Martín y a la izquierda Victoriano García. Hubo otros muchos campeones que recuerdo: Francisco Sanz Garcés (Parrita) o Leonardo Requena (El Pastor de Munera), por ejemplo. Me parece importante decir que había muchos cazadores en España con un nivel semejante a estos, que podrían haber sido campeones; debido a esa igualdad de nivel, la suerte juega un papel importante en los resultados finales. Quiero hacer una mención especial a Rodolfo de Assas, que falleció prematuramente por el cáncer poco después de dar su do de pecho en Cogolludo y ganar con brillantez su tercer campeonato. La foto fue dedicada por Rodolfo a Carlos Gracia Monterde, cazador del nivel de los que aparecen en la foto (aparece en la foto inferior en su llegada a control de un Campeonato de España celebrado en Burgos). Las fotos son cortesía de Carlos Gracia y familia.

CAMPEONES NACIONALES DE CAZA MENOR CON PERRO (de izq. a der.): Victoriano García (1972); Raúl Martín (1973); Rodolfo de Ansa (1970-71); Julián Larrea (1969).

(11) Miguel Delibes en su libro "Aventuras, Venturas y Desventuras de un Cazador a Rabo", afirmó en su diario de caza, con fecha de 4 de noviembre de 1973: *"el establecimiento de cotos sociales de caza es un bien general supuesto que la caza, con ellos, dejará de ser patrimonio de unos pocos"*. En la misma crónica hace un balance de lo que le costó a su cuadrilla, de seis personas, un día de caza en el coto social de Sevilleja de la Jara (Toledo) y cuáles fueron sus ingresos valorando la caza obtenida. Cada cazador tenía el derecho de capturar 6 piezas y su desembolso era de 100 pesetas fijas más 45 pesetas por pieza cobrada. Delibes establece el precio de cada perdiz en 1973 en 125 pesetas y 200 pts. una liebre; valores que para mí son valores bajos ya que, como he comentado, a mediados de los años 60 se pagaban 100 pesetas por una perdiz. Normalmente en estos cotos cada cazador cobraba sus seis piezas por lo que cada cazador, no procedente de la zona del coto, tendría una ganancia de unas 380 pesetas por jornada en 1973.

(12) Recuerdo cuando se empezó a hablar de la desaparición del cangrejo autóctono en Cuenca; fue en el verano de 1978 estando yo trabajando durante el verano en una armería; lo transmitían los pescadores que iban a comprar; comentaban acertadamente que debía ser por algún tipo de microbio y que era fundamental meter los aperos de pesca en lejía. Posteriormente, presencié con mis ojos la extinción de los cangrejos autóctonos en algunos riachuelos de la provincia de Cuenca y tengo que decir que es impresionante la rapidez con la que se produce la extinción: se pasa de ver cangrejos autóctonos un fin de semana y dos semanas después no se ve un solo cangrejo o, a lo más, se ve una masa blanda, viscosa de lo que fue un cangrejo y que, pienso, debe disolverse en el agua liberando miles de esporas. Los dos lugares en los que he visto tal fenómeno son riachuelos de la Serranía Alta de Cuenca: Arroyo de Valdeosos y en el nacimiento del Arroyo de la Herrería en Valtablado-Rincón de Palacios; ambos son lugares aislados y no había coexistencia con el cangrejo señal o cangrejo rojo transmisores del hongo en esos arroyos en aquellos momentos. Siendo así, pregunta obligada es cómo llegó el hongo a esos parajes. Se me ocurre que debió ser a través de algún animal: ya fuese un pez, un mamífero como un zorro, un ave como, por ejemplo, un pato o el mismo ser humano portando esporas en sus botas que, en un momento dado, han ido a parar a esos cursos de agua de alta montaña. A mi modo de ver, la única alternativa de supervivencia del cangrejo autóctono pasa porque sea capaz de aguantar el ataque de ese hongo de la forma que sea (mutación, selección genética u otras vías biológicas que puede haber y que desconozco), teniendo en cuenta que una mutación implica, en rigor biológico, que el cangrejo autóctono mutado es genéticamente otro distinto. Tomar otras medidas para

211

conservarlo me parece que es perder tiempo y dinero. La aplicación de medidas coactivas, llamadas por algunos conservacionistas con optimismo, aparte de ineficaces suponen una reducción de la libertad social. Sé que existen algunos lugares, pocos y contados, en los que existen cangrejos autóctonos; son lugares donde hay una surgencia de agua que genera un pequeño caudal y en los que se ha dado "la suerte" evidente de que, por el momento, no han llegado las fatales esporas del hongo. Sin embargo, la situación no puede ser eterna; es de esperar que, antes o después, llegue la temida espora de algún modo a esos parajes y acabe, de golpe, con la población cangrejera en esos singulares lugares.

(13) Un asunto de extraña controversia es el de la convivencia de los dos cangrejos, rojo y señal, en un mismo lugar de un río y, concretamente, sobre el hecho de que el cangrejo señal constituye un obstáculo para que el cangrejo rojo no prospere en un río. Mi experiencia sobre ello es tajante: "el cangrejo señal, allí donde está, termina extinguiendo o desplazando al cangrejo rojo". En el año 2006 volví a residir en Cuenca y estuve varios años (desde el 2006 al 2012) siguiendo una población de cangrejos que había en el río Júcar, en las cercanías de Cuenca (concretamente en una zona de unos 200 metros aguas abajo del paraje denominado "Las Grajas"). El seguimiento lo hacía observando el comportamiento de los cangrejos ante una carnada, clavada a un anzuelo de tamaño grande sujeto con hilo de pescar, que les echaba en una zona con poca profundidad de agua para poder ser vistos. Observé que los cangrejos señal se echaban encima de la carnada mientras que los cangrejos rojos se quedaban detrás, a unos 50 cm, como poco, de la carnada. Eso ocurría siempre. Cada año veía menos cangrejos rojos y al cuarto año ya ni siquiera los veía. También conocí a dos furtivos que se dedicaban, por entonces, a la pesca de los cangrejos señal en esa misma zona, establecí relación con ellos; la experiencia de los furtivos era la misma que yo percibí: el porcentaje de cangrejo rojo que capturaban, año a año, fue a menos, hasta que por el año 2010 solo sacaban cangrejo señal. Otra consecuencia de esas experiencias fue que el cangrejo señal, al contrario que el cangrejo rojo, no ocupa las zonas donde predomina el limo; habita las zonas pedregosas con elementos sólidos. Al margen de lo anterior, cuento una buena, insólita y divertida, anécdota que surgió de aquellas experiencias que se produjo en la misma ciudad de Cuenca (en el Júcar, en su casco urbano, a la altura del Bosque de Acero): estaban los cangrejos señal encima de la carnada cuando una rata de tamaño considerable se tiró al agua a por la carnada buceando, los cangrejos percibieron a la rata e hicieron una especie de cordón con sus patas delanteras en alto alrededor de la carnada, llegó la rata y se armó una contienda que, por la rapidez en que se

212

desenvolvía no se captaba con la vista, la lucha duró unos treinta segundos, el resultado fue que la rata se dio media vuelta y volvió al agujero de donde había salido mientras que los cangrejos siguieron con su banquete (hubiese sido deseable y didáctico haber rodado a cámara lenta esa lucha, digna de formar parte en un programa televisivo sobre naturaleza de Félix).

(14) Imágenes del terreno donde cazábamos y de las botas que andaban sobre él. Indico que el paisaje incluye unas perdices (se ven afinando la vista o con una lupa), están en las piedras del fondo. La propaganda de esas botas, en cuanto a "Vivir Despacio" no era acertada en nuestro uso de ellas: caminábamos deprisa, a veces muy deprisa, por el tipo de terreno de la imagen. Se necesitaban, por lo menos, dos pares parar afrontar la temporada.

213

(15) A ese comportamiento de los perros no le encuentro una explicación. El cazador acaparador de perros es elegido por los perros. Según mi experiencia, eligen a un cazador destacado y completo en todas las facetas que requiere la caza menor: facultades físicas, calidad en el tiro, conocimiento e intuición sobre la naturaleza y buena mano para los perros (buena mano que no exime un posible castigo puntual). Ese comportamiento de los perros observado me ha parecido, aparte de cómico, algo digno de ser investigado.

(16) Imagen tomada desde la umbría de Verdelpino de Huete; enfrente está su correspondiente Solana. Parajes que acogieron varios enfados de Marcelino.

(17) No he olvidado a aquella persona que quería echarse una pelea conmigo en medio de la Alcarria para quitarnos el frío de encima. Cuando luego supe más de la guerra civil española, imaginé cómo lo pudo pasar en el frente de Teruel y comprendí que su primera idea, cuando me vio encogido por el frío, fuera esa medida paliativa que practicó en su momento en aquel mes de enero de 1938 en Teruel con temperaturas del orden de veinte grados bajo cero.

(18) Es una forma de denominar en Cuenca, y quizás en más lugares, a las tinadas (tinás), tenadas o tainas Se trata de construcciones que sirven como refugio del ganado ovino, también sirven como parideras. Tienen una parte techada que, como es lógico, protege a la leña del agua.

(19) Justo Arribas Huerta aparece también en uno de los relatos de los años 40 titulado "Hablando de Maquis años después". En ese relato se muestran sus inicios como cazador; lo fue como guarda en una finca de caza donde le permitían completar un sueldo muy bajo con los conejos que pudiera abatir y vender. La destreza que llegó a tener en la caza del conejo fue digna de admirar. Por otra parte, fue un tirador muy bueno; practicó puntualmente el tiro al plato y pichón (ahora "tiro al vuelo"). En cuanto a mi confesión de no haber afeitado el morro a un conejo durante toda mi vida, tengo que decir que lo podía haber hecho en alguna ocasión en alguna finca plagada de conejos a la que he sido invitado; en estos casos, la abundancia de conejos me ha resultado disuasoria para llevar a cabo tal práctica. En cuanto a la escena de teatro con tres actores: Arribas, Segundo y, el más importante, una liebre ibérica conviene mostrar una foto de una liebre encamada para que los lectores legos en materia cinegética se den cuenta de que la escena es factible en la realidad.

(20) En la página siguiente, unas imágenes de Félix Rodríguez de la Fuente y Paquillo "el del Batán". Fueron amigos. Como ya he dicho, Félix hizo un programa en Cuenca con él sobre las aves de cetrería. El programa se rodó en las hoces del Júcar (la imagen es cortesía de D. Jesús Cano).

(21) Algunos miembros de la cuadrilla a la que pertenecí por entonces. La fotografía se corresponde, creo recordar, con una tirada de plato que ganó Justo Arribas (el segundo por la derecha); en el centro está Santos Lara (quinto por la derecha). El primero por la derecha, aunque no pertenecía oficialmente a la cuadrilla, es el entrañable amigo andaluz, Carlos Lentisco. La foto es cortesía de Santos Lara.

- La década de los 80 -

A lo largo de esta década quedaron atrás las discusiones políticas de los 70. Se iba asentando el nuevo modelo constitucional. Bajó la temperatura política de la década anterior. La sociedad se hizo más despreocupada y hedonista. Sin embargo, no se puede obviar que, simultáneamente, ese asentamiento constitucional estuvo acompañado de medidas congeladoras y estabilizadoras de la economía en una dura reconversión industrial que sufrieron, particularmente, algunos polos económicos de la geografía española.

A pesar de todo, en general, el día a día de los españoles mejoró. Se puede decir que a partir de esta década dejaron de tener importancia en las economías domésticas la aportación de las proteínas procedentes de la caza y de la pesca. La accesibilidad a cotos y ríos era más fácil. El número de licencias de caza y pesca se incrementó. Un efecto de estas circunstancias fue que, probablemente por un mayor grado de independencia, se redujeron en número de miembros las grandes cuadrillas de cazadores de los años 70.

El campo se mantuvo parecido al de la década anterior. Un hecho reseñable es que, en esta década, se puso fin al Plan Repoblador Forestal que se inició en 1939. En cuanto a las poblaciones de caza menor, se puede decir que se mantuvieron estables y las de caza mayor crecientes. Lo peor en cuanto a fauna se produjo en los ríos con la desaparición imparable de nuestro cangrejo autóctono.

Por otra parte, en las relaciones de España con el exterior, se producen dos acontecimientos importantes. Uno es la entrada de España en la OTAN tras reñido referéndum en fecha de 12/03/1983. Otro, más importante para los cazadores, es la entrada formal de España en la Comunidad Económica Europea (CEE, hoy Unión Europea -UE-); eso fue el 1 de enero de 1986[1]. La entrada de España en la CEE es importante por sus efectos sobre la naturaleza y sobre práctica de caza y pesca dentro de ella; a partir de entonces el derecho imperante sobre la acción cinegética procederá de Europa. En esta nueva forma directora, tendrán influencia las asociaciones ecologistas; su influencia dura hasta hoy.

La caza en la Constitución Española.

La nueva Constitución supuso la derogación de la Ley de Caza de 1970, siendo ésta sustituida por las distintas leyes que cada Comunidad Autónoma emitió sobre la base constitucional de que las competencias ejecutivas en materia de medio ambiente les correspondían, mientras que el Estado emitiría la legislación básica. Algunas de estas leyes autonómicas tuvieron en cuenta contenidos de la Ley de Caza del 1970.

Las licencias de caza y pesca de los 70, que servían para practicar esos deportes en todo el territorio nacional, dejaron de existir. El ejercicio de la caza y de la pesca quedaría circunscrito en la Comunidad Autónoma que había expedido su licencia. Como es evidente, esto constituyó, en todo caso, un perjuicio desigual para los practicantes de esas actividades.

La naturaleza y la caza con la entrada en la Unión Europea.

Quizás sea la entrada de España en la UE, lo que ha tenido y tendrá más influencia en las prescripciones sobre los recursos naturales españoles y en el ejercicio de la caza. Ese ingreso supone la prevalencia del derecho de la UE sobre los derechos nacionales de sus Estados Miembros. Una vez emitida una norma por la UE, esta ha de ser aceptada y aplicada en ellos.

En relación con el ejercicio de la caza, en el Tratado Constitutivo de la Unión Europea no existe mención alguna sobre él (como tampoco en la Constitución Española). El ejercicio venatorio quedaría incluido en las pretensiones que la Unión Europea tenga sobre el medio ambiente que, por otra parte, no quedan definidas en ese Tratado, aunque posteriormente otras normas de la UE darán idea de ello. Así, se puede confirmar que un objetivo de la Unión Europea con respecto al medio ambiente es, entre otras cosas, *la conservación, la protección y la mejora de la calidad del medio ambiente y el fomento de medidas a escala internacional destinadas a hacer frente a los problemas regionales o mundiales del medio ambiente* (Art. 130 del Tratado) y que el medio ambiente contiene *El hombre, la fauna y la flora* (Art. 3 de la Directiva 85/337). De lo anterior se deduce que el ejercicio de la caza podrá ser válido si genera una mejora de la calidad del medio ambiente en los aspectos de "mejora" de la fauna, flora y del mismo ser humano; esto requiere, a su vez, una definición sobre lo que se puede entender como "mejora" de la fauna, de la flora y, lo que es más complejo y moralmente discutible, del ser humano.

Si tenemos en cuenta que los practicantes de la caza y pesca han pretendido históricamente que exista riqueza natural, que la naturaleza goce de buen estado de salud con el ser humano integrado en ella, su influencia en la política medioambiental de la UE sería necesaria y de alto valor. Sin embargo, esa influencia, que hubiese sido beneficiosa para establecer el contenido de la relación del ser humano con la naturaleza, no ha existido.

Otro aspecto destacable de los aspectos ambientales en la Unión Europea es que, uno de sus principios de actuación, consiste en que lo ambiental debe integrarse en el resto de las políticas de la Unión Europea. Es decir, esos aspectos deben tenerse en cuenta en las políticas, agrícolas, ganaderas, industriales, recreativas, etc. Esto sería bueno para la conservación de las especies cinegéticas si se hiciese bien; es decir, si las medidas de conservación adoptadas fuesen capaces de materializar con eficacia esos objetivos abstractos de la Unión Europea con respecto al Medio Ambiente. Sin embargo, como veremos en la exposición del ejercicio de la caza en décadas siguientes a esta, eso no parece haberse producido. Hay que decir que esa materialización no es fácil; es difícil o muy difícil; pero, en todo caso, eso no debe ser obstáculo para no dirigirse a su realización.

Para dar una idea de la dificultad de conseguir acuerdos dentro de la Unión Europea, plasmados en normas genéricas aplicables a todos sus Estados Miembros, basta observar que si dotar de normas a un pequeño pueblo, con su geofísica, socioeconomía e historia propia, es difícil, el hacerlo de golpe para miles de pueblos distintos, parece una actividad casi imposible y, en todo caso, cuestionable bajo sospecha de

219

inadecuación e impracticabilidad. Si se ha de tomar una decisión sobre la base de información, abundante y contrapuesta, procedente de una multitud de fuentes que han de ser escuchadas y tenidas en cuenta, resulta muy difícil establecer una idea objetiva de carácter científico sobre la base de toda esa información recibida. En estos casos, es frecuente que el ser humano recurra a principios morales o estéticos que se han implantado y asentado en la sociedad en forma de "prejuicios incuestionables y supersticiones", para justificar la decisión tomada tras procedimientos que incluyen multitud de consultas, reuniones, informes y dictámenes, que los hacen extraordinariamente dilatados en el tiempo y cuyos resultados finales son, muchas veces, poco concretos e ineficaces.

El ecologismo gana influencia.

En la década anterior apareció en el panorama sociopolítico español el ecologismo. Se puede decir que el ecologismo político prosiguió durante esta década y, a pesar de sus fracasos en las urnas españolas, incrementó su influencia en la sociedad y en los centros de poder políticos de España y, lo que resultará de mayor importancia para el mundo de la caza, en la Unión Europea.

En la década de los 70 distinguíamos, en cuanto a materia de discrepancia, el ecologismo ambiental del ecologismo político. En España, prosiguió el ecologismo político durante los años 80 que engordó con fichajes de profesionales de la política procedentes de la izquierda, tras desencantos ideológicos (por ejemplo, el causado por la disolución de la URSS tras la Perestroika que se inició en 1985 con Gorbachov o, también, en menor medida, el referéndum en España por la pertenencia a la OTAN). Sobre estos desencantos dentro de la izquierda, el Premio Nacional de Medio Ambiente, Pedro Costa Morata, manifestó: *No debemos olvidar que la mayoría de los ecologistas más destacados tienen su origen en organizaciones de izquierda que han ido quedando arrinconadas; su entrada en el ecologismo ha tenido un origen de crisis personal y política, con la secuela del intento generalizado de convertir en sustitutivo adecuado el nuevo quehacer* (se entiende que se refiere al del ecologismo político activo),… *Los vicios más caracterizados entre las formaciones políticas -personalismos, rivalidades, dogmatismos, ambiciones-* han sido visibles y activos. Así, el ecologismo engordó con personas que habían tenido experiencia en el mundo de la política y es presumible que ello benefició a la acción política de este grupo.

En cuanto a la acción del ecologismo dentro de España durante esta década, cobró importancia la protección de las especies en peligro de extinción y de los espacios naturales de forma coherente con los principios medioambientales de la UE, aunque sin olvidar los frentes "anti" muchas cosas de la década anterior (anti OTAN, antinucleares, …etc.). Bajo esta bandera aparecieron multitud de asociaciones en toda España que operaron territorialmente dentro de las Comunidades Autónomas a las que pertenecían. El intento realizado por algunos (por ejemplo, por el precitado Pedro Costa Morata) para la unificación de estas asociaciones bajo un planteamiento nacional fracasó en aquellos momentos.

En relación con el incremento de su influencia fuera de España, particularmente en la Unión Europea, distintas asociaciones ecologistas[2] se introdujeron en órganos influyentes sobre la política ambiental de la Unión Europea. Se pueden destacar dos de estos órganos: en 1986, tras la entrada de España en la UE, en La Oficina Europea de Medio Ambiente, (EEB) y en 1988 en la Unión Internacional de Conservación de la Naturaleza (UICN). La primera de estas dos organizaciones es un órgano, en teoría, externo a la UE pero que fue auspiciado por la propia UE. Se puede considerar un órgano consultivo autónomo financiado por la UE y que tiene influencia sobre las decisiones finales en materia medioambiental de la propia Unión. La segunda de estas asociaciones es un órgano internacional de gran tamaño en el que participan gobiernos de distintos países, asociaciones públicas y privadas, gubernamentales y, en mayor número, no gubernamentales (ONGs), también personas a nivel individual, más o menos introducidos en lo que hoy se llama mundo científico. Estos, en teoría, velan por la conservación de los recursos naturales; influyen a nivel internacional con sus informes en los distintos gobiernos y en la UE. Para los cazadores es importante saber que la UICN es la entidad que elabora, entre otras cosas, la "Lista Roja de Especies Amenazadas";

221

esa lista ha sido tenida en cuenta por los distintos Gobiernos y, generalmente, aceptada sin discusión[3].

El día a día.

Se puede decir que, en esta década, la aportación de la caza sobre la economía familiar pierde importancia en términos relativos.

Cuando se habló del día a día de la década de los 40, se afirmaba que los productos obtenidos por la actividad cinegética eran importantes en las economías familiares; esa importancia no se perdió en décadas posteriores. En aquella década, se expusieron unos cálculos ilustradores del modo de una familia de 4 miembros: esa familia gastaba el 90% de sus ingresos en alimentación. Si hacemos cálculos paralelos en la década de los 80, los resultados vienen a indicar que, con menos de una tercera parte del sueldo medio de esta década, que era de unas 100.000 pts. netas, se alimentaba a una familia de 4 miembros[4]. La afirmación anterior se hace sin tener en cuenta importantes modificaciones sociales tales como que la mujer incrementó su presencia en el trabajo remunerado o que el número de hijos por familia disminuyó. Estas circunstancias socioeconómicas hacen ver que la caza deja de tener importancia en las economías familiares; lo mismo ocurrirá en las siguientes décadas. Una estructura porcentual de gasto de una familia en la década de los 80 podría ser: 30% alimentación donde una tercera parte iría a parar a carne y pescado; vestido 10%; vivienda y gastos de hogar 40%, y un 20% iría a otros gastos diversos. En esta distribución de gastos es significativo el peso relativo de los gastos de vivienda y hogar; hay que tener en cuenta que el costo de una televisión era de unas 60.000 pts. o el de un electrodoméstico era de unas 30.000 pts. Un ordenador suponía un desembolso importante, no era un instrumento común en los hogares; en sus formas más económicas superaba el costo de un televisor y podía sobrepasar las 200.000 pts. en casos de computadoras personales.

Los datos anteriores indican que la caza había perdido importancia en las economías familiares, aunque, como es natural y secular, mantuvo su atractivo como ejercicio lúdico y deportivo de disfrute dentro de la naturaleza.

Como había ocurrido siempre, el costo de la afición cinegética ha sido muy variable. Ese costo está marcado por el entorno natural y social donde se desarrolla ese ejercicio. Un orden de magnitud de ese costo para un cazador medio de menor podría ser el siguiente: gastaría al año un montante de unas 75.000 pesetas[5], una cantidad algo inferior a un mes de trabajo del sueldo medio neto que hemos estimado.

El campo, la caza y la pesca.

Con respecto a la década anterior, no hay grandes diferencias en cuanto al tipo de cultivos o en cuanto al hecho de la evolución de las zonas de monte o en cuanto al decrecimiento de la población rural.

Sin embargo, es relevante la finalización del Plan de Reforestación Nacional iniciado cuatro décadas antes. En el 1984, el presidente del nuevo gobierno socialista, Felipe González, recibiría a una "representación ecologista" a través de un Comité de Participación Pública en materia de Medio Ambiente (CIMA), órgano que se había creado en 1971, en época franquista. De aquella reunión, la representación ecologista obtuvo el compromiso de poner fin a los aterrazamientos realizados por ICONA, que era el órgano gestor de la acción de repoblación forestal de entonces. Con ello, el proceso repoblador disminuyó considerablemente, quedando reducido a repoblaciones privadas u otras puntuales de carácter ecológico o científico[6]. Por otra parte, durante esta década se fueron transfiriendo las competencias ejecutivas en materia forestal a las Comunidades Autónomas que, posteriormente, volvieron a tener conciencia de la importancia de esas repoblaciones y cada una de ellas realizaría las suyas, distintas según su interpretación de los efectos ambientales de las mismas. Estas repoblaciones autonómicas, de distinto signo, fueron auspiciadas por la Unión Europea que establecería un régimen de ayudas a la reforestación (Reglamento 2080/92, publicado en la década de los 90). Bajo este estado de cosas, se puede afirmar que el Plan

223

Nacional de Reforestación había terminado dejando un saldo final de más de tres millones de hectáreas repobladas en cuatro décadas, sobre las seis que el Plan previó inicialmente para un plazo de 100 años.

Las acciones del Plan Nacional de Repoblación Forestal, evidentemente, afectaron a la flora y fauna que existían previamente. Se incrementó la humedad en las laderas repobladas (los aterramientos buscaban captar en las cuestas la humedad sobre la base de retener el agua de lluvia) y, consecuentemente, incrementaron la biomasa y la vida animal en esas laderas. A mi modo de ver, eso fue inicialmente beneficioso para especies cinegéticas concretas como la perdiz y la liebre, aunque posteriormente, con el crecimiento de las especies plantadas, se constituiría un hábitat inadecuado para las mismas.

En el marco anterior, continuó la expansión territorial de las especies de caza mayor, junto con un aumento de la densidad de estas especies en lugares concretos. En algunas Reservas Nacionales de Caza se empezaron a detectar algunos problemas, como la proliferación excesiva de algunas especies[7]. En cuanto a las especies de caza menor, no parecen existir diferencias sensibles con la década de los setenta. La flora de esta década, aunque no exactamente igual, es semejante a la de la década anterior

A lo largo de esta década la accesibilidad mejoró (más coches y mejores carreteras). También mejoró el nivel de vida. Paralelamente, el número de licencias de caza creció a lo largo de esta década; se pasó de algo más de un millón de licencias al inicio de la década, a cerca de un millón y medio al final. Se puede decir que la popularidad de la caza aumentó. La práctica de la caza mayor creció; se introdujeron más medios en las batidas populares que popularmente seguían siendo al jabalí y zorro; el uso de rehalas fue habitual y los resultados de las batidas que se organizaban mejoraron.

En la práctica cinegética de la menor aparecieron algunas novedades que antes eran impensables. Se trataba del uso de perdices no criadas naturalmente en el campo que, con calidades de su origen muy dispares, se usaron para distintos fines: aumento de densidad de perdices en

224

algunos cotos para la caza en mano u ojeo, celebraciones sociales lúdico-cinegéticas, de carácter puntual, que intentaban imitar los ojeos de perdiz[8]. También se usaron faisanes con los mismos fines, aunque en cantidades menores.

En cuanto a los cotos de caza, casi todo el territorio estaba acotado. Eran escasos los municipios o fincas que quedaron en régimen libre en los que cualquiera pudiese cazar.

Hubo cambios sociales en la caza de la menor. Por ejemplo, la reducción de miembros en las cuadrillas de caza y también el descenso en la notoriedad social de esas cuadrillas (antes las cuadrillas eran conocidas popularmente: la cuadrilla de tal, de cuál, de los tales y cuales… que, en casos, llegaban a los 10 y 12 miembros). A esa disgregación también ayudaba una mayor independencia económica que iba adquiriendo la sociedad en su conjunto. Esas cuadrillas empezaron a disgregarse en grupos menores que tenían algún nexo: familiar, de afición, de carácter, de amistad u otros.

En cuanto a la fauna fluvial, debe señalarse que en esta década continúa el proceso imparable de la extinción del cangrejo autóctono. Tramo a tramo, río a río, iban desapareciendo por la acción del hongo exterminador.

En relación con la fauna fluvial, hay otro detalle importante: la entrada en la UE conllevó la aportación de fondos dirigidos a la cohesión territorial; esto, sobre todo en la década siguiente, supondrá la financiación de infraestructuras de saneamiento en núcleos rurales que, sin sistemas de depuración adecuados, tendrán efectos negativos sobre la salud de los ríos y de las especies vinculadas a ellos.

La pesca en el medio fluvial se mantuvo por su carácter lúdico-deportivo. También las, más o menos grandes, mejoras en accesibilidad facilitaron el ejercicio de la pesca. Como en el caso de la caza, el número de licencias aumentó; una estimación puede fijar su número en unas 850.000 a finales de esta década frente a unas 700.000 en su inicio.

En el ejercicio de la pesca lúdico-deportiva, en el medio fluvial, sí que aparece en esta década algo tristemente singular: el impacto social sobre los pescadores humildes por la desaparición del cangrejo autóctono. El cangrejo desapareció rápidamente en el medio fluvial; así los ríos se fueron quedando sin cangrejos y, allí donde los había, se prohibió su pesca. Algo comprensible pero ineficaz ante la enfermedad demoledora. Esos pescadores, frecuentemente entrados en edad, que se divertían sacando unos cangrejos para su consumo personal veraniego se quedaron sin poder hacerlo. Paralelamente se activó la pesca furtiva por los altos precios de los cangrejos autóctonos que, por su escasez, estaban alcanzado en el mercado negro.

Crónicas de la década de los 80

Durante esta década seguí practicando la caza, de manera continua, durante los primeros años de la misma y de forma esporádica al final. Se puede decir que a mediados de esta década interrumpí el ejercicio de la caza por interponerse en mi vida necesidades de trabajo e inquietudes de estudio. Durante la segunda mitad de esta década mi participación en la práctica cinegética fue puntual; esta situación se prolongó hasta medidos de la década siguiente.

Ya he dicho en estas crónicas que las cuadrillas de cazadores de menor, en la práctica de la caza en mano, cambian. Cambian porque las circunstancias sociales también cambian, aparte de que, en todo caso, el paso del tiempo nos transforma a todos biológica y mentalmente y eso se hace notar. Así, en esta década se puede decir que la tónica general fue que las cuadrillas se redujeron en tamaño; es decir, el número de miembros de las mismas descendió. En mi caso, la cuadrilla de los años 70 se redujo, en un principio, en tres miembros; aunque luego aumentaría en otros tres; este equilibrio fue un caso atípico. El relato titulado *"Nuevas cuadrillas"* hace referencia a esto.

En la década anterior se habló de los Campeonatos de España de Caza Menor con Perro. En esta década esos campeonatos prosiguieron, pero aparecieron irregularidades en el desarrollo de los mismos que cuestionaron su carácter deportivo y su concepción general, nacida en los inicios de década anterior. Marcelino, uno de los miembros de la nueva cuadrilla que, por entonces, era el surtidor principal de caza a la misma, compitió en esos Campeonatos de forma notable. Lo hizo hasta el momento en que aparecieron ante sus ojos, de manera obvia, esas irregularidades. Cuando ocurrió tal cosa, perdió la ilusión por competir en esos campeonatos. Lo que presenció se expone de forma resumida en el relato *"Los Campeones no son los de antes"*.

En aquellos primeros años de esta década, empecé a cazar en solitario. Ello lo hice en los difíciles terrenos libres que había alrededor de la ciudad de Cuenca. La dificultad de la caza de la perdiz en esos pagos la compensaba con la docencia y espectacularidad que me ofrecían algunos de los pocos lances que la naturaleza regalaba, también los compensaba con la belleza del paisaje y con la sensación psicológica de libertad de disponer, al lado de casa, de un terreno libre (valga la redundancia). El relato *"Cazando, solitario y libre, en 'lo libre'"*, hace referencia a esto.

Pasada la mitad de esta década, me aparté del ejercicio de la caza. Me instalé en Madrid. Sin embargo, cuando salía por la noche de esparcimiento, cosa que hacía siempre los viernes, si establecía alguna conversación con algún desconocido con el que me tropezaba, terminaba hablando de naturaleza y caza; de esa naturaleza y de esa caza que se había quedado en mi tierra de nacimiento. Es posible que tuviese una añoranza inconsciente. Por reiteración, establecí una cierta amistad con uno de esos desconocidos iniciales. Me di cuenta de que aquello que le contaba, que era de campo y rural, siendo algo ajeno a su vida, le causaba un fuerte interés y una curiosidad enmarcada, paradójicamente, en ese ambiente urbano de los años ochenta que me atrevo a calificar como moralmente relajado, hedonista, apolítico, musical, de búsquedas y poses estéticos. Era, más o menos, eso que se ha llamado "La Movida"; algo. que era lejano al mundo de los cazadores y la caza. El relato relacionado con esto es triste; su remembranza a día de hoy, muchos años después de cuando ocurrieron los hechos que se relatan, me produce desazón; lo he titulado *"Anhelos truncados en La Movida"*.

Por último, en cuanto a la pesca, a mi entender, un signo sobresaliente, en cuanto a impacto ecológico y social, fue la desaparición del cangrejo de río autóctono. Como ya se ha dicho, los humildes pescadores con reteles veraniegos, se quedaron sin sus cangrejos de siempre. Al tiempo, se elevaron los precios en el mercado negro de los, se puede decir, últimos cangrejos autóctonos. Yo he tenido relación amistosa con diversos furtivos, lo que me ha permitido conocer sus peripecias y poder contarlas ahora en una serie de hechos diseminados, no exentos de comicidad, cuando ellos estaban detrás de esos últimos cangrejos y, a su vez, detrás de ellos andaba la Guardia Civil. Para tales fines está el relato titulado: *"Historias de cangrejos, furtivos y gente normal"*.

Nuevas cuadrillas

Habían pasado diez años desde mis inicios como morralero en la caza. Diez años pesan en la vida de un cazador que, como es natural, no queda excluido en los cambios que provoca el mero paso del tiempo. En diez años un ser humano cambia mental y físicamente, aunque no cambie todo lo demás; pero todo lo demás, lo que nos rodea, también cambia; a veces mucho.

- Empieza la temporada, hay que prepararse

- Esta temporada tiene novedades: Antonio y Agustín dejan la cuadrilla

- ¿Y eso?

- Ellos sabrán. Han dicho que quieren cazar con los sabuesos la liebre y el conejo; dicen que han cogido pases en Villar del Horno. Mucho jabalí hay por allí; les pondrán difícil la cría a las liebres y les darán algún susto que otro, en medio del monte, cuando menos se lo esperen.

- Una novedad en la cuadrilla y no pequeña.

- Sí, una novedad; pero la cosa no queda ahí; resulta que Arribas también deja la cuadrilla.

- ¿Por qué?

- Dice que quiere cazar a su aire. Se ha comprado una furgoneta, una Citroen de segunda mano; con ella se irá a cazar por ahí, sin contar con nadie. Arribas es cazador solitario.

- Otra novedad, aunque no es extraña.

De aquella cuadrilla inicial de los años setenta, se puede decir que se formaron tres: una formada por Antonio y Agustín, con sus sabuesos; otra formada por Arribas en solitario, con su podenca eterna; por último, quedó el resto, formada por Santos, Marcelino, Hilario y yo, con

229

distintos perros de muestra, bracos, pointers, drahthaars y cruces entre ellos. Ese tipo de cambios en las cuadrillas de caza menor se dieron también en otras cuadrillas conocidas.

En general, en aquellos tiempos las cuadrillas de caza se redujeron en el número de miembros; mientras aumentaron los medios de transporte personales. En nuestro caso, la cuadrilla a la que pertenecí en los años 70 se redujo en tres miembros, pero poco después se incorporaron otros tres miembros: un adulto, Andrés Moya, y dos adolescentes que, como yo diez años antes, empezaban su personal historia con el mundo de la caza y la naturaleza; eran Santi y David, hijos de Santos Lara y de Andrés Moya. Con esas incorporaciones aquella cuadrilla de los años 70, se puede decir que ya no existía. No existía porque, aun incluyendo algunos miembros de aquélla en ésta, su mentalidad era distinta. Esta cuadrilla era más tranquila, más social, menos competitiva, más familiar. Con esta cuadrilla ya no existieron aquellos desplazamientos, apretados en los vehículos, envueltos en olores de humo de tabaco y de efluvios humanos y perrunos, hacia los cazaderos. También dejó de existir el malhumor de Marcelino cuando la cuadrilla de los setenta no seguía la disciplina de caza planeada o cuando no acudía a la hora acordada para comer en grupo al mediodía. Esta nueva cuadrilla era puntual en esa cita en la que la comida estaba bien dotada en recursos materiales, sobrados en cantidad y calidad, y humanos. Uno de los nuevos miembros, Andrés Moya, puntualmente dejaba de cazar a una hora adecuada y preparaba un buen fuego que estaba listo a la hora de la reunión, tanto para calentarnos como para, en su caso, asar lo que correspondiera. Siempre sobraba merienda que, ya de noche, cuando llegábamos a la ciudad tocaba comerla en algún local apropiado, en una segunda y distendida congregación gastronómica.

- Buena, buena comida -decía Hilario-, pero yo no puedo evitar echar en el morral, mi lata de sardinas en aceite; si no la echo, parece que me falta algo.

Hilario era el más viejo del grupo. Ya superaba los setenta años y se encontraba bien físicamente; gozaba a su edad de una forma que todavía le permitía subir y bajar los cerros. Aguantaba un día completo de caza.

- Hombre podrías coger fuerzas con esta carne fresca a la brasa que hemos traído y dejar por hoy de lado tu lata de sardinas. Las chuletas son de primera.

- No, no. La lata de sardinas no la puedo dejar; si no la tomo, parece que me falta algo, no estoy tranquilo; comeré algo de esa carne, pero la lata de sardinas me deja buen cuerpo y me da fuerzas. Con esas fuerzas, algún día os haré "la invisible".

- ¿Qué es eso de "la invisible"?

- Algo que le oí decir hace muchos años al "Tío Mostacilla" uno de la zona donde nací y no se me ha olvidado. Siempre le echaba la culpa de sus fracasos en la caza a que no llevaba escopeta o a que, cuando la llevaba, disparaba con "mostacilla". El Tío Mostacilla contaba sus lances con énfasis; sus relatos eran grandilocuentes; parecían un romance; en uno de ellos, engolado y vehemente terminaba diciendo: *"yendo yo desde Barbalimpia al caserío de la Osilla, cuando llegué a la Loma del Cerro Pedrique, me encontré con un zorro como un burro de grande y ¡Mecá!, iba a echar mano de la escopeta y ¡no la llevaba!; si la llego a llevar, hago 'la invisible'"*. De esto viene lo de hacer la invisible. Para mí, venía a querer decir "hacer lo nunca visto", en este caso, matar un zorro del tamaño de un burro.

La invisible, domingo tras domingo, la venía a hacer Marcelino, comiese o no latas de sardinas. No era raro que el solo cobrase más caza que entre todos nosotros juntos y éramos seis escopetas. Demasiada diferencia difícil de comprender. La diferencia era todavía mayor si la ampliamos con el hecho de que con las dos excelentes perras que aportaba, Curra y Saila, conseguían una parte de piezas de los demás, cuyos perros no habían sido capaces de hacerse con ellas a través del cobro. En aquellos años, Marcelino fue un generoso y, sin quererlo, a veces humillante, surtidor de caza para toda la cuadrilla[9].

Los campeones no son los de antes

- Al principio me gustaban y me pareció hasta buena cosa que se celebrasen, pero luego degeneraron y de qué manera. No sé cuándo empezó la degeneración de los campeonatos de caza, pero yo cuando la presencié, y fue en primera fila, fue a mediados de los ochenta. En un regional que se celebró por entonces en el Bonillo aparecieron perdices congeladas en el recuento de piezas; los organizadores y sus representantes provinciales se pusieron una venda en los ojos y aceptaron tales piezas; no sé si lo hicieron por miedo, conformismo, … desde luego faltó valentía y sinceridad. Pero lo peor vino en una final nacional en la que yo acudí como juez. – Comentaba Marcelino.

- ¿Qué pasó en concreto?

- Varias cosas. Se hizo el sorteo. A cada juez le tocó su finalista. A mí me tocó a *Parrita*. Me alegré porque nos conocíamos de sobra, habíamos coincidido en alguna tirada de pichón. Después del sorteo cenamos; luego, después de la cena, echamos una partida de mus; para ello yo y Parrita nos juntamos con los de La Rioja, el concursante y el juez. Al día siguiente, empezó el concurso, salimos disparados; cada pareja por un lado. El perro de Parrita, un braco, fue levantando alguna perdiz, sorprendentemente casi todas muy cerca; por su comportamiento y aspecto, apostamos por que se trataba de perdices de granja. Seguimos y a media mañana vemos a unos 500 metros a un tipo que parecía llevar una escopeta; como llevaba los prismáticos, miré con ellos, efectivamente era un tipo con escopeta que llevaba el número de concursante descolgado, llevaba desabrochada una de las cintas de sujeción de forma que no se podía ver su número. Después de un rato, nos encontramos al juez de La Rioja, con el que habíamos estado echando la partida de mus la noche anterior, quejándose de que había perdido a su finalista; decía que iba a menos de veinte metros de él y que de repente desapareció de su vista como un fantasma entre unas coscojas, que lo llamó repetidamente y no obtuvo contestación. Entonces nosotros le contamos lo que habíamos visto y le indicamos el lugar y dirección que había tomado el tipo que había visto con los prismáticos y que, casi seguro, no podía ser otro que su finalista.

232

- Supongo que eso lo contaríais a la organización.

- Claro que lo contamos, pero no hicieron nada, correspondía dejar fuera del concurso al concursante que se había quedado sin juez. Aún ocurrieron más cosas. La traca final fue cuando ese finalista llegó al control. En ese momento supo que con las piezas que llevaba no ganaba el concurso; le faltaba una pieza para ganarlo. Se dio media vuelta y volvió de nuevo hacia el cazadero en dirección donde estaban sus animadores, que habían acudido en un autobús desde su pueblo; al poco rato se oyó un tiro y volvió con la pieza que le faltaba para ganar el campeonato. Una vez presentó la caza se refugió en la furgoneta de asistencia médica. Sospecho que lo que hizo fue quitarse de en medio para no dar explicaciones.

- O sea que le quitaron el campeonato a *Parrita*.

- No, *Parrita* no habría ganado el campeonato. Se lo hubiese llevado el que participaba por Andalucía que quedó segundo a escasos puntos del primero. Después del andaluz quedó Parrita, también cerca del primero, pero podía haber abatido algunas perdices más si hubiese llevado un perro distinto al braco que llevaba.

- ¿Qué pasaba con el braco? ¿No daba la talla?

- Daba la talla de sobra, pero pasó algo que, en principio, no se podía prever y, a mi modo de ver, resultó ser muy importante: se trataba de la vegetación del lugar que no la conocíamos. Había unas plantas de medio metro o más, cuya apariencia superficial por sus hojas daba impresión de suavidad pero que escondían unas espinas que eran como púas; yo nunca había visto esas plantas. Al braco de Parrita, que era un buen perro, pero que por su raza tiende a saltar en el monte, esas púas le hicieron polvo el pecho y la panza y a eso de las doce del mediodía llevaba el abdomen lleno de heridas; entonces, como es natural, bajó su ritmo de caza casi a cero, no buscaba y sólo se servía de sus vientos. Con eso Parrita perdió, seguro, perdices que, como ya sabíamos, no tenían el comportamiento de la perdiz salvaje y se quedaban achantadas en el monte. Le dije a Parrita que si yo hubiese conocido el problema

233

que se había presentado, había traído al campeonato a La Curra, que era una buscadora incansable sin tendencia a saltar en el monte y con buena nariz; en aquellas circunstancias estoy seguro de que La Curra le hubiese dado algunas perdices más.

- ¿Con eso hubiese ganado?

- No sé qué hubiera ocurrido si hubiese llevado encima cinco o seis perdices más. Con cinco o seis perdices más no sé qué triquiñuelas hubiesen inventado, ni qué hubiesen hecho los organizadores del concurso ante las irregularidades. Desde luego les hubiese costado más ponerse la venda en los ojos, eso seguro.

- ¿Qué cuerpo se te quedó después de aquello?

- Malo. Después de aquel campeonato perdí el interés en esos campeonatos. Estuve en varios campeonatos antes y nunca sospeché que ocurriesen las cosas que terminé viendo. Ni Assas, ni el Pastor, del que me hice amigo, ni, claro está, Parrita al que acompañé en aquel campeonato, se hubiesen prestado a esos montajes; recuerdo al Pastor, después de una participación fallida en el Bonillo me dijo *Marcelino, en esta me he equivocado; en esto de la caza, aunque uno conozca al dedillo el terreno y haya cobrado en él más piezas que nadie, se puede equivocar*. No puedo imaginar a ninguno de ellos, llevando caza congelada en el cuerpo, o escondiendo caza, viva o muerta, en el monte para recogerla, tras dar el esquinazo a los jueces. Después de eso me dije *estos campeones no son los de antes*[10] y no me equivoqué, el tiempo dio más fuerza a lo que pensé entonces. Fue una decepción lo que viví. Los organizadores siguieron *erre que erre* que el concurso había sido legal. La prensa diciendo tonterías como que el campeón era capaz de matar un perro de lo que andaba y que ese era el motivo de que los jueces no le pudieran seguir.

- Parece que lo ocurrido lleva a la idea de que el ser humano engaña al ser humano y lo hace con facilidad[11] y, lo peor y más preocupante, que es más fácil que el ser humano sea engañado que no lo sea.

- Así es.

Cazando, solitario y libre, en "lo libre"

En mis paseos por los alrededores de Cuenca, me di cuenta de que había una cantidad de caza menor no desdeñable. Eran, sobre todo, bandos de perdices de monte. Esos bandos estaban en lugares con total ausencia de agricultura; su alimentación no podía ser otra que las semillas, pequeñas yerbas e insectos que podían suministrar esos terrenos pétreos, duros y yermos. El conocimiento de su existencia era común en muchos cazadores de la ciudad que, sin embargo, salvo casos excepcionales y siempre en grupo, no se aventuraban a ir a cazarlas. Probablemente por lo trabajoso e incierto de su cobro en esos pagos. A mí me pareció interesante intentarlo pues, ya entonces, pensaba que la naturaleza siempre enseña y lo nuevo es un reto. Esos terrenos estaban, en parte, limitados por las hoces de los ríos Júcar y Huécar que generaban un muro de piedra que, si las perdices lo sobrepasaban, hacían inviable su seguimiento. Además de esos muros de piedra, las cuestas eran pedregosas y de fuerte pendiente que, a partir de ciertas cotas, habían sido aterrazadas y repobladas con pinos, ello complicaba el ascenso y descenso sobre las mismas. A pesar de esos inconvenientes, desde las cotas altas se oteaba un paisaje espectacular que frecuentemente iba acompañado del vuelo majestuoso de grandes águilas.

- Voy a ir a cazar por encima de las hoces. En los altos del Cerro Socorro, hacia las hoces de Palomera, tengo localizados un par de bandos de perdices cojonudos -dije.

- Mal sitio, difícil de andar, difícil tirar... ¿vas sólo?

- Sí, solo.

- Peor me lo pones. En esa zona se necesitan por lo menos cinco o seis escopetas en mano, todos con buenas piernas y sabiendo lo que tienen que hacer y, aun así, lo tendrían difícil.

- Bueno, pero es sitio que está al lado de la ciudad con buenos bandos de perdices; cerca de la veintena cada uno en los dos que he visto y no me cabe duda de que tiene que haber más.

- Las vas a sudar. Sudor, mucho; tiros, pocos; y perdices en el morral, menos todavía ¿Por qué crees que cuando nos tocaba cazar en la Cueva del Fraile, que está, más o menos, enfrente de donde tú quieres ir, renunciábamos y nos íbamos pegando con Guadalajara, a cazar?

Así era. Renunciábamos en los años 70. Pero ahora yo no renunciaba. La hermosura de aquellos bandos era para mí un acicate. La primera idea que tuve para actuar sobre los bandos de perdices de esos terrenos era llegar a conocer las zonas de campeo de los distintos bandos y conocer sus tendencias predominantes de vuelo, parada y posteriores movimientos de defensa. Pronto conocí todo eso del primer bando que me lo puso fácil. El primer bando cruzaba las hoces y se iba a una zona de carrascas que había en lo alto en la cuesta de enfrente; ello suponía que, aparte de llevar escopeta y cartuchos, había que llevar un equipo de escalada para bajar por la pared de la hoz en la cuesta donde estaba y subir por la pared de la cuesta de enfrente, para después ascender cerca de un kilómetro hasta el alto, donde tenían la querencia a posarse, cosa que, como es evidente, no se debía hacer en línea recta sino hacer un ascenso bordeándolas. Era algo inviable en cuanto a medios y tiempo. El segundo bando, más próximo a Palomera, tenía tendencia a volar encañonado entre las hoces, de forma tal que una vez que saltaba la rasante de la primera vaguada, lo perdías de vista y no sabías donde se posaba, con lo cual mi siguiente paso estratégico era ir andando en zig-zag por la cuesta tomando como eje la dirección de las perdices que había perdido de vista.

- ¿Qué tal se te ha dado?

- Mal. Levanté los dos bandos que tenía fichados, pero uno se me fue a las hoces de enfrente y lo tuve que dejar por imposible; el otro se fue hacia Palomera; lo seguí, di un montón de vueltas arriba y abajo y no lo encontré.

236

- No me extraña lo que cuentas.

Seguí intentándolo. Más o menos se repitió lo que ocurrió el primer día, con la salvedad de que, tal como yo pensaba, di con más bandos en la zona: uno cerca del Cristo del Cerro Socorro que corona algunas postales turísticas de Cuenca que, por la frecuente presencia humana por la zona, decidí no cazarlo; otro, muy numeroso, que se descolgaba por la cuesta de la solana del Cerro de Socorro hacia La Melgosa, que juzgué, dentro de las dificultades, como el más accesible; y otros dos más entre Palomera y la Hoz del Buey, este último ya cerca de Mohorte, que presentaban parecidas dificultades al primer bando conocido. En total, había, al menos, unas setenta u ochenta perdices en una zona que, en cuanto a su superficie, podría estimarse en unas quinientas hectáreas. Amplié mis estratagemas de caza; una de ellas que resultó eficaz fue usar el canto de la perdiz que por entonces emitía perfectamente jugando con la lengua y las muelas de la boca; así, cuando intuía la zona donde se había parado el bando, empezaba a imitar el sonido de su canto y resultó que las perdices me contestaban; así, al menos, podía estimar aproximadamente la dirección donde se encontraban y su proximidad, cosa que me permitía preparar una estrategia para acercarme a ellas[12]. El día de abatir alguna de esas perdices se acercaba. El abatir una de esas perdices, precisamente una de esas, era para mí un reto.

- ¿Qué tal se te ha dado?

- Mal, como es habitual, pero mejor en cuanto a las perdices que he visto. Las voy conociendo. Creo que pronto podré hacer que un bando dé un segundo y tercer vuelo; entonces podré tirarle a alguna.

- Debes llevarte a La Curra.

- Sí -contesté din dudar-. Si les doy el tercer vuelo, la perra puede resultar fundamental.

- Siempre es importante, pero en esos momentos la perra es fundamental. Tenemos que intentar que la perra se vaya contigo.

Intentamos que "La Curra" se viniese conmigo. No hubo forma. Me la quedaba sujeta con la correa mientras Marcelino, el eterno acaparador de perros, se iba con el coche. El coche se perdía de vista y yo me quedaba con ella tranquilizándola y acariciándola; así estaba unos cuantos minutos hasta que la perra parecía tranquila y adaptada a la ausencia de su dueño. Pero una vez que la soltaba, la perra se iba corriendo a buscar a Marcelino en la dirección por donde había desaparecido el coche y yo detrás de ella, llamándola sin que surtiese efecto alguno. Marcelino se quedaba a un par de kilómetros más abajo, con el coche parado, por si la perra hacía precisamente lo que hacía: irse a buscarlo donde fuera necesario. Así se terminaba el intento.

- No hay manera de que la perra se quede contigo.

- No, no hay manera. A esta perra no le entra en la cabeza cazar con alguien que no seas tú. No sé si esto será normal ¿Has conocido algún otro perro con ese comportamiento?

- No caigo ahora. El vicio de la caza puede a los perros, pero esta perra pone condiciones para darse al vicio. Lo cierto es que esta perra ha estado mucho conmigo; ha estado siempre y continuamente a mi lado. Puede que sea por eso por lo que se comporta así.

- Hay que olvidarse de la perra; cazaré sin ella.

Ocurrió lo que tenía que ocurrir. Llegó el día en que conseguí darle un segundo vuelo al bando de perdices de Palomera. Seguí al bando en la dirección del primer vuelo. Cuando anduve una distancia razonable para que el bando se hubiese posado utilicé la artimaña de hacer su canto; contestaron enfrente de mí, en la dirección que yo llevaba; no estaban lejos; entonces decidí bajar la cuesta para avanzar por debajo de ellas y evitar que se cruzasen al otro lado de la hoz; por fin se levantaron, volaron cuesta arriba como una exhalación, escoradas hacia el noreste, aunque tres o cuatro perdices se habían separado del grupo en dirección este. Tocaba repetir el seguimiento. Subí lo rápido que pude la cuesta en la dirección que había tomado el bando principal; eran las cuatro de la tarde, quedaba hora y media de luz aceptable para poder disparar a la caza. A eso de las seis de la tarde, habíamos prefijado la hora en la que Marcelino iba a subir a recogerme. Pensando en el tiempo que me quedaba, opté por intentar encauzar las perdices en dirección a la zona donde me iban a recoger con el coche que, además, no quedaba lejos de la querencia preferente de ese bando. Tenía que darles la vuelta a las perdices y encauzarlas en esa dirección; sin embargo, en este caso no conseguí que levantasen vuelo; empecé a cantarles y no obtenía respuesta, parecía que se las había tragado la tierra. Después de tanto subir y bajar por las cuestas estaba cansado; se terminaba la jornada de caza y me encaminé al punto de recogida; me decía a mí mismo: el día se termina, otro día que no has podido con ellas, consuélate con haberles dado ese segundo vuelo, ha tenido su emoción ver como subían volando a toda pastilla la cuesta, otro día será, ... En esos pensamientos estaba cuando oí el canto de cañón de un macho de perdiz que procedían, precisamente, de la zona de la querencia del bando de Palomera; pensé que se trataba del macho viejo del grupo que tomó el vuelo hacia el este. La nitidez de su canto hizo que no me pareciese oportuno cantarle yo. Fui acercándome con cuidado, despacio, dirigido por el sonido de su canto que cada vez oía con más fuerza; en un momento determinado, se arrancó con potencia en dirección a la hoz de enfrente, levanté la escopeta, disparé y cayó a unos setenta metros de donde yo estaba; ¡ya está! -me dije- y, ante la ausencia de perro, salí corriendo a coger la pieza; cuando llegué al lugar vi donde había pegado el pelotazo, pero el perdigón no estaba; había caído de ala y se había ido apeonando; no había nada qué hacer a excepción de que Marcelino subiese a recogerme acompañado de "La Curra" y diese con él.

Entre unas cosas y otras ya había pasado más de media hora desde que cayó el perdigón. Oí el ruido del coche que se acercaba y me fui hacia el camino. Era Marcelino y, como era habitual, venía con la perra. Le conté lo ocurrido.

- ¿Qué tal?

- Bien y mal. He visto perdices que han terminado toreándome, pero he *volcao* un pedigón cerca de aquí, ha caído *alicortao* y no lo he podido cobrar.

- Cuanto tiempo hace.

- Algo más de media hora.

- No te preocupes; la perra te lo va a cobrar.

Llevamos a la perra a la zona donde había pegado el pelotazo el perdigón; rápidamente cogió un rastro.

- Mira, ya ha pillado el rastro; dentro de poco, tendrás tu perdiz.

La perra siguió con firmeza un rastro sobre la cuesta en sentido descendente, traspuso la cuesta y la perdimos de vista; mientras, nosotros seguíamos, a su vez, la dirección que había marcado perra, traspusimos la cuesta con la finalidad de ver la operación del cobro de la perra. Sorprendentemente cuando saltamos la rasante vimos que la perra venía hacia nosotros, sin el perdigón; cuando llegó junto a nosotros vimos que tenía alguna pluma de perdiz pegada en el hocico .

- Algo raro ha pasado. A ver "Curra", ¿qué ha pasado con esa perdiz? ¿cuéntanos que ha pasado? ¿vamos?

Marcelino dio un paso y Curra[13], ya casi de memoria, salió en una determinada dirección; avanzó unos doscientos metros y se quedó husmeando en un determinado lugar. Allí llegamos y vimos un segundo *despelotadero* lleno de plumas de perdiz e incluso algunas ensangrentadas y pegadas en alguna pizca desgarrada de la piel del cuello.

- ¡Un águila! Un águila ha sido quien se ha llevado el perdigón; a veces se comen primero la cabeza y luego se llevan volando la pieza para terminarla con más tranquilidad en algún lugar de su agrado. No cobraremos la perdiz, no se puede hacer nada -concluyó.

240

- Una cosa más que he visto.

- Sí. Eso es lo que uno se lleva; a veces uno se lleva sólo lo que ha visto.

Ciertamente, no se podía hacer nada. Ciertamente, también es verdad que sólo me llevé lo que había visto, pero lo que había visto no era sólo la conclusión de lo ocurrido con aquella perdiz, era toda la historia de aquel día y de los días precedentes y, eso, hoy, con más de sesenta años, me parece mucho. En aquel cazadero conseguí abatir una docena de perdices en la primera mitad de los años ochenta. Es necesario remarcar que algunas piezas tienen una historia de mayor impacto educacional y de mayor huella en la memoria. A lo largo de mi vida ha habido más capítulos educacionales de esta clase; alguno aparecerá más adelante en estas crónicas[14].

Anhelos truncados en La Movida

- i -

Era puntual como los grajos. Era mi relax semanal. Dejaba al margen mi dormidero, la casa donde vivía, y salía disparado a una determinada zona de Madrid. A eso de las diez de la noche de los viernes, con la cartera de trabajo al hombro, llegaba a los comederos y bebederos humanos. Solía tomar un par de cruasanes rellenos con carne picada y besamel que hacían masa en la panza para lo que le iba a caer después: una buena mano de güisquis en pubs más bien oscuros, nublados con humo de tabaco y con una música de fondo causante de devoción en muchos de los clientes, doctos en materia de letras y, sobre todo, de sonidos.

- ¡Deja ya de poner la música de esos gallegos y pon algo de *ritmanblús*! -se oía decir a un cliente.

- De momento pongo esto; luego, ya veremos, que la noche es larga; además esos gallegos han caído de vez en cuando por aquí, son medio clientes -contestó el barman.

Si las vacas enviudan a las cinco/ Tú morirás a media tarde/ ... / Alégrame el día, torero, alégrame el día/ Alégrame el día por Dios y la Virgen María -se escuchaba con fuerza la canción de los gallegos a través de los altavoces del pub.

- Muy bien, muy bien lo que dice esa canción. Lo de los toros no tenía que existir, lo tenían que prohibir y también lo de la caza – soltó otro cliente que estaba a mi lado.

Cuando oí el deseo de esas prohibiciones me alarmé. Vi necesario decir algo en contra de tales deseos radicales. Tenía que decir algo que encajase en ese ambiente, sin acritud.

- La canción de los gallegos me parece buena; al menos a mí me gusta; pero no deja de ser una canción -le dije al antitaurino y anticaza-. Una canción es sólo una canción, es una expresión de sentimientos más que otra cosa. Una canción no es ciencia. Las vacas no enviudan; se enviuda sólo en el género humano. Además, por Galicia crían bastante ganado vacuno que da buenos chuletones. Estoy seguro de que los componentes de ese grupo musical se han tomado alguno de esos chuletones acompañado con buen vino y han terminado cantando la Rianxeira sin acordarse de las vacas viudas.

- No digo que no, no les habrá faltado algún chuletón, pero no es lo mismo un toro matado en el matadero que un toro matado en una plaza. Lo de los toreros y los cazadores es brutalidad y crueldad humana y eso habría que prohibirlo.

- No te digo que la brutalidad y la crueldad no haya que prohibirlas, pero lo que te puedo decir es que yo practico la caza y lo que hago no es cruel, ni brutal. La crueldad viene a ser sentir placer haciendo daño y eso no se da en la caza; no sentimos placer causando sufrimiento a los animales que cazamos. Intentamos todo lo contrario, que eso no ocurra. Pretendemos atrapar a las piezas de la forma más limpia posible. A los toreros les debe pasar lo mismo; lo que querrían es matar al toro de la forma más rápida y limpia posible y su público así lo desea; el público aplaude cuando pasa tal cosa y abuchea al torero cuando no lo consigue.

242

- Bueno. Sigo pensando que es una crueldad.

- Cada uno puede pensar o sentir lo que quiera. Vivimos poco y, encima, vivimos ajustados a un lugar. Si esos gallegos hubiesen vivido en las dehesas extremeñas rodeados de toros bravos pensarían de otra forma y tú mismo, si hubieses vivido por ahí, en algún pueblo perdido, lleno de perdices y liebres, pensarías de otra forma. Si yo hubiese estado metido toda mi vida en este barrio de esta ciudad, pensaría de otra forma, seguro que sí.

- Puede que sí.

- Venga pon *ritmanblús*, que ya han terminado con el torero. Ponme a Juanito Inviernos -insistió en sus deseos el melómano del *ritmanblús*.

- No te pongo a Juanito Inviernos; ese es tan *pesao* como tú, te pongo algo más alegre para este viernes, a Chuck Berry y en paz -le dijo el que era barman y DJ del pequeño local al mismo tiempo.

- ¿Quién es Juanito Inviernos? -le pregunté al detractor de la tauromaquia.

- Un cantante norteamericano que se apellida Winter, invierno en castellano. A este cliente le gusta hablar así.

- ¡Joder!, cuando ha dicho Juanito Inviernos me ha desconcertado. Creía que se trataba de un cantaor de flamenco, o un cantante de coplas, como Juanito Valderrama.

- Me parece que tú andas *despistao*, no estás en La Movida -me dijo el barman que estaba atento a nuestra conversación.

Me despedí y salí de allí buscando un cambio de aires como era mi costumbre. Las calles de aquella parte de Madrid eran estrechas; por la noche tomaban un aire lúgubre, sórdido en algunos lugares; por sus aceras podías encontrarte vómitos, orina o algún borracho o drogadicto en el suelo.

- ¿Perica?

- No.

- ¿Costo?

- No.

- ¿No querrás caballo?

- No. Lo que quiero es un bocadillo; uno de esos bocatas que preparan los *sudacas*.

- Ahí abajo se ponen, empezarán a llegar si no han llegado ya.

Ya avanzada la noche, cerca de la madrugada, llegaban tristes andinos con livianas mesas de campo que llenaban de bocadillos de pan integral para su venta; una venta que era silenciosa, respetuosa y humilde; una venta que me apaciguaba las tripas y solía poner final a la jornada de evasión semanal.

- ii —

Me volví a encontrar con el antitaurino y anticaza después de aquel contacto en el pub del *ritmanblús*. El antitaurino era cliente habitual de los locales de la zona que yo frecuentaba. Aquella zona era concurrida por gentes de diverso tipo: gentes normales sin ningún atributo especial, gentes que pretendían dar una imagen de singular modernidad, pijos, roqueros, chorizos, abundantes drogadictos y camellos. Entre todos ellos, habría antitaurinos y taurinos, habría detractores de la caza y, claro está, había algún cazador confeso como yo. Los locales eran abundantes, todos o casi todos oscuros, en ellos dominaba un determinado tipo de música con algunos clientes que daban una imagen acorde con ella y que formaban parte del espectáculo que ofrecía cada local. Los servicios de todos los locales tenían una tenue luz azul para dificultar la introducción intravenosa de drogas en el cuerpo. Normalmente la gente acudía a la zona en grupos homogéneos. La gente que se movía sola era escasa y el antitaurino, al igual que yo mismo, era uno de ellos.

- ¡Eeeeh! ¿Qué tal lo llevas? -le pregunté.

- Mal. Lo llevo mal. Hoy he tenido un accidente y he tenido que dejar la jornada de trabajo.

- ¿Qué ha pasado?

- Iba repartiendo; con la vespino he tenido que hacer un giro brusco y me he caído; yo me he llevado un buen golpe y la vespino se ha quedado sin el retrovisor.

- Pues toca arreglar la vespino y arreglarte tú, … ¿qué repartes?

- Pizzas.

Tras lo que me dijo, entendí que no debía tener una situación económica boyante que, encima, se había alterado negativamente con el accidente. Eso hizo que le cursase una invitación.

- ¿Te tomas una cerveza?.

- Vale.

Para dirigirme a él le pregunté su nombre; la única identificación que le había puesto era "el antitaurino y el anticaza". También le pregunté por su origen. Era de Madrid y se llamaba Fernando. Yo también me identifiqué con mi nombre y origen. Cuenca, para él, era una ciudad desconocida; tampoco dio muestras de conocer otras ciudades de España; tan solo citó Irún como un lugar deseado, un lugar, para él idílico, donde tenía familiares. Sin intención de crear debate, por mera inercia, terminé contándole vivencias en relación con mi personal ejercicio de la caza: le hablé de la inteligencia animal, de los perros con los que cazaba, de las dificultades y entresijos que tiene la persecución de un animal salvaje, de los seres humanos que nos creemos muy listos y de la naturaleza que nos da, a veces, una lección de humildad. Escuchaba atentamente y parecía disfrutar con los relatos de mis vivencias.

- No podía imaginar que la caza fuese algo así; me hubiese gustado vivir eso que cuentas – me dijo.

- Estás a tiempo. Si quieres, puedes venirte; yo voy de vez en cuando. Allí podrás vivir en directo alguna jornada de caza.

- Sí. Lo haré. Lo haré cuando me compre una moto nueva. Quiero comprarme una buena moto. Cuando la compré iré a Cuenca, … y a Irún.

- Ya me dirás cuando tengas esa moto – le dije, sintiendo, en el fondo, escepticismo.

- iii -

Yo estaba dispuesto a facilitarle una jornada de caza en Cuenca. Sin embargo, tenía dudas de que consiguiese esa moto y aunque la consiguiese, quedaba fijar el viaje, organizar su estancia y llevarlo al cazadero. No intuía fácil que se materializase esa jornada de caza. De todos modos, mi palabra estaba dada; me había comprometido a ello. Fueron pasando los viernes, uno tras otro, y Fernando no daba a señales de vida; no lo veía por ninguno de los locales que frecuentaba. Quería hablar con él sobre el tema de esa moto viajera que lo llevaría a Cuenca y a Irún. Pensé, incluso, que el tema de la moto se lo había tomado en serio y que estaría ahorrando para comprarla. Después de un tiempo sin que diese señales de vida fui al pub del *ritmanblús* donde lo conocí y pregunté por él.

- ¿Sabes algo de Fernando?

246

- ¿Qué Fernando?

- Ese chaval delgado con gafas que decía ser antitaurino.

- ¿Uno que repartía pizzas por ahí?

- Sí, ese.

- Me han dicho que se mató con una moto recién comprada; así la estrenó. Debe ser verdad porque un tío, al que le debía dinero, alarmado porque no lo veía, fue a casa de sus padres y allí le dieron la noticia de lo sucedido. A ese no lo vamos a ver más. – Me dijo el barman, tajante.

La noticia que recibí me perturbó y me hizo pensar. Pensé en lo fácil que puede resultar que se trunque una vida y en los errores de juicio que cometemos. Aquella persona deseaba una moto; yo, erróneamente como demostraron los hechos, ponía en duda que consiguiese su deseo. Con esa moto, aquella persona, tendría la vivencia de volver a la tierra de sus familiares en el norte de España; con esa moto podría tener unas vivencias nuevas de contacto con la naturaleza que nunca había tenido en un lugar recóndito del interior de España. Aquella persona consiguió su moto, la puso en marcha y se mató. Así se truncaron los anhelos que tenía entonces y todos los que podría tener en el futuro.

Historias de cangrejos, furtivos y gente normal

- i —

Valentín y su esposa Eulalia eran gente normal. Valentín era uno de tantos jubilados de vida ordenada y pocos vicios. Su único vicio, si se puede llamar así, era ir algunos días, ya bien entrado el verano, a sacar unos cangrejos. A veces Eulalia lo acompañaba; cuando eso ocurría, al igual que hacía otra mucha gente, Eulalia preparaba una merienda para comerla al lado del río cuando llegaba el frescor de la caída de la tarde. Pero eso se había terminado; ya no había cangrejos.

- ¡Valentín!

- Dime, Eulalia.

- Valentín, te digo que no me traigas más cangrejos de esos *coloraos*, me pincho con ellos y me cuesta trabajo sacarles la cola para hacer la tortilla; luego, para rematar no tienen casi molla: tienen mucha cáscara y poca molla. Trae cangrejos de los de siempre; cangrejos de los normales que nosotros somos también gente normal.

- De esos me parece que no te voy a poder traer más. Ya no hay en el Júcar. No hay ni uno,... mira que se lo decía a todo el mundo, ¡tenemos que meter las lamparillas en lejía!, ¡tenemos que meter las lamparillas en lejía!... Pero, ni aun así. Aquellos cangrejos se han muerto, han desaparecido.

- Vale. Sea como sea. Te digo que no quiero que me traigas más de esos cangrejos.

- La culpa de traer estos cangrejos la ha tenido Secundino, el vecino.

- ¿Qué tiene que ver Secundino con que tú traigas estos cangrejos?

- Me llevó con el coche a pescar. Lejos, a un *riote* con mucho cieno y carrizo. Como ya no hay cangrejos en el Júcar, me decidí a ir con él, me picaba el gusanillo de la pesca con mis lamparillas. Donde fuimos estaba lejos y hubo gasto gordo en gasolina; salimos a 500 pesetas por cabeza, también me gasté 80 pesetas más en dos cafés, lo invité porque él ponía el coche. Total, un gasto de 580 pesetas.

- Eso es mucho. No nos podemos permitir ese gasto. Además, venden cangrejos de esos en las pescaderías; con esas 580 pesetas compraríamos un montón y tú sin salir de casa; o mejor todavía, se pueden comprar unas gambas en lugar de esos cangrejos, a esas les saco la cola sin problemas.

- He ido porque me picaba el gusanillo; está ya terminando el verano y no he ido ni un día de pesca; por eso cuando Secundino me dijo lo de ir a pescar, le dije que sí.

- En fin. Bueno, aquí tienes la tortilla, blandita, buena para tus dientes. De molla, después de pelar y pelar, hay algo, pero poca. Espero que al menos esté bien de sabor.

Valentín empezó a comer, sin emoción, la tortilla de colas de cangrejo rojo americano que, trabajosamente, le había preparado Eulalia, su mujer.

- ¿Qué tal está de sabor la tortilla?

- ¡Bahh!... No como las de antes.

- Ya me parecía a mí.

- ii -

El Timo era, por decirlo de alguna manera, el relaciones públicas de una banda de cuatro a seis miembros, número que dependía de las circunstancias, todos con mote: El Timo, El Rana, El Tana, El Rata, El Pelos y El Cojillo; todos insolventes o casi insolventes y todos, como demostraron los hechos que acompañaron sus vidas, aventureros aunque en distinta forma y grado. La banda del Timo y compañía, actuaba por los ríos de la provincia donde todavía había cangrejos autóctonos. Como era de esperar, no les faltaron problemas. Pero parece que se trataba de un grupo emocionalmente poco sensible a las problemáticas que puede presentar la vida y, al tiempo, con una vocación marcada a crear comedias partiendo de situaciones desgraciadas. Por su forma de vivir aquella pesca clandestina, me parece que, aparte del beneficio económico obtenido, tenía para ellos otros alicientes tanto o más importantes que el dinero: puede que uno fuese el placer del riesgo, o bien la entretenida tarea de dar una respuesta a las consecuencias negativas e inesperadas de sus acciones ilegales, o el ir contra el aburrimiento que supone cumplir al pie de la letra lo establecido, o el vivir situaciones singulares y poder contarlas a los demás, o todo al tiempo, o parte de lo anterior al tiempo. Por las razones que fuera, el caso es que no paraban de hacer fechorías; las hacían entre ellos y las hacían contra las normas que no habían hecho ellos.

Una de esas situaciones de las que tengo conocimiento fue que, en una madrugada cuando rompía el día, a El Pelos le acometió una maternal vaca brava acompañada de su ternero. Tuvo que tirarse al río y, debido a que las aguas de la Sierra están bastante frías y a que ni la madre vaca ni el hijo ternero querían irse, más bien habían optado por esperarlo en la orilla a ver si salía de una vez y dejaba de vocear, casi le dio una lipotimia en el agua. *"Auxilio, auxilio, que no sé nadar, que me ahogo"* - empezó gritando, desde el medio del río con el agua hasta el pecho mientras la vaca seguía sus movimientos por la orilla sin quitarle ojo-. Después, ya pensando en cómo afrontar su situación incitó a los demás a resolver el problema: *"¡Tirarle piedras, espantarla como sea!"*. Después de eso, dado que los elementos de la banda, unos habían optado por salir corriendo hacia el coche y otros se habían subido a algún árbol cercano a contemplar in situ la emocionante escena, gritaba *"¡Cabrones, no os riais de mí!"*. Ante lo cual, entre otras cosas, le propusieron los espectadores una solución expeditiva que engrandeciese todavía más la escena y su leyenda: *"¡Pelos! ¿No eres tú tan fuerte y tan valiente? Anda, Pelos, métele una hostia al vaco"*. Por fin, cuando la vaca y su ternero se marcharon, sacaron a El Pelos del agua, lo envolvieron en mantas y lo metieron en el coche. El Pelos, cuando se recuperó, pidió a sus compañeros de faena que lo ocurrido se mantuviese en secreto en el gremio de furtivos y en el grupo de amigos. Sus compañeros le dieron la palabra de que así sería. A las dos horas de llegar a la ciudad el secreto era de conocimiento público.

Como era esperable, en otra ocasión, fueron pillados por la Guardia Civil. Le tocó a El Timo ser el reo. Cuando tal cosa ocurrió todos se escondieron salvo el Cojillo que, con su habitual labia de liante vocacional, fue a intermediar. Cuando llegó al lugar de la captura, los guardias ya habían retirado todos los reteles y la pesca obtenida hasta el momento; uno de los guardias civiles le estaba levantando denuncia por las infracciones cometidas, que eran varias y todas de peso. *Señor guardia, señor guardia, no escriba usted tanto; total por cuatro cangrejillos que ha cogido, no ve que es una buena persona* -decía el Cojillo ante el guardia que, impertérrito, seguía escribiendo-. *Bueno, ya está; tenga usted la denuncia; dentro de poco, recibirá usted la propuesta de sanción correspondiente; siga los pasos que le indiquen en el escrito que reciba, puede usted hacer las alegaciones que considere oportunas.* Aquella noche Timo no pudo conciliar el sueño. Pronto, un par de días después, El Timo recibió una carta que contenía el alcance de la sanción, una multa de un millón de pesetas de la época; esa noche El Timo tampoco pudo dormir. El Cojillo, poco después, se presentó en la pescadería donde trabajaba El Timo para preguntarle sobre la multa; El Cojillo cuando oyó la cuantía de la multa puso cara compungida y lloriscosa; cuando recuperó su expresión habitual le dijo a El Timo: *No te preocupes, esto se puede arreglar, coge una buena merluza y mañana mismo, me la das y se la llevo al ingeniero-jefe de Montes que es muy amigo mío; verás cómo te quita la multa.* El Timo aquella noche tampoco durmió dándole vueltas a la cabeza al tema de la merluza, los cangrejos y la multa. Ya estaba amaneciendo cuando decidió no acceder a la propuesta de El Cojillo apoyado en la idea siguiente: *es imposible que me quiten una multa de un millón de pesetas por una merluza que vale tres o cuatro mil pesetas.* A la mañana siguiente, se presentó en la pescadería El Cojillo a recoger la merluza que, consecuentemente a lo acaecido en la cabeza del reo, no recogió; cuando El Cojillo salió de la pescadería estaba El Rata esperándolo y le preguntó repetidamente *¿te ha dado la merluza?*; a El Timo esto le hizo desconfiar. Pasaron algunos días y recibió una nueva carta de la Administración, la carta contenía el texto con expresión de la cuantía de una multa; una cantidad considerable, pero inferior al millón de pesetas. La explicación de la existencia de las dos cartas estaba en que la primera multa del millón de pesetas la había preparado El Cojillo para organizar una merienda con la merluza. Solo Dios sabe cómo se las ingenió para preparar el texto y poner el sello administrativo. Tampoco se sabe que hubiese sido de él si hubiese prosperado su treta.

- iii -

Pasaron los años. Ya habían pasado más de diez años desde la treta fallida de la merluza del Cojillo. Los grupos de furtivos fueron cambiando y el grupo del Timo, el Pelos, el Cojillo y demás, no fue una excepción. Algunos desaparecieron, otros tuvieron algún accidente que los inutilizó para determinadas artes.

- ¿Seguís con lo de los cangrejos?

- Sí, pero no como antes. Ya no somos los mismos y ahora tenemos más competencia. Además, de aquellos cangrejos no queda ni uno. Pero ahora hay otros que también son buenos, bien gordos, tienen una mancha azul en las patas. Les llaman "cangrejo señal".

- ¿Os dejan pescarlos?

- No. No dejan. Si te pillan, te meten un buen paquete. Pero ¿sabes?, mejor así.

- ¿Cómo qué mejor?

- Así van menos a pescar, tenemos menos pescadores chivatos en el río y los vendemos como queremos; … ya sabes, la gente normal es muy chivata y si nos ven con un saco de cangrejos van y se lo cascan a la guardia civil. La cosa es que no te pillen; hay que tener mucho cuidado. Voy de noche a por ellos, se me ha acostumbrado la vista a ver por la noche. Por la noche veo como los gatos o como la zorra.

- ¿No exageras?

- Puede que un poco. Puede que no llegue a ver como la zorra por la noche; antes de ayer me pegué un buen porrazo en un pedregal y la semana pasada me caí al río; pero ver por la noche, veo mejor que antes; lo consigo a base de entrenar.

- Pues sigue así. Con lo que me cuentas, ese entrenamiento, aparte de para capturar cangrejos, me parece bueno para la salud.

- Eso me digo yo.

- ¡Valentín! ¿Qué me traes? Cangrejos de los de antes y de los gordos, ¡qué hermosura! -decía Eulalia con la ilusión de recuperar lo perdido.

- No Eulalia, no son cangrejos de los de antes; son de otra clase, les llaman cangrejo señal. Estos tienen una mancha blanquecina o azulada en las patas ¿La ves? Hay bastantes en el Júcar.

- Sí, es verdad. Podemos hacer como antaño, preparar unos bocadillos e ir a pescar al río al caer la tarde y cenar allí.

- Eso no es posible. Está prohibido pescar esos cangrejos

- Entonces, ¿cómo los has conseguido?

- Estábamos en la taberna de "El Pera", yo y Secundino, cuando un gitanillo nos ofreció bajo cuerda un par de docenas de cangrejos; le preguntamos el precio y nos dice que dos mil pesetas; le dijimos que eso era mucho, que no le podíamos dar más de quinientas pesetas y terminó aceptándolas. Se conoce que quería quitarse los cangrejos de encima como fuera. Aparte de eso lo invitamos a un par de vinos y todos contentos. Los cangrejos han salido a cada uno por unas trescientas pesetas en total

- ¿Secundino sigue pescado aquellos cangrejos rojos de hace años?

- No. Ya no va. Dice que está harto de los cangrejos rojos y que su mujer también. Dice que hay que ir a Burgos a pescar los cangrejos señal. Allí dejan pescarlos. Pero a mí se me hace muy largo ir a Burgos.

- ¿Por qué está prohibida su pesca aquí?

- No sé.

Notas de la década de los 80

(1) No hay que olvidar los importantes orígenes de esta institución internacional: no se pretendió sólo la creación de una unidad económica con un mercado común, también se pretendió crear una unión política para evitar los desastres que habían asolado a Europa con la II Guerra Mundial

(2) Por ejemplo DEPANA (Liga para la Defensa del Patrimonio Natural -de Cataluña-), CODA (Coordinadora para la Defensa de las Aves y sus Hábitats -luego simplemente de defensa del medio ambiente), ADENA, Amigos de la Tierra, como asociaciones ecologistas. Junto a estas asociaciones, también se integraron otras entidades administrativas como ICONA, el CSIC o la Agencia de Medio Ambiente de Asturias, sorprendentemente también se introdujo el mismo Zoológico de Barcelona.

(3) A través de la lista roja de especies amenazadas está prohibida desde el 2021 la caza de la tórtola en España y los influyentes ecologistas, con razón o sin ella, están intentando que se haga lo mismo con otras especies como la codorniz y la perdiz.

(4) En los años 80, un litro de leche costaba sobre unas 40 pts, (0,24€); un litro de aceite de oliva, unas 250 pts.(1,50 €); un barra de pan, unas 20 pts. (0,12 €); un kilo de alubias, unas 165 pts. (1 €); un kilo de pollo, unas 250 pts. (1,50 €). Una cesta de la compra básica diaria para una familia de 4 miembros con 3 barras de pan, 2 litros de leche, 1 Kg. de pollo, medio kilo de alubias, saldría por unas 470 pesetas, que completada con frutas y verduras, parte porcentual correspondiente de aceite de oliva, azúcar, sal, especies, etc., puede ser estimada con holgura en unas 800 pts. En estas condiciones el gasto mensual en alimentación de esa familia podría estimarse en 24.000 pts. Esta cantidad supone un 24% de un sueldo medio neto de época si se estima en 100.000 pts.

(5) Ese gasto total de aproximadamente75.000 pts. se podría configurar de la siguiente manera:

Costo de coto calidad media/baja:	25.000 pts.
Costo de viaje a 100 Kms Ida+Vuelta Se puede estimar en unas 1.000 pts; el precio de la gasolina estaba sobre unas 55 pts./litro; normalmente era un costo que se compartía entre varios.	

Costo de 15 viajes por temporada más otros 10 viajes en media veda:	1.000 pts/viaje x 25 viajes = 25.000 pts.
Costo de año de escopeta (se supone vida útil de 20 años y costo de una escopeta tipo medio en 65.000 pts):	65.000 pts. / 20 años = 3.250 pts./año
Munición (20 cajas de 25 cartuchos a 350 pts./caja):	20 cajas x 350 pts./caja = 7.000 pts.
Otros gastos (se supone 500 pts./jornada) :	25 jornadas x 500 pts./jornada = 12.500 pts.
TOTAL GASTO POR TEMPORADA:	72.750 Pts. (437,24 €)

(6) Los argumentos que esgrimieron los ecologistas contra el Plan Repoblador fueron los siguientes: que se habían empleado masivamente coníferas de rápido crecimiento (por ejemplo, el pino de california) junto con otras especies exóticas (por ejemplo, eucaliptos) buscando la productividad económica; por otra parte, que el método de implantación de esas especies con las técnicas de aterrazamientos perjudicaban al medio ambiente, particularmente al paisaje, y que todo ello había perjudicado a la flora autóctona.

En relación con los aterrazamientos, el sentido de la aplicación de tal técnica fue reducir la escorrentía, generar almacenamiento de agua en las laderas y facilitar el éxito de las plantaciones. En cuanto a la afectación al paisaje, efectivamente el paisaje quedó alterado por esa acción humana. En cuanto al uso de especies externas o exóticas en las repoblaciones, ello se hizo usando especies de crecimiento rápido buscando una productividad económica que resarciese al Estado de la inversión realizada y para que se generase en el futuro un paquete de tierra vegetal que permitiese el agarre de otros tipos de árbol entre los que se encontraban los deseados autóctonos (esto es lo que se llama evolución hacia la vegetación clímax). En cuanto a la afectación al paisaje por los aterrazamientos, esa acción ha sido repetida a través de los tiempos en diversos lugares por diversas culturas y su finalidad ha sido la supervivencia, o simple vivencia, del ser humano en el planeta: desde los Hocinos del Casco Antiguo de Cuenca (Patrimonio de la Humanidad) a los Cañones del Sil (Paisaje Protegido Internacionalmente), o desde los Viñedos del Rhin (Alemania) a campos de arroz de Yunnan (China), de Luzón (Filipinas) o del mítico Machu Pitchu peruano, todos ellos Patrimonio de la Humanidad. Todos los parajes citados pueden ser calificados como bellos paisajes que tienen como elemento básico los aterrazamientos. Su contemplación permite afirmar que, a veces, los aterrazamientos no sólo han dado de comer, sino que han dado belleza.

(7) Un ejemplo de ello fue el del gamo, en el caso concreto de la provincia de Cuenca. Se gestionaron cacerías de descaste sobre esta especie que, dentro de los muchos efectos que podría tener su número excesivo, concretamente estaba el entrar en competencia con ventaja por los pastos con el ciervo.

(8) En relación con las sueltas de perdices en cotos, mis observaciones, restringidas a algunos acotados de la provincia de Cuenca son las siguientes: 1.- Nunca vi que se introdujesen perdices distintas a la roja (la perdiz chúcar solo la he visto en fotografías). 2.- La calidad (aspecto, bravura, etc.) de las perdices era muy variable, la buena calidad era escasa. 3.- Supongo que la depredación sobre esas perdices era intensa; en poco tiempo se extinguían contando con alimentación, agua y lugares apropiados para refugiarse; por otra parte, no encontramos, ni yo ni mis perros, perdices muertas, por lo que entiendo que el factor más probable de su desaparición era la depredación.

(9) Imagen de prensa de uno de los Campeonatos de Caza Menor con Perro en los que participó Marcelino. Este es el campeonato provincial de 1979.

(10) Cabe preguntarse si es verdad que los campeones de caza de los años 70 eran distintos a los de los años 80 y, si es así, por qué lo fueron. En el caso de que esas diferencias existiesen, a mi modo de ver hay algunas razones que pueden servir de justificación. En primer lugar, encuentro una razón de tipo moral: yo personalmente veo que en los años 70 la sociedad aceptaba sin cuestionar, de forma absoluta, principios tales como el "no mentirás", el "no robarás", el "no matarás". Esos principios morales, en los años 80 siguen existiendo; sin embargo, en esta década esos principios se transforman en "no robarás, pero en determinadas circunstancias se puede comprender qué …" o "no mentirás, pero en determinadas circunstancias se puede comprender qué …". En segundo lugar, encuentro una razón de peso de tipo económico: en el mundo de la caza se vendía más porque el número de cazadores era mayor e iba "in crescendo"; al tiempo, progresivamente, había más renta disponible para gastar. Ello conllevó un incremento de ventas potenciales en materia de caza y, consecuentemente, un mayor movimiento de dinero invertido en propaganda por las empresas relacionadas con la caza. Esa propaganda es más efectiva si se acompaña de un mito indiscutible, precisamente el de los "campeones artificiales" creados para ello. Años después hubo más campeones que no eran los de antes, hasta que llegó un momento en que la organización de los concursos dijo "hasta aquí hemos llegado, no podemos seguir así". En el suplemento de El Mundo de 25/11/2007 se da un dato cuantitativo del importe que percibía uno de esos campeones por contratos de patrocinadores: 240.000 euros (una cantidad importante que, a día de hoy, en el 2024, equivaldría a unos 350.000 €).

(11) Lo expuesto en reste relato refrenda dos afirmaciones conocidas y contrapuestas. Una es la famosa afirmación tajante de Goebels (Ministro de Propaganda de Hitler): *"Una mentira repetida mil veces se convierte en una verdad"*. La afirmación contrapuesta a la anterior, menos conocida, pero con un contenido más preciso, la hizo Churchill en la misma época: *"Hay gente capaz de engañar a todos durante un tiempo, hay gente capaz de engañar a algunos durante todo el tiempo, pero no hay nadie capaz de engañar a todos durante todo el tiempo"*. Cabe preguntarse sobre las características que tiene la especie humana para aceptar, sin más, unas afirmaciones fuera de la realidad que van contra la racionalidad y el sentido común y por qué los medios de prensa difunden tales afirmaciones. Quizás la explicación sea sencilla en cuanto a la aceptación masiva de la especie humana de ciertas mentiras sobre una materia; pudiera ser que para no ser engañado en una materia hay que tener formación en esa materia y la formación es costosa. En cuanto a la difusión de los medios de afirmaciones fuera de la realidad puede justificarse también por dos cosas: una, la falta de formación de los periodistas en materias de las que hablan, y dos, porque lo espectacular, lo inflado, lo llamativo, vende más que lo objetivo acorde con la realidad.

(12) Esa argucia resultó eficaz por permitir hacer una estimación de la dirección y distancia a la que estaban las perdices, pero, además, con su uso, a veces, conseguí acercarme a ellas bastante; es posible que el sonido de su canto, camufle o tape la realidad de la presencia humana ante sus sentidos. Indico que, cuando estoy escribiendo esto, tengo más de sesenta años, he perdido mis muelas y no puedo cantar como antes a las perdices. Sé que hoy venden aparatos electrónicos que permiten jugar con el canto de las perdices; sin embargo, he usado alguno de esos aparatos y he de decir que, por el momento, no he podido apreciar los efectos sobre las perdices que, por entonces, conseguí y presencié de forma natural.

(13) Un relato incluido en los años sesenta se titula "Primeros recuerdos de perros"; en ese relato escribía sobre uno de nuestros perros, un tal Tir, si bien este perro vivió en los años setenta. Curra era hija de Tir, producto de la única camada que tuvo ese perro con una braca alemana. Esa camada fue promovida por cazadores locales conocedores de la calidad de aquel animal y permitida por Marcelino, su dueño, a pesar de lo inadecuado de su edad.; Tir, por entonces, tenía menos de un año. La historia de lo que ocurrió con Tir está en aquel relato. Curra, fue otro de los perros a la que se le puede adjudicar la categoría de "perro mitificado". A su vez, Saila fue el único producto de la única camada que tuvo Curra a una edad avanzada (creo recordar que la tuvo con ocho o nueve años) cruzada con un drahthaar, tras morir por asfixia todos los cachorros menos una pequeña hembra que, probablemente, por su tamaño, se libró de la muerte.

(14) Lo que se cuenta en el relato se entiende mejor con una imagen de este singular cazadero. Se trata de los terrenos circundantes a la Hoz del Huécar, cerca de Cuenca capital (en la siguiente página).

- La década de los 90 -

En cuanto al clima social, la década de los 90 es una continuación de la de los 80. Es decir, en comparación con las décadas anteriores a los 80, nos encontramos una sociedad optimista, sin grandes preocupaciones, donde el relativismo moral era preponderante. Eso sí, con unas novedades tecnológicas que se insertaron en la sociedad y han tenido gran repercusión: los teléfonos móviles e Internet.

En cuanto al estado económico del país, desde finales de los 80 y durante la década de los 90 la economía española creció a excepción de una importante recesión que se produjo entre los años 1992 y 1993[1]. Esa recesión fue corregida con un paquete de medidas tomadas con los ojos puestos en una próxima entrada de España en el euro. Dejando al margen la excepción anterior, en general, la economía española creció. En ese crecimiento, el incentivo de los fondos de cohesión de la Unión Europea tuvo influencia. Los fondos europeos crearon una corriente pecuniaria que fue a parar, sobre todo, a inversiones materiales. El primer día del último año de esta década (el 1 de enero de 1999) se produce el importante y perseguido hecho de índole económica que afectará a la vida doméstica de los españoles: la entrada de España en la Unión Económica y Monetaria Europea que tuvo como consecuencia la llegada del euro en nuestro quehacer cotidiano un par de años después. El crecimiento económico se mantuvo hasta la crisis del 2007-2008. Se puede decir que el clima social, del que se ha hablado al principio, también se mantuvo hasta ese momento.

Sin embargo, entre el amplio conjunto de estas inversiones materiales, se encontraban inversiones para el abastecimiento de agua y saneamiento de poblaciones rurales que tendrán repercusión directa en la calidad de las aguas de los ríos; esa repercusión será negativa por no haberse acompañado de una logística adecuada para la depuración de las aguas. Los resultados de ello, para la pesca deportiva, han sido penosos. Los ríos sufrieron una merma importante de las especies tradicionales que albergaban.

En cuanto a la caza, siguió la expansión de la caza mayor; particularmente se empezó a divisar el corzo en multitud de parajes donde antes no existía (zonas de la Alcarria, Mancha, Castilla-León, …). En cuanto a la caza menor, se puede decir que durante la mayor parte de esta década se mantuvieron unas densidades aceptables de sus especies cinegéticas. Sin embargo, a finales de la década, en algunos cotos empezó a principiarse el drama que se produciría en el siglo XXI: el declive de la perdiz roja y de la liebre. A finales de la década empezó la recesión de todas las especies animales de pequeño tamaño (cinegéticas y no cinegéticas) de algunos territorios agropecuarios nacionales. Cabe preguntarse cuál fue el papel de la Unión Europea en esos momentos de inicio del declive, ya que la caza ha dependido de la política medioambiental de la UE. Se puede decir que la UE, aparentemente, mostró preocupación por el medio ambiente y, en consecuencia, por las especies que lo habitan, pero, sin embargo, parece que la preocupación es sólo preocupación; esas preocupaciones no han producido una mejora sobre el medio ambiente.

En otro orden de cosas, dentro del mundo de la caza, es en esta década cuando se cobra conciencia general del acoso al que están sometidos los cazadores por parte de algunas corrientes políticas influyentes en el poder y por la parte de la sociedad que las sostiene. Este hecho, al margen de la acción cinegética, puede ser importante para el devenir de la caza y de la naturaleza en España y en Europa.

Una Unión Europea preocupada e ineficaz.

Como ya se ha dicho, la preocupación de la Unión Europea con respecto al medio ambiente fue patente a través de varios de actos. Se citan unos cuantos:

- El Tratado de la Unión Europea de 1992 (o de Maastricht) que viene a ser el documento formal del Acta Única Europea de 1987 que contiene los principios de actuación de la UE en materia medioambiental. Intentando expresarlo de forma sencilla y campechana, esos principios vienen a ser: el de cautela (si tenemos dudas sobre algo que vamos a hacer en cuanto a perjudicar al medio ambiente, no lo hagamos); el de prevención (viene a ser el dicho popular de "prevenir es mejor que curar"); el de actuación en el origen del daño ambiental y lo más rápidamente posible (por ejemplo, si se observa que no hay codornices en Europa, se ha de encontrar el origen de esa situación y actuar en ese origen cuanto antes); el principio de "el que contamina, paga" (el problema de la aplicación de este principio está, sobre todo, en saber quién es el que la ha liado: un particular, una empresa, una asociación, una administración, etc. En segundo lugar está el problema de valorar en dinero el daño que se ha producido); el de la introducción de la defensa del medio ambiente en todas las políticas de la Unión Europea, el cual supone que la política agrícola debe incluir la defensa del medio ambiente y, por tanto, debe saber bien, por ejemplo, cuál es el alcance sobre el medio ambiente de los fitosanitarios que se introducen en él; el de subsidiariedad de la UE con respecto de sus estados miembros (los estados miembros deben realizar por sí mismos y con sus medios las pautas de la política medioambiental de la UE, la cual sólo actuará cuando un problema no pueda ser afrontado por los estados miembros de forma individual).

- El Tratado de Amsterdam de 1997, que hace hincapié, de nuevo, en la integración de la protección del medio ambiente en el resto de las políticas de la UE, de manera más concreta que la que se expuso en el Acta Única y en el Tratado de Maastricht[2].

- Emisión de Reglamentos CEE 2092/91 y CEE 1804/1999, dirigidos a la protección de una agricultura ecológica ya que *considera que pueden desempeñar un cometido en el marco de la reorientación de la política agraria común, contribuyendo a la protección del medio ambiente y que implicaría importantes restricciones en la utilización de fertilizantes o pesticidas que puedan tener efectos desfavorables para el medio ambiente o dar lugar a la presencia de residuos en los productos agrario*[3] .

- En esta década se creará otro órgano más: la Agencia Europea de Medio Ambiente (AEMA). Esta Agencia tiene funciones parecidas a la Oficina Europea de Medio Ambiente, auspiciada por la UE en la década anterior. Sus funciones son, en este caso, proporcionar información "independiente" para aplicar o evaluar las políticas medioambientales[4]. Esta Agencia cuenta con un nutrido grupo de participantes para cumplir sus funciones con un Consejo Rector compuesto por representantes de los gobiernos de los Estados Miembros, de la Comisión Europea y del Parlamento Europeo.

- Convenio de Aarhus (1998). La motivación que dio lugar a este convenio contiene bellas y reconfortantes palabras. Esas palabras son las siguientes: *que los ciudadanos puedan disfrutar del derecho a un medio ambiente saludable y cumplir el deber de respetarlo y protegerlo; para ello deben tener acceso a la información medioambiental relevante, deben estar legitimados para participar en los procesos de toma de decisiones de carácter ambiental y deben tener acceso a la justicia cuando tales derechos les sean negados.* Este convenio se introdujo en España con rango de Ley unos años después.

Sin embargo, a pesar de esa teórica preocupación que manifiesta en la emisión de leyes y recomendaciones, en la creación de órganos y oficinas con ocupaciones ambientales, en el incremento de funcionarios y burocracia, … etc., en la práctica los hechos muestran que la salud del medio ambiente empeoró ante los ojos de los observadores de la naturaleza, que tienen a los cazadores en primera fila. Al final de la década de los noventa es palpable en algunos territorios de España, no ya la mejora, sino el claro deterioro del medio ambiente en el medio rural agropecuario. Diez o doce años después de la finalización de esta década, la preocupación de los cazadores por las especies cinegéticas de la caza menor, se transformará en tristeza y desazón generalizada en casi todo el territorio agropecuario español, hábitat de multitud de especies, cinegéticas y no cinegéticas.

El día a día.

En la década de los 80, la caza dejó de tener importancia en las economías domésticas, en la economía de las familias. Esto continuará en los 90 y hasta hoy.

En cuanto al gasto por motivo del ejercicio de la caza para un cazador medio de menor, se reproduce el estado de cosas de la década anterior.

264

Como en la década anterior, el gasto en que incurrirá será algo menor que el del salario medio de un mes de trabajo[5]. Los datos estadísticos del salario medio en España, sin que se deba perder de vista notables disparidades regionales y por sectores económicos, vienen a ser de unas 150.000 pesetas/mes en 1990, 200.000 en 1995 y unas 230.000 en el 2000.

El campo, la caza y la pesca.

No hay grandes novedades en cuanto a flora y cultivos. Se puede decir que la flora de los años 80 prosigue en los 90 con el lógico crecimiento de las especies arbóreas de las repoblaciones y otras especies habituales en el medio rural (carrasca, roble, etc.).

La evolución de la flora y cultivos tendrá una repercusión general positiva sobre las especies de caza mayor.

Es singular la aparición y proliferación del corzo en lugares donde nunca se había visto y su expansión proseguirá hasta hoy. Este fue un hecho general en muchas provincias de España. El motivo de este fenómeno me es desconocido[6]. Es posible que tenga que ver con la mejora del hábitat para especies de caza mayor del que hablábamos; esa mejora incluye el crecimiento de las especies de repoblación forestal (pino de california con bastante frecuencia). El desconocimiento previo del corzo en el medio rural de algunas provincias hizo que se les denominase "cabras", quizás por el hábito de ramonear sobre algunas especies arbóreas como, por ejemplo, las carrascas.

En caza mayor se produce un hecho coherente con las características de la economía española de la época. En la mayor parte de esta década hubo un crecimiento económico de España acompañado de una fuerte actividad inversora en activos materiales, particularmente en infraestructuras que, como es lógico, produjo un movimiento de dinero importante que benefició, por encima de la media, a algunas personas. Ello propició que algunos realizasen algunas prácticas de caza que no se habían realizado en décadas anteriores. Por ejemplo, safaris en África, caza de los grandes carneros en el Tíbet, caza de osos en Siberia o en el Polo, perdiz nival en Islandia o, incluso, cacerías de corzos en Centroeuropa, aunque empezasen, en esta década, a abundar en muchos lugares del interior de España.

En cuanto a la caza menor, se puede decir que, en general, sus densidades se mantuvieron, más o menos, aceptables durante esta época. Sin embargo, al final de esta década, ocurrió algo preocupante que principia un drama que va a venir después. Se trata de la percepción, entonces difusa, en algunos cotos de España por el declive de la perdiz roja y de la liebre; declive al que, en un principio, no se encontraba una explicación sólida; ello se puede apreciar en diversas publicaciones en las revistas de caza que se producen a finales de esta década.

El número de licencias de caza tuvo su máximo en el 1990 pero empezó a disminuir a partir de este momento. Ese descenso, próximo al 20% en esta década, una quinta parte de la masa de cazadores, no es despreciable[7].

Junto al dato anterior, cuya justificación puede no ser alentadora y sus consecuencias pueden ser pesimistas, aparece otro fenómeno positivo por sus efectos sobre la naturaleza y la caza. Se trata de la concienciación del mundo de la caza sobre el trato despectivo que estaba recibiendo por parte de los poderes públicos cuyo origen parece estar en la influencia del ecologismo en la política española y europea. El mundo de la caza se da cuenta que no tiene más remedio que actuar políticamente para remediar el acoso a que está sometido[8]. Esto lo ha de hacer a su pesar, pues es algo que va en contra de su propia idiosincrasia, entregada a su afición a tiempo completo en la que la política resulta molesta.

Por último, algunos comentarios anecdóticos. Uno va sobre le mejora de los equipamientos que se usaban para cazar (calzado, ropa, empieza el gore-tex… etc.); a modo de ejemplo, las botas "Chirucas" que se citaban en los años 70 quedaron atrás; en los 90 las "Chirucas" serán otras mucho mejores. Otro comentario que se puede hacer es relativo a los criadores de perros de caza: desde los años 70 se produjo una mejora de perros de caza a través de la selección de sus criadores; lástima que, como se verá, esa mejora no va a ir acompañada con la mejora de las especies cinegéticas y del campo, en general. También se produjo algo muy negativo y doloroso que puede pasar desapercibido pero que causó disgustos importantes a los que lo sufrieron: los robos de perros. Los robos de perros fueron frecuentes; la forma de realizarlos indica que fueron llevados a cabo por bandas organizadas: se realizaban de golpe, en un mismo día y lugar, afectando a un conjunto de propietarios que poseían perros de calidad contrastada. Muy pocos volvieron a manos de sus dueños. Hay que tener en cuenta que, por entonces, por un perro de calidad, por ejemplo, un sabueso para el jabalí en el norte de España, se podía pagar, en casos concretos, más de un millón de las antiguas pesetas.

Muchos comentarios que se han hecho sobre caza son aplicables a la pesca. En décadas anteriores ya se habló sobre la desaparición del cangrejo autóctono; ese fenómeno fue palpable en la década de los 70. En esta década, si bien no se produjo la extinción completa, como ocurrió en el caso del cangrejo autóctono, disminuirán drásticamente muchas especies que siempre habían venido existiendo en los ríos: trucha, loina (en Cuenca, luina), bermejuela (en Cuenca, luina de aleta *colorá*), lamprehuela, etc. En esta década fue evidente que los ríos estaban cambiando: las ovas de color verde brillante fueron sustituidas por otras de color parduzco, las piedras de los ríos que siempre albergaban nidos de gusarapas y de otros insectos, dejaron de tener esos nidos y, en su lugar, aparecían recubiertas con una baba grisácea de olor cenagoso. Dadas las percepciones anteriores, el olor del río era otro, claro está que más desagradable que el olor dulce, fresco, inconfundible, anterior. Lo mismo se puede decir sobre la impresión visual que producía el río. Paralelamente a esos cambios se produjo un descenso, se puede decir que brutal, en las especies que albergaron los ríos desde siempre.

Es natural preguntarse cuál fue la razón de esa pérdida de calidad, en todos sus aspectos, de los cursos fluviales. Quizás una respuesta la encontremos en las obras de saneamiento que se realizaron en los núcleos poblacionales de la geografía española que se hicieron tras la

267

entrada de España en la Unión Europea en 1986. Esas obras eran convenientes para elevar la calidad de vida de los habitantes de esos pueblos, pero, sin embargo, no se hicieron con las medidas de depuración necesarias para mantener la calidad de las aguas que se vertían a los ríos. Otra razón, menos concreta, puede estar en los efectos del uso de productos químicos en la agricultura y silvicultura que pueden llegar a los ríos. El resultado fue, en todo caso, un desastre ecológico[9].

Por último, es fácil imaginar que, como en el caso de la caza, en la pesca también hubo expediciones a ríos extranjeros a practicar ese deporte. Recuerdo que fueron frecuentes los viajes a Argentina y Chile a pescar unas truchas de gran tamaño que por allí había. He conocido a varias personas que hicieron tales viajes.

Crónicas de la década de los 90

El primer relato se titula *"Los ríos que no volverán"*. Este relato se compone de una serie de impresiones sobre la evolución de los ríos y su fauna a lo largo del tiempo. La necesidad de comparar el estado de los ríos antes y después de la década de los 90, hace que las impresiones que se reflejan no sean sólo del intervalo temporal de esta década, sino que se muestren hechos que sucedieron en otras décadas. En esta crónica, se incluye la vivencia del pescador conquense Dionisio Visier Massó en la captura de una gran trucha en el río Júcar a su paso por la ciudad. También se hace ver lo difícil que puede resultar comprender el comportamiento de las autoridades públicas desde un punto de vista estrictamente racional.

El segundo relato, *"Pastores de lo salvaje"*, hablo de la gestión de un coto de caza, exclusivamente de caza salvaje. Lo que sé de ello, me lleva a decir que es una gestión difícil e ingrata. Hoy no sé si habrá cotos en España de ese tipo; veo difícil que los haya.

El tercer relato es personal y entrañable. Es la lección que me dio uno de los perros que he tenido. Era una perra a la le pusimos el nombre de Currita. Lo que ocurrió aquel día se me ha quedado grabado fuertemente en la memoria. Soy consciente de que me dio una lección que hoy me reconforta, me da ejemplo, tranquilidad. Lo he titulado *"Lección inolvidable: La última perdiz de Currita"*.

Los ríos que no volverán

- i -

Cuando caía por Cuenca, solía darme algún paseo por las orillas del Júcar. En esos paseos me di cuenta de que el río era otro. El río de mi niñez y adolescencia había cambiado. El río había perdido el color verde de sus ovas; su olor no era el de antes, ahora olía a cieno y era desagradable; si levantaba alguna de sus piedras cubiertas por el agua, tenían una baba viscosa parda, no existían los nidos de piedrecillas

269

pagadas a ellos donde prosperaban las gusarapas y otros insectos acuáticos; tampoco se divisaban los abundantes peces que antes había en sus aguas; el río era pobre en vida; tampoco estaban ya aquellos pescadores pacientes y lacónicos concentrados en su tarea.

- ¿No vais a pescar?

- No vamos. No merece la pena. No hay prácticamente nada. Alguna rata de cloaca puedes encontrar. El río está podrido. Me es desagradable ir allí. Si voy me deprimo cuando pienso en lo que es hoy el río y lo que fue antes.

Antes, todos los veranos, año tras año, cuando se cruzaba el puente de palo sobre el Júcar pasando al mismo lado de la ciudad, a ambos lados del puente y en ambos lados del río, se veía una fila de cañas de pescar que se perdían de vista. Eran adultos, todos acompañados con sus nasas más o menos llenas de peces de distintas especies. Encima del puente de palo que cruzaba el río o en sus cercanías solíamos estar nosotros, los niños, pescando sin caña, con nuestros arreos, sobre todo, cabezotas; a veces picaba una boga, una luina o un molinero y, si había suerte, ya cuando avanzaba la tarde, alguna trucha. Éramos niños dichosos que teníamos a la naturaleza en el primer lugar de nuestro disfrute. Nos parecía que eso iba a ser siempre así, que lo teníamos asegurado. Estábamos equivocados.

- Lástima que no vayáis. Ese río os dio buenos momentos.

- Precisamente por eso no vamos. No vamos por el mucho cariño que le teníamos. Llevamos mal ver cómo está nuestro querido río. De él me quedan recuerdos, muchos y buenos. Son recuerdos de un montón de cosas que ya no es posible que vuelvan.

- Cuenta alguno.

- Contaré lo que me sucedió una tarde calurosa de agosto, hace más de medio siglo. Ocurrió mientras pescaba en la "tabla del medidor", que está justo encima de lo que conocemos como el "puente de hierro", al lado del "Barrio del Chocolate", así denominado entonces.

La mayoría de los pescadores practicábamos nuestra afición, tan absorbente como una droga, en las inmediaciones de nuestra ciudad; esa afición se había iniciado auspiciada por nuestros abuelos y padres. El río era entonces de aguas puras, verdes, con olor a río, el río era entonces, una fuente de vida, con especies de todo tipo: insectos, pájaros, peces, turones, ratas, comadrejas ..., de todo había, incluidos seres humanos de distinto pelaje. Existían ciertos pescadores famosos por su destreza y sus capturas. Unos eran famosos porque dominaban la técnica de la pesca de la trucha a cebo con lombriz de tierra; otros con la cucharilla; otros con la mosca; otros eran nombrados por su finura en la pesca de ciprínidos a la "ova". Eran personas a las que les habían salido los dientes en las orillas del Júcar, todo un arte y toda una vida para aprender a pescar con estas técnicas, hoy día prácticamente olvidadas. Algunos se dedicaban a la pesca de las truchas grandes del Júcar; se obtenían ejemplares de 3, 4 y hasta 5 kilogramos; hermosos peces salvajes. Todos los pescadores sabíamos el lugar, el pozo, la tabla exacta por donde se movían estos monstruos y donde tenían sus zonas de caza; era un tipo de pesca a la que había que dedicarle días y días, normalmente montando un cabezota sobre anzuelos como cebo; alguna vez sonaba la flauta y algún ejemplar se dejaba engañar, puesto que estas truchas eran por decirlo de alguna forma, cautas y muy astutas, se las sabían todas y era enormemente difícil atraparlas.

Esa tórrida tarde de agosto, como casi todas las tardes en aquellos tiempos, fui a pescar con la "ova", en la ubicación mencionada, donde solían cortar el agua a media tarde. El río se quedaba perfecto para la pesca de ciprínidos con esta técnica, ni mucha corriente, ni poca, el corcho se deslizaba de forma perfecta, pudiendo hacer lances elegantes en las verdes aguas, unas veces picaba un barbo; otras, una reluciente boga. La "nasa" estaba casi llena, la tarde transcurría lentamente;

recuerdo que ese día la "ova" me la regaló un personaje singular de la zona al que le decían "El Mudo"; el mudo era un gitano del barrio de "La Guindalera", buen pescador de ciprínidos.

Todo parecía transcurrir tranquilo, hasta que en uno de los muchos lances con mi caña de "ova" de más de 5 metros de larga, lancé el corcho aguas arribas, como todas las veces y de las profundidades salió un lomo enorme que estaba curioseando mi corcho, este tenía en la parte de arriba hilo de color rojo. Al ver una trucha de tal tamaño me lleve un buen susto y mi reacción inmediata fue un acto reflejo que no podría explicar; pegué un fuerte tirón con mi caña y los dos anzuelos del 14 que llevaba en el sedal se le clavaron en el cuerpo tras lo cual se agitó en el agua de forma tal que el hilo se le enrolló en su cuerpo. Inmediatamente el monstruo del Júcar inició su pelea sin tregua, se cruzaba hasta la otra orilla, me quedaba casi sin hilo, cuando se cansaba volvía otra vez hacia donde yo estaba, pasaba rozándome los pies, me había metido en el rio hasta las rodillas, sabía que esto iba a ser duro y largo… exactamente de la forma en que ocurrió.

Pasarían como unas dos horas y todo seguía prácticamente igual, la trucha estaba con sus fuerzas intactas, no quería forzarla para que el hilo, demasiado fino e inadecuado parar ese animal, no se rompiera; venía como un torpedo hacia mis piernas, se paseaba delante de mí, con toda su grandeza y otra vez pegaba un brutal tirón para irse a oxigenarse a la "recial".

Los brazos me dolían, estaba desesperado, no sabía qué hacer, ni qué camino tomar con semejante gigante. Con el paso del tiempo se fueron arremolinando algunas personas, que me veían en apuros, entre ellos un chaval más o menos de mi edad, se atrevió a meterse en el rio para intentar atraparla con las manos. Entonces tiré con todas mis fuerzas del sedal para traerla hasta la orilla, la trucha se acercó hasta el chaval quien llegó a tocarla; cuando eso ocurrió todavía se puso más valiente. Todos los intentos eran inútiles, esta trucha era demasiado grande y fuerte como para dejarse atrapar, esto pintaba muy mal, la luz cada vez era menor y el "monstruo del lugar", estaba como hacía más de tres horas, sin ganas de rendirse y con las fuerzas intactas.

Pero esa tarde, era mi tarde. El muchacho que intentó ayudarme dijo que conocía a unos hermanos que eran muy aficionados y que vivían un poco más arriba, en el "Barrio del Chocolate". Se trataba de una familia de pescadores de la zona, conocidos como los hermanos "Lentejos". Este muchacho se brindó a ir a la casa de esta familia para pedirles ayuda; al rato apareció uno de los hermanos, que tenía el propicio nombre de Ángel, con una sacadera enorme; se metió en el rio, casi hasta el cuello y en una de las excursiones que la trucha se daba por la orilla, la obligué todo lo que pude. Ángel le metió la sacadera desde la profundidad del agua y por fin pudimos ver y contemplar atónitos al "monstruo". Nos quedamos impresionados y sin palabras de lo grande que era este pez. Era un macho que dio un peso en báscula de 6,750 Kilos, algo insólito para una trucha de nuestro querido rio Júcar[10]. Mi padre y todos los que vieron aquel pez, se quedaron impresionados; Paquillo, el del Batán, se ofreció a disecar la cabeza y parte del cuerpo, lo hizo y todavía están en muy buen estado de conservación; el resto de la trucha fue cocinado por nuestra madre. Así terminó esa aventura inolvidable para mí, que se mantiene grandiosa y placentera en mi memoria. Yo entonces tenía 16 años.

- Buena y memorable aventura que nuestros hijos no podrán repetir.

- No. No podrán.

- iii -

El tiempo no vuelve atrás; el tiempo camina hacia delante siempre. Para bien o para mal. Los que siguieron a aquella generación nunca verían el Júcar de sus antecesores a su paso por Cuenca, ni la vida que albergaba. Pero había otras partes de ese río y otros muchos ríos en la provincia. La esperanza es humana. Ahora mi esperanza se centraba en que existiesen algunos lugares como los había antes.

- Esta provincia es grande tiene muchos kilómetros de ríos con distintos nombres ¿Habéis probado a pescar en otros lugares?

273

- Sí, hemos probado por ahí, pero vienen a pasar cosas parecidas. Hay tramos de río que les ha pasado lo mismo que al Júcar en su paso por Cuenca; están alrededor de tal o cual pueblo. Allí donde sueltan las inmundicias humanas. Hay otros tramos que están limpios, como estaban antes y, sin embargo, donde antes había diez peces, ahora solo hay uno; esto es algo que no se alcanza a entender

- ¿Por qué ha ocurrido esto?

- No se sabe. Puede que por la inmundicia. Ahora a los ríos les cae inmundicia humana que antes no les caía. Antes no había redes de saneamiento en muchos pueblos. La gente hacía sus necesidades en el corral. La grasa inútil la aprovechaban para hacer jabón. En los pueblos no había lavadoras, ni esos detergentes que ahora se usan. Ahora los ríos son parte de los basureros. Más podredumbre y menos buena comida para las moscas, los pájaros, los peces y los humanos, … para todos. En los ríos han aparecido barrenas de inmundicia de kilómetros que la fauna piscícola no quiere pasar; así queda aislada.

Pasó esta década y llego el siglo XXI. En el nuevo siglo continué investigando y recabando información de algunos tramos de ríos de la provincia en relación con la vida que albergaban y, dentro de un ambiente de desolación general, recordé uno de los parajes recónditos donde acudíamos a pescar, en la década de los setenta y ochenta. Ese lugar albergaba numerosas truchas; todas de pequeño tamaño, a lo más de una veintena de centímetros, pero con la cabeza muy desarrollada lo que indicaba que la trucha era vieja y no crecía como en otros lugares. Era un lugar de acceso imposible con el coche; el coche debía quedar aparcado en una aldea próxima (La Herrería de Santa Cristina) y había que andar cuatro o cinco kilómetros hasta llegar a ese paraje. Tampoco existía la posibilidad de que el río fuese contaminado por inmundicias de algún núcleo poblacional. En medio de la debacle de fauna piscícola, era éste un lugar que reunía características para ser visitado. Fue en el mes de agosto del 2016 cuando organicé esa visita; decidí llevar a un ilusionado Marcelino a esa excursión, a pesar de que ya era octogenario y estaba diagnosticado con la enfermedad de Parkinson. Uno de sus nietos nos acompañó, teníamos presente que, en el caso de que no se pudiese avanzar, volveríamos hacia atrás. Varias cosas no esperadas me encontré en ese paraje: una, que había una carretera donde antes había sólo una senda que permitía acceder al Arroyo de la Hoz Somera (ese era el nombre del río y del paraje); otra, que se había convertido en un lugar turístico para practicar un nuevo juego de moda, "el barranquismo"; otra, que acudían a ese paraje grupos de jóvenes de varios sitios de España y corrían como cabras locas por el arroyo practicando el susodicho barranquismo; por último, la conclusión más importante: en el Arroyo de la Hoz Somera[11], que tenía truchas a centenares en los años setenta y ochenta, no vimos ni un solo pez.

- iv—

Pasaron los años. Seguí visitando el Júcar a su paso por Cuenca. Con el tiempo, la salud del río mejoró. Sus aguas estaban más limpias. Sin embargo, aquel lugar fluvial nunca llegó a ser lo que fue en cuanto a la riqueza de su biodiversidad. Proliferó el cangrejo señal; un cangrejo que tuvo como origen la decisión administrativa, en España y en Europa, de introducirlo como sustituto del desaparecido cangrejo autóctono europeo. Junto al cangrejo señal aparecieron las nutrias que se alimentaban, en buena parte, de él. En ese mismo siglo, a finales de su primera década, se acometieron obras de naturalización de un afluente del Júcar, el Huécar, en el casco urbano de Cuenca, en una longitud aproximada de un kilómetro, lo que me facilitó hacer un seguimiento de la implantación de la fauna en todo ese tramo cuya conclusión general es que la colonización por fauna, incluido el cangrejo señal, se ha realizado muy lentamente desde el río Júcar y, a fecha de hoy, no ha sido completada en toda su longitud, lo que pone a flote la idea de "lo fácil que es destruir y lo difícil que es crear", idea que puede ser un principio de la naturaleza y de la vida.

- ¿Seguís saliendo a pescar?

- Salimos algo, pero no como antes.

- ¿Dónde vais?

- Por ahí, a varios sitios; a la Torre, a por las truchas que echan en el río para que las pesque la gente; a Valdemeca, que siempre tiene alguna trucha; a Cristinas en el Cabriel, allí, si no hay truchas, tomamos el bocadillo mirando la chorrera y con eso nos conformamos.

- Pues si queréis comeros el bocadillo al fresco de la chorrera, daros prisa, pues quieren echar abajo la presa.

- ¿Qué? ¿Quién quiere echarla abajo?

- Los de la Confederación. Dices que son cosas de la Unión Europea y les toca a los de la Confederación tirarla. Dicen que es bueno para las luinas; que es bueno para la biodiversidad; que así los peces pueden ir de un lugar a otro sin tener una barrera; que hay que volver a los cauces naturales de antes.

- Después de todo lo que hemos visto, ¿ahora vienen con esto?.

- Pues así es. Esta vida parece un comic de los que leíamos de niños. Los personajes de los Comics infantiles eran unos individuos estrambóticos que respondían siempre a lo mismo, tenían ideas fijas, comportamientos fijos. Estos también lo son. Estos, tienen una idea única y permanente en su cabeza: derrumbar todas las presas para así, según ellos, mejorar la biodiversidad.

- ¿Qué biodiversidad?

- Preguntárselo a ellos[12].

Pastores de lo salvaje

- i -

Yo no sabía nada. Había pasado el tiempo. Ya se había sobrepasado la mitad de la década. Ahora podía volver a cazar, aunque estuviese lejos, a setecientos kilómetros de Cuenca. Contaba con que tenía un sitio donde ir, pero no era así.

- ¿Dejaste de llevar el coto?

- Lo dejé a mi pesar. Una pena. Me gustaba esa tarea y tuve que dejarla.

- ¿Por qué?

- Porque era difícil pagarlo; era difícil reunir el dinero para pagarle a la propiedad y cubrir gastos, y todavía más difícil conseguir un poco más; un poco más, para mí por mi trabajo, aunque fuera la mitad de esos sueldos mínimos que se pagaban por ahí.

No quise hurgar en los detalles de ese abandono. En Marcelino era mayor la fogosa ilusión que el frío cálculo. Las cuentas dinerarias habían dado al traste la gestión de ese coto que, desde un principio, pretendía que fuese de caza salvaje en estado puro. La gestión de un coto de ese tipo ha sido siempre difícil y muy cara; sólo la han podido hacer gente con dinero de sobra, con la finalidad de disfrutar del placer de una naturaleza pura o, más frecuentemente, de promoción de una serie de relaciones sociales de interés.

- ii -

Yo sabía que a ese coto le había entregado unos buenos años de su vida. Cuando inició su gestión el coto estaba esquilmado, no había habido control sobre él. Cosas de muchos es difícil que funcionen bien y la caza es fuente de egoísmo: si a uno lo ve el vecino con un par de piezas y el vecino es cazador, tiene un émulo al día siguiente; si no es cazador, el vecino piensa que le han arrancado de la naturaleza algo que, indirectamente, le pertenece. Este egoísmo parece que está metido en el genoma humano; es posible que el sentimiento de algunos adscritos hoy al animalismo o al ecologismo tenga que ver con ello. Así, entra dentro de lo probable pensar, que los lugareños habían ejercido una presión sobre la fauna cinegética del coto en todo momento, de distintas maneras, legales y furtivas; ya fuese por las noches con los coches, tras

277

las liebres y lo que saliese; ya fuese por el día, tras las perdices o lo que saliese. En esas condiciones la labor de guardería es más que necesaria.

- Le dediqué muchas horas. Muchas noches me quedaba a dormir en el coche para interceptar posibles furtivos y para hacer ver que existía guardería. Al principio no había perdiz, no llegaría a cincuenta su número en las tres mil hectáreas de coto. Pero la perdiz es agradecida, a poco que la dejes tranquila se multiplica[13]. El coto estuvo dos años sin cazar y cogió una densidad de perdices suficiente como permitir su caza al salto o en mano.

- iii -

Otro problema que tenía el coto, que resultó ser más importante que el de los humanos, era el de los depredadores: zorros y córvidos. Los números demostraron, sin metáforas ni exageraciones, que había muchos más zorros que vecinos censados tenía el pueblo; ya fuesen no cazadores o cazadores; dentro de los cazadores, ya fuesen furtivos o legales

- Con los zorros me ayudó Arribas. Yo sabía de zorros y lazos, pero Arribas tenía muchas tablas en eso. A pesar de mis años de monte, no podía pensar que hubiese tantos zorros. El primer año, sobrepasamos con creces en centenar, más que los vecinos que tenía el pueblo. El segundo año, pensé que ya no se iban a coger, que no merecía la pena poner más lazos; Arribas me corrigió, me dijo que se iban a coger y no pocos; pues bien, superamos el centenar, aproximadamente el número de vecinos que tenía el pueblo. El tercer año, la cosa quedó en lo aceptable, una veintena y los siguientes años vino a repetirse ese número, con lo cual los zorros dejaron de preocuparme.

- ¿Y los córvidos?

- Con esos no pude del todo, aunque reduje su número con jaulones *cebaos*. Son más listos que lo que pensamos. Uno ha estado en contacto con la naturaleza toda la vida y siempre te enseña algo que desconocías. En una ocasión estaba volviendo a casa con la furgoneta cuando

278

observé, cerca del camino por donde iba, media docena de cuervos que habían hecho una especie de círculo en el aire y algunos se tiraban en picado hacia el suelo y otros se mantenían en el aire con un vuelo lento observando el suelo. Era algo raro; desconocía la razón de ese comportamiento. Estaba observando desde el interior de la furgoneta cuando veo que a lo que se tiraban unos y acechaban otros era un bando de perdices adultas; las perdices estaban desconcertadas y no sabían hacia donde tirar; una de ellas fue la primera que arrancó volando y, cómo estaría de desesperada, que fue a chocar contra un poste de la luz de madera antiguo, cayó al suelo y todos los cuervos se tiraron hacia ella como una manada de lobos; entonces yo abrí la puerta de la furgoneta y salí hacia ellos voceándoles; los cuervos, al verme, levantaron vuelo; llegué donde estaba la perdiz, ya moribunda, con la cabeza a medio reventar de picotazos que le habían dado en pocos segundos. Después de lo que vi, me di cuenta de que los córvidos pueden ser más dañinos que las águilas para la caza; quizás porque son más inteligentes.

- Veo que cuando viste ese ataque, te salió la vena protectora del pastor; en este caso de un pastor de perdices salvajes.

- Sí; me parece que todos tiramos a pastor, aunque no nos demos cuenta.

- iv -

Puede que esas improntas pastoriles estén, también, grabadas en el genoma humano. Es posible que, de modo natural, tendamos a proteger a esos animales que están en la naturaleza, caso de un gestor de caza salvaje, o que hemos sacado de ella, guardado y protegido, caso de un pastor convencional. Pastorear lo salvaje o lo convencional no es tarea fácil en ninguno de los dos casos, pero el pastoreo de lo salvaje resulta más imprevisible, más incontrolable y, posiblemente, más ingrato a la hora de vender el producto.

- Trabajar el coto, velar de distintas maneras para que la caza prospere, me gustaba. Es un trabajo bonito que te recompensa cuando ves buenos resultados. Pero lo más desagradable de estos cotos es el trato con la gente. La gente piensa que porque paga, va a tirar dos cajas de cartuchos y va a cobrar media docena de perdices por lo menos; eso, muchas veces, no es así; los resultados de un día de caza con la salvaje dependen de muchos factores y uno de ellos es la suerte y la suerte no puede ser explicada. Hay gente que se pone a cazar la salvaje y no sabe lo que es la caza de la salvaje y, por tanto, no la puede valorar.

- Habría alguien que sí lo valoraba.

- Claro que sí. Muchos lo valoraban. Al coto fueron gente de varios sitios de España que sí valoraban lo que allí había. Pero, sobre todo, los que más me sorprendieron en su valoración fueron los franceses. Los franceses valoraron la presencia de caza salvaje en alto grado; quizás porque en su país ya no había o quedaba poca. Les pregunté por las liebres que había en la Picardía, donde yo estuve trabajando, allá por el 1960; me dijeron que ya no había y eso me costaba creerlo, era inconcebible que las liebres que yo vi, tan numerosas en aquella región por entonces, hubiesen desaparecido[14].

Lección inolvidable. La última perdiz de Currita

- i -

- ¿Qué tal Currita? – me preguntaba Paquillo, un amigo cazador que tuvo la suerte de tener como perra a Kin, una hermana de Currita

- Ya vieja. Salta los diez años. Ya sabes que viene teniendo, desde hace unos años, un problema de salud. El corazón no le va bien del todo. Pero, ella se defiende, me acompaña, me ayuda lo que puede y no es poco.

- Seguro que es bastante. No puede ser de otra manera. Aquella camada fue única. No puedo olvidar a su hermana, mi Kin. ¿Quiénes serían los malnacidos que me la robaron? Me hicieron polvo; casi me vuelvo loco buscándola.

- Ya han pasado años.

- Sí, han pasado años. Pero no la olvido. Me acuerdo de ella, un día sí y otro también. A veces me pongo a pensar en un hecho que yo lo veo como cierto. Se trata de que, en la vida, los humanos que nos rodean, por buenos que sean, alguna vez sentimos en la convivencia con ellos que algo nos ha disgustado, o que algo no nos agrada o, más sencillamente, que queremos que algo fuese mejor. En medio de eso me pongo a recordar a Kin y me digo a mí mismo: *¡madre mía!, ese animal lo único que me dio fue felicidad* y lo hizo desde cachorra hasta que me la robaron con seis años. Supongo que a ti te pasará algo parecido con Currita.

- Supones bien.

- ii -

Currita era una perra cruce de drahthaar y braco alemán de una línea que inició aquel gran drahthaar llamado Tir, perro del que hablé en la década de los sesenta. A Currita, con los años le apareció un problema cardiovascular que le impedía correr con la zancada potente que tuvo de joven. Después, conforme fueron pasando los años, el mal se agravó. Llegaron sus once años de vida. Por entonces, Currita sólo se comportaba de forma levemente parecida a la de sus años jóvenes a primera hora de la mañana; en esos momentos cazaba batiendo el terreno por delante de mí con su zig-zag característico, antes rápido y vibrante, ahora lento y cadencioso; ese comportamiento duraba una media hora. Después de su breve y saboreada pequeña aventura matinal, se colocaba detrás de mí, cogía el ritmo del andar humano y así me seguía allí donde fuese. Yo, siempre les he hablado a mis perros en medio de la soledad del campo; lo hacía cuando tomaba un rato de descanso o, lo que era más frecuente, de elucubración sobre los siguientes pasos a seguir.

- ¡Cómo pasan los años! Ya no eres la que eras. ¿Te acuerdas como corrías detrás de la liebre cuando eras jovencilla?, parecías un galgo galopando cuesta arriba ¿Te acuerdas?

281

Currita me miraba atentamente mientras le hablaba y la acariciaba.

- ¿Te acuerdas de aquel día que volqué el pato en la laguna? Te pusiste de muestra al viento al lado del cenagal de la orilla, pero no quisiste entrar. Viste el peligro. ¿A qué sí? Si hubieses entrado es posible que no hubieses podido salir y yo me hubiese metido a sacarte y aquel día hubiésemos muerto los dos. Puede que me hayas salvado la vida y no lo sepamos; ni tú, ni yo.

En esas situaciones yo me sentaba en una piedra y Currita me acompañaba de pie inicialmente; luego, si me demoraba en levantarme, optaba por sentarse de bolo a mi lado y así permanecía el tiempo que fuese.

- ¡Venga! vamos a dejarnos de recuerdos y filosofías ¡Vamos a lo que nos llevamos entre manos en el presente! Hoy es un mal día, hace un viento malo; es viento solano. Se echa la tarde encima y no hemos visto nada. Las perdices estarán por ahí, más o menos chafadas, en algún sitio, protegidas del viento. Tenemos que coger esas zonas protegidas. En esas zonas, cazando despacio, podemos tener alguna oportunidad. ¿Qué te parece la idea?, … seguro que bien, … ¿a que sí, Currita? ¡Venga! ¡Vamos!

Yo me levantaba del asiento pétreo y Currita lo hacía del suelo a renglón seguido y seguía mis pasos allá donde fuera.

- iii -

A pesar de su estado de salud, Currita no había perdido sus grandes vientos. Activada por ellos, a veces me adelantaba y cogía una dirección concreta con el morro en el suelo o más o menos levantado. Cuando ocurría tal cosa, era seguro e inminente el levantamiento de alguna pieza. En medio de la estrategia que estaba siguiendo en aquel día ventoso, la perra me adelantó, pasó la pequeña vaguada protegida que se generaba en una paramera donde estaba buscando la perdiz y saltó hacia una ladera bastante pronunciada que había al otro lado de la vaguada. Una

282

vez allí, empezó a hacer paradas de muestra al fuerte viento, que hacía y deshacía, mientras avanzaba lentamente por la cresta de la ladera. Pronto se arrancaron un par de perdices que volaron como una exhalación a favor del viento y en décimas de segundo se situaron a una distancia considerable. Les disparé los dos tiros de mi paralela y no acerté. Después de la meritoria faena de Currita, sentí profundamente no haber acertado y que la perra no hubiese podido cobrar y disfrutar de su merecido premio.

- ¡Mecagüen! ¡Mecagüen! ¡Currita! Después del maldito día que llevamos y de la faena que has hecho, no he sido capaz de matarte tu perdiz. Perdóname.

Me puse otra vez en marcha. La perra dejó atrás su certera aventura olfativa y volvió a andar detrás de mí. Así fue avanzando la tarde; el sol empezaba a declinar mientras volvíamos hacia al coche sin haber visto más que aquel par de perdices que fallé. Yo daba por terminado ese mal día; un día en el que volvía bolo y que, por entonces, era excepcional. Iba avanzando por la corona de una ladera que con la luz del atardecer se veía oscura. De repente, sin esperarlo, apareció la silueta en el cielo de una perdiz, volando como una centella, lejana, en sentido transversal a nuestra dirección. Me eché la escopeta a la cara, cogí su trayectoria en el cielo y corrí ampliamente la mano con la escopeta; solté los dos tiros corridos cuando ya la perdiz era difícil de distinguirla una vez que su trayectoria se superponía con el ocre parduzco de las aliagas de la cuesta de la ladera. Retiré la escopeta de la cara y observé que la perdiz iba herida; cambió su vuelo y empezó a descender hacia la ladera, finalmente se posó en medio de ella y vi que empezaba a apeonar con brío hacia abajo hasta perderse de la vista entre las aliagas. Currita se dio cuenta de lo sucedido y, de nuevo, dejó de ir tras de mí, me adelantó dirigiéndose sabiamente a la zona donde había ido a posarse la perdiz.

- Difícil lo tenemos, Currita; ésta va derecha a las zarzas y a ver quién la saca de ahí -le dije.
En el fondo de la vaguada discurría el río Valparaísos. Desde el alto de la loma veía sus bordes poblados de zarzas. Yo daba por hecho que la perdiz, tal como iba pegada, se iba a meter en alguna de ellas e iba a ser

283

muy difícil sacarla; Currita, de joven, se hubiese metido en cualquier zarza sin dudarlo y habría cobrado su perdiz, pero ahora era otra cosa. Llegó la perra a la zona donde había caído la perdiz y poco después cogió limpiamente su rastro que, tal como había visto y era evidente, se dirigía hacia el río. Esperaba su muestra en alguna zarza y sentía que me esperaba una dura lucha en el intento de cobrar esa perdiz. Sin embargo, no fue así; vi la perra perderse entre las zarzas y me di cuenta de que había cruzado el río al verla brevemente en la otra orilla. Eso no lo entendía, no me entraba en la cabeza que la perdiz hubiese pasado el río nadando, lo veía imposible. Confuso bajé lo rápido que pude hacia el río, ya sin poder ver a la perra por la maleza. Cuando llegué al río entendí lo ocurrido, había unos troncos que, a modo de puente, vadeaban el río; la perdiz había cruzado el río precisamente por ahí y la perra tras ella. Crucé también por ahí el río. Cuando pasé a la otra orilla lo que presencié entonces y recuerdo hoy fue, sencillamente, bello y espectacular: Currita estaba petrificada en una muestra al viento en medio de un pedazo de cebada recién salida con un verdor homogéneo y brillante. La perdiz allí estaba, no había duda, en medio de ese pedazo, a unos cuantos metros de la perra.

- No puedes fallar esta perdiz, no puedes fallar esta perdiz, no puede pasar tal cosa en la escena que estás viviendo; esta perdiz es de Currita; no puede dejar de tenerla – me decía a mí mismo cogiendo aire para animar a la perra a que rompiese la muestra y entrase a por ella.

Le ordené que entrase a por ella. Esperaba que volase, pero la perdiz no pudo levantar vuelo. La perdiz salió apeonando como una exhalación por medio de aquel verde pedazo y la perra tras ella corriendo trabajosamente, cojitranca por su edad, pesarosa por su corazón ahora enfermo, voluntariosa y generosa, heroica en el esfuerzo por lo que todavía le había quedado de su corazón de siempre. Finalmente se hizo con ella en el mismo pedazo. Se quedó un rato quieta con ella en la boca, con sus patas delanteras y traseras apoyadas a lo largo en el suelo; después, tranquilamente se levantó con su perdiz en la boca, vino hacia mí y me la entregó. La acaricié emocionado y todavía hoy, cuando estoy escribiendo esto, me vuelvo a emocionar con ese recuerdo.

Conté lo ocurrido a los compañeros de caza. Un día malo de caza, se había convertido en un día extraordinario, en un día pleno por lo que me había dado Currita.

Volví a cazar después de un par de semanas después. Salimos cazando en mano la cuadrilla de entonces. Currita hizo lo de siempre: su zig- zag mañanero por delante de mí. A veces la vegetación hacía que la perdiese de vista, pero luego, enseguida volvía aparecer. Ocurrió que pasó un tiempo mayor que el acostumbrado sin verla y empecé a inquietarme. No veía a la perra por ningún lado. Volví sobre mis pasos a ver si le había pasado algo. La llamaba y no daba señales de vida. Los compañeros se alejaron; perdí la mano con ellos. Definitivamente empecé a pensar que podría estar muerta en algún lugar y que no había acertado en encontrarla; di vueltas y vueltas por la zona que habíamos recorrido; no di con ella. Pensé entonces que, quizás, se había encontrado con Marcelino y había tenido el capricho de irse con él, era esa la alternativa más optimista; mi siguiente paso fue ponerme a buscar a Marcelino. Había pasado el suficiente tiempo para perder a todos de vista. Me costó mucho trabajo encontrarlo aunque finalmente di con él.

- ¿No está contigo Currita?

- No.

- No la has visto.

- No.

- La perra ha desaparecido y no sé nada ella. Desapareció de mi vista esta mañana. Pienso que es posible que le haya dado un infarto o algo así y esté muerta o malherida. No le encuentro otra explicación a lo que ha ocurrido.
- Es muy raro lo que cuentas. Si la perra está viva, estaría contigo o, si le ha pasado algo raro por lo que te ha perdido, habrá ido a buscar el coche. Vamos hacia el coche a ver si está allí.

Caminamos en dirección donde teníamos aparcado el coche. Nos íbamos aproximando a él cuando vimos a la perra que salía hacia nosotros. Pensé en el profundo conocimiento que tenía Marcelino sobre el comportamiento de los perros. Respiré tranquilo aun sin entender todavía lo sucedido. La perra llegó a mi lado y observé que a su pelo le ocurría algo raro, lo tenía algo erizado, parecía que le habían dado aceite por encima. Esos indicios indicaban que a la perra le había pasado algo grave en su salud. Guardamos nuestros perros, como siempre, en el maletero de nuestro coche. Yo me despedí de la cuadrilla; me tocaba hacer un largo viaje hasta donde trabajaba. A la mañana siguiente recibí una llamada por teléfono en la oficina; Marcelino me comunicó que cuando abrió de nuevo el maletero del coche, Currita estaba muerta.

Desde la oficina pensé en su última perdiz Aquella perdiz que me entregó en aquel día de viento solano. Su última faena estaba llena de contenidos para mí de forma ejemplar e inolvidable.

- V -

Pasaron más de veinte años desde entonces, yo ya tenía más de sesenta años y con los años sobrevinieron problemas de salud propios de la edad. Por entonces me diagnosticaron un cáncer de próstata; una mala noticia que, como es natural, por la incertidumbre de sus efectos se siente una fuerte desazón y te hace pensar en lo que es la vida y la muerte, y en todo lo que rodea a ambas. Pues bien, en aquellas tribulaciones aparecía reiteradamente el recuerdo de Currita, de su última perdiz y de su forma de morir. Me decía que así era como yo mismo querría morir. Morir haciendo lo que indicaba la naturaleza de mi persona hasta los últimos instantes de mi final biológico.

Notas de la década de los 90

(1) La actividad fue intensa y el crecimiento fue descompensado; unos sectores crecieron mucho más que otros; hubo fuertes inversiones en materia de infraestructuras (AVE Madrid-Sevilla, Expo de Sevilla, Olimpiadas de Barcelona). Cuando se terminó esta fase de fuerte actividad llegó una recesión severa: se cerraron empresas y otras tuvieron que restructurarse buscando una mejor competitividad y una mayor productividad; hubo un paro que alcanzó un 25% de la población activa. En esas condiciones no era posible la deseada integración de España en la Unión Monetaria y Económica que llevaba aparejada la entrada en la moneda única (euro) y que, a pesar de perder la soberanía monetaria como nación, debería dar estabilidad a la economía española. Les tocaba a las autoridades de entonces tomar medidas y una importante fue operar sobre el tipo de cambio devaluando la peseta, cosa que debe ser positiva para incrementar las exportaciones, aumentar la inversión externa y reducir las importaciones. Tras todo ese discurrir, el objetivo de la integración en el Unión Monetaria y Económica se consiguió.

(2) La forma de expresar esa integración del medio ambiente en el resto de políticas, en el Acta Única Europea, Tratado de la Unión Europea y Tratado de Ámsterdam, no es igual. Las diferencias se expresan a continuación (se resaltan las palabras que mancan diferencias en negrita):

Documento:	Las exigencias de protección del medio ambiente:
Acta Única Europea (1986)	Serán un componente de las demás políticas de la comunidad
Tratado de la Unión Europea (Maastricht, 1992)	Deberán **integrarse** en la definición **y realización** de las demás políticas de la comunidad.
Tratado de Amsterdam (1997)	Deberán integrarse en la definición de políticas **y acciones** de la comunidad, en particular **con el objeto de fomentar un desarrollo sostenible.**

(3) En España apareció un Reglamento sobre agricultura ecológica en 1989 que tuvo modificaciones tras la entrada del Reglamento CEE 2092/91 de la UE. Es un hecho objetivo que la producción ecológica agrícola creció notablemente en España en esta década: de unas 4.000 Has a 600.000 Has. Este incremento, aunque es más que notable, supone, en términos relativos frente a la agricultura convencional, muy poco (la superficie de agricultura ecológica vino a ser al final de la década algo más de un 1% de la superficie de España).

287

(4) Pongo entre comillas el adjetivo independiente porque incita a hacernos preguntas tales como: ¿resultaba insuficiente la Oficina Europea?, ¿la información medioambiental que recibía la UE no era independiente?, ¿realmente la creación de tantos órganos es positiva para tener un medio ambiente mejor?

(5) Ese gasto de un cazador medio de menor se podría configurar de la siguiente manera:

Costo de coto calidad media:	50.000 pts.
Costo de viaje de un desplazamiento de 100 kilómetros, se puede estimar en unas 2.000 pts; el precio de la gasolina estaba sobre unas 100 pts./litro; normalmente era un costo que se compartía entre varios.	
Costo de 15 viajes por temporada más otros 10 viajes en media veda:	2.000 pts/viaje x 25 viajes = 50.000 pts.
Costo de año de escopeta (se supone vida útil de 20 años y costo de una escopeta tipo medio en 65.000 pts):	65.000 pts. / 20 años = 3.250 pts./año
Munición (20 cajas de 25 cartuchos a 350 pts./caja):	20 cajas x 500 pts./caja = 10.000 pts.
Otros gastos (se supone 500 pts./jornada) :	25 jornadas x 1000 pts./jornada = 25.000 pts.
TOTAL GASTO POR TEMPORADA:	138.250 Pts. (830,89 €)

El costo del coto era variable. Un coto de calidad, por ejemplo, en La Mancha, podría tener un costo de 200.000 a 300.000 pts., valores que dan lugar a un gasto que supera con creces el salario medio mensual que se fue dando a lo largo de la década.

(6) Por Orden Ministerial de 1962 se introdujeron 12 corzos en la provincia de Cuenca procedentes de la reserva del Saja (Santander); las sueltas de las repoblaciones se hicieron en Lagunillos, el Hosquillo y el Pozarrón; en el caso concreto del corzo creo haber oído que la suelta se hizo en el Hosquillo. Así como el gamo y el ciervo de esas repoblaciones prosperaron, de los corzos no se supo nada de su evolución. Por otra parte, en la provincia de Cuenca, antes de esta década, había certeza de la existencia de corzos en la Sierra de Altomira y no se intuye que tuviese una relación con los corzos de las repoblaciones de principios de los años 60 en la Serranía de Cuenca. No recuerdo ningún otro paraje donde se oyesen noticias de su existencia en los años 70 y 80; por tanto, en aquellas décadas, las noticias de existencia de corzos se circunscribían a una isla geográfica dentro de la provincia y allí estuvieron durante años. Una hipótesis de partida que se puede barajar es que la población de corzos de la provincia tuvo como origen principal la población de la Sierra de Altomira y

288

que fue colonizando progresivamente zonas limítrofes según la evolución de la flora, cada vez más montesina; pero eso no es seguro.

(7) Descendió de 1.443.514 a 1.200.951 licencias, en esos diez años de la década; es decir, 242.563 licencias menos lo que supone una bajada total de cerca del 17%. Esa cuantía cercana al 20% no se puede pasar por alto. Cabe preguntarse por qué se produjo tal descenso. Las circunstancias económicas no lo justifican. En cuanto a las densidades de especies cinegéticas, en esta década las de caza mayor aumentaron y las de menor se puede decir que, en general, se mantuvieron. En consecuencia, las densidades de especies cinegéticas no explican la disminución en la década de los 90. Siendo así, las razones serán otras. Posiblemente las razones de ese descenso se encuentren en la evolución demográfica de España (menos gente en el medio rural, una población envejecida, bajo crecimiento vegetativo de la población "española" -sin incluir la población extranjera- que se hará negativo en el año 2017,…) y en los efectos sobre la sociedad de la propaganda ecologista y de algunas agrupaciones políticas que se ha introducido en la mente de las personas a través de los medios de difusión y en las mismas escuelas de enseñanza. Se puede decir que, en algunos casos, el cazador del lobo en el cuento de Caperucita, pasa de héroe a delincuente.

(8) En la revista Trofeo de abril del 1999, aparece publicado un artículo titulado "Los Cazadores se Plantan" que muestra la divergencia entre la forma de ver el ejercicio cinegético entre los cazadores y el poder Político-Administrativo. Se expuso crear una Plataforma de Defensa de la Caza, se anticipan posibles manifestaciones que años después se realizarán, etc. En ese número, también se habla de los pintorescos juicios ficticios que realiza una Fundación de Defensa de los Derechos de los Animales denominada "Corte Internacional de Justicia para los Derechos de los Animales"; en esa ficción que crean, hay abogados acusadores y abogados defensores de oficio de un hipotético político o cazador a ajusticiar; la acusación española la hizo una tal Belén López Precioso, el juicio era por la contrapasa de la torcaz que se practica en Navarra. En la revista de mayo del 1999 se publican nuevos artículos donde se hace énfasis en la necesidad de trabajar para que los cazadores formen parte en los órganos de decisión sobre naturaleza y cinegética (algo fundamental que ya se ha expuesto en estas Crónicas en la década de los ochenta), se habla también de la creación de un órgano consultivo llamado Consejo Interautonómico de la Caza.

(9) Esto lo observé en el río Júcar en varios de sus tramos. Uno de ellos es el que comprendía las aguas del Júcar, aguas debajo de Tragacete, hacia Huélamo. Otro es el mismo río Júcar a su paso por la ciudad de Cuenca, donde se encuadra el relato titulado "La Trucha del Medidor". En cuanto al tramo del Júcar a su paso por Cuenca, su calidad mejoró con medidas que se tomaron para depurar sus aguas; de todos modos, no se llegó con esas medidas al estado ecológico del río que había en los años 70.

(10) En la imagen que sigue, la trucha del medidor; una de las truchas más grandes que se han pescado en la provincia de Cuenca. La sostiene el hermano menor del pescador.

(11) Imagen del arroyo de la Hoz Somera.

(12) Se lo preguntamos a ellos (a las administraciones públicas) y no obtuvimos respuesta. Al tiempo realizamos una investigación para, por nuestra cuenta, conseguir entender las razones de la demolición de las presas, azudes, etc. en España. Parece que, en este caso, los creadores de esa "idea" están en España y no en la Unión Europea. La Unión Europea vino a decir, sencillamente, que había que tomar medidas para *"Proteger, mejorar y regenerar todas las masas de agua superficial con el objeto de alcanzar un buen estado de las mismas"* (lo dicen en Directiva 2000/60/CE del Parlamento Europeo y del Consejo). Pues bien, como era obligado, los redactores del Plan Hidrológico Nacional (Ley 10/2001 de 5 de julio) tuvieron en cuenta esa prescripción y en el Art. 28.1 de ese Plan, demuestran que la tienen en cuenta ciegamente cuando, sin más consideraciones, dicen: *"en el dominio público hidráulico se adoptarán las medidas necesarias para corregir las situaciones que afecten a su protección, incluyendo la eliminación de construcciones y demás instalaciones situadas en el mismo. El Ministerio de Medio Ambiente impulsará la tramitación de los expedientes de deslinde del dominio público hidráulico en aquellos tramos de ríos, arroyos y ramblas que se considere necesario para prevenir, controlar y proteger dicho dominio"*. Y a partir de ese momento los españoles de a píe nos quedamos estupefactos cuando empezaron a cargarse presas, presillas y azudes.

En el listado de sus destrucciones se encontraba la pequeña presa de Cristinas. En relación con ello contactamos con Ayuntamientos enviándoles un texto que una Asociación que habíamos creado, había preparado para que protestasen contra esa acción. También sacamos un artículo en prensa (La Opinión de Cuenca. Ríos de Cuenca y Presa Cristinas: ayer, hoy ¿mañana?). En el contenido de esos documentos les aportábamos las razones por las que tenían que dejar la presa en paz. Esas razones eran las siguientes:

1º.- La presa Cristinas es una actuación de obra pública que tiene doscientos años de vida y ese tiempo es suficiente para la generación de ecosistemas específicos que incluyen a esa presa como uno de sus elementos. El río Cabriel, en general y, particularmente, el entorno de la presa Cristinas ha sido lugar de riqueza en cantidad y calidad de distintas especies vegetales y animales durante años, en la que la presa Cristinas ha sido uno de sus elementos. El deterioro de fauna fluvial en ese río (y en otros de Cuenca y de España) se produce a partir de los años 80 y 90 del pasado siglo, en la que una de sus causas no es la inocente y anciana Presa Cristinas, sino que tiene otras causas entre las que se incluyen los vertidos a los ríos de los saneamientos de los núcleos poblacionales sin una depuración adecuada o el uso de ciertos fitosanitarios en la agricultura (esta asociación ya se dirigió hace años a las administraciones públicas, incluida la dela JJCC Castilla-La Mancha por el uso del imidacloprid -debe estar en sus archivos- y sobre la que no obtuvo respuesta alguna de esa administración). 2º.-La demolición de la presa de Cristinas no supone "proteger, mejorar ni regenerar masas de aguas superficial". En consecuencia, la aplicación del Art. 92-bis-b) no está justificada. Si quieren mejorar esas masas de agua lo que deben hacer es depurar adecuadamente todas las aguas vertidas desde todos los focos emisores a los ríos, estudiar a fondo los efectos fitosanitarios que de usan en la agricultura y en las explotaciones forestales y, en suma, aplicar productos compatibles con el mantenimiento y enriquecimiento de la biodiversidad. 3º.- La demolición de la presa Cristinas tampoco supone proteger el dominio público hidráulico; por tanto, la demolición de la presa Cristinas no es una actuación que se justifique con el contenido del Art. 28 del Plan Hidrológico Nacional. 4º.- En cuanto a constituir un obstáculo para el paso de algunas especies, ese obstáculo es positivo en relación con la conservación de la loina (en Cuenca, luina) pues impide el paso de la boga desde aguas más cálidas a otras más frías, pero, en todo caso, si se desea que ese tránsito se produzca, el mantenimiento de la Presa Cristinas es compatible con la generación de pasos. 5º.- Aparte de las consideraciones que se han hecho antes, en otro orden de cosas, la Presa Cristinas es un lugar que, de por sí, ha generado un paisaje de belleza y sus doscientos años hace que sea una construcción con interés histórico y social.

Salto de Cristinas.

(13) Esta afirmación no se hubiese producido años después. Años después, las perdices desaparecían dejándolas tranquilas, sin cazadores, sin furtivos y sin depredadores.

(14) Sorprende que los franceses hiciesen viajes de cerca de 1500 kilómetros, desde París hasta Cuenca, para cazar en aquel coto. Según ellos mismos decían, lo hacían atraídos por la caza salvaje, esa caza salvaje ya no existía en su país. Como es común, este tipo de caza no da lugar a hacer muchos disparos ni se cobra un número alto de piezas (para mejor entendimiento, considero un número alto de piezas, por ejemplo, una docena). Marcelino estuvo en la región de la Picardía trabajando en el campo a principios de los sesenta y no olvidaba la gran densidad de liebres que allí había y que, según él, a veces se contaban por centenares en los campos llanos de cereal y, sobre todo, de remolacha.

Por otra parte, removiendo algunos papeles que conservaba Marcelino, he encontrado algunas cartas; una de ellas procedía de Navarra conteniendo un listado de los cazadores para ese coto, entre los que se encontraba José Madrazo Ambrosio, el cual ha sido galardonado con importantes premios internacionales de caza: el Conkiln Award y el Weatherby. El premio Conkiln Award, que pretende premiar *"al cazador esforzado, al que no arredra la dureza de situaciones difíciles, y que ha conseguido un alto número de ejemplares de una lista muy*

293

estricta de especies venatorias, exigiendo, además de su salvajismo, ser autóctonas, libres y haberlas cazado sin ayuda de medios artificiales y respetando la legalidad y la tradición cinegética". He encontrado una entrevista que le realizaron cuando obtuvo ese premio en el 2008; aporto la contestación a una de las preguntas que le hicieron: *"¿Qué destacaría con orgullo del mundo de la caza? -preguntan-. El esfuerzo permanente por conservar lo que llamábamos el campo, y que hoy se prefiere llamar naturaleza; ese empeño constante de los cazadores, por sí mismos, por mejorar el hábitat de las piezas cinegéticas y no cinegéticas, para seguir cazando y para dejar ese legado a las generaciones venideras -contesta-".* No es de extrañar, pues, la asistencia de él y de ese grupo a aquel coto de salvaje que hubo en Cuenca.

- El siglo XXI -

Pesimismo e incertidumbre.

En estas dos décadas del siglo XXI, la visión que la mayor parte de la población tiene sobre su propio futuro y sobre el de la sociedad que les rodea, será distinto al de las dos últimas décadas del siglo XX. No tendrá la certidumbre de las décadas anteriores. Aparecerá una nueva percepción del futuro, el de una mismo y el de la sociedad en su conjunto. Esa nueva percepción supone una visión de la vida más pesimista e insegura. Hay hechos obvios de gran dimensión e inesperados que justifican ese cambio de percepción. Hechos relevantes sobre esta afirmación son los siguientes: uno, la aparición del terrorismo islámico sobre las masas humanas occidentales que se inicia con el gigantesco impacto del derribo de las torres gemelas de Nueva York en el 2001[1]; dos, la crisis económica mundial del 2007-2008[2]; tres, la pandemia del coronavirus que se inicia a finales del 2019[3]; cuatro, la crisis energética y alimentaria de 2021 y 2022, consecuencia de una encrucijada de causas que van acompañadas por la actual demografía que hay en el mundo[4]; cinco, la invasión rusa de Ucrania que, aparte de tener relación con la crisis energética y alimentaria, puede generar la tragedia de una tercera guerra mundial[5]. Todos los hechos anteriores están acompañados por el continuo ruido de fondo de las noticias catastrofistas de los incrementos de la temperatura media del planeta a través de todos los medios de difusión, es lo que se ha denominado el "cambio climático de origen antropogénico", que viene a significar que el ser humano es el responsable de los incrementos de la temperatura del planeta; lo es, particularmente, por sus emisiones de CO_2 a la atmósfera[6].

Internet en nuestras vidas.

Fuera de las notas pesimistas que hemos citado, otro aspecto propio del siglo XXI de carácter global que marca diferencias con el siglo anterior es de tipo tecnológico: la implantación en todos o en la mayor parte de los habitantes de este mundo, de Internet y de los teléfonos móviles. Esto ha supuesto nuevas formas de trabajo, de relaciones sociales, de difusión de noticias, de propaganda, de influencias, … A todas estas formas no se les vislumbra su fin y sí su aumento.

España no está sola.

Todo lo que se acaba de decir y que debe afectar a la visión del mundo de cada uno de nosotros, es mundial. Es decir, no es propio ni característico de España. Esta es otra novedad con respecto al siglo XX. Una novedad que aparece ahora y que conviene contrastar con lo que se muestra en estas Crónicas de las décadas anteriores. En el siglo XXI, España ha quedado disuelta en la problemática mundial. España no parece tener una problemática propia; una problemática característica de ella misma y afrontable por ella misma. Así aparece un elemento de pensamiento a tener en cuenta en cualquier análisis, apreciación o afirmación que se quiera realizar: España está incluida en la Unión Europea y la Unión Europea está incluida en el Mundo; inclusión que no debe entenderse como una relación de pertenencia; debe entenderse como un conjunto de relaciones y compromisos de distinto tipo: geopolíticos, económicos, históricos … etc.

El día a día.

En España, en el 2002, entró de hecho el euro en nuestra vida. La entrada del euro supuso una subida de precios más allá del redondeo al alza al hacer la operación de determinar el número de euros que equivalía el precio de una determinada cosa. Esa subida fue más palpable en unos sectores que en otros. En la hostelería fue especialmente importante. En el caso de la caza no hubo una subida importante por este motivo; los precios de los cotos se mantuvieron de acuerdo con el tipo de cambio de una forma aproximada y los equipamientos de caza también. La subida de precios por la entrada en el euro, fue como una especie de escalón, una subida de golpe; no tuvo la característica de una subida continua en el tiempo que caracteriza a la inflación. En eso quedó: en la subida de un escalón.

Hablábamos antes de una serie de hechos producidos en lo que llevamos de siglo el XXI que han influido en generar un clima de más inseguridad y desconfianza social. Tras la crisis del 2007-2008, muchas empresas quebraron, mucha gente se quedó sin trabajo; otros, con formación adecuada, tuvieron que salir de España y trabajar en el extranjero. Luego llegó la crisis del coronavirus que no olvidaremos, con su parón de actividad, con la notable inflación tras ella y, en general, con las diferentes repercusiones sobre la vida de las personas de las que se ha hablado antes.

Después de todo, se puede afirmar que hoy, en el año 2023, el costo del desarrollo de la vida doméstica en relación con lo que se gana, es peor que cuando se inició el siglo XXI[7]. Lógicamente, esto afectará al coste de cualquier actividad o ejercicio lúdico de forma negativa entre los que se encuentran el de la caza y el de la pesca deportiva cuyo ejercicio presentará importantes cambios cuyo origen está en la pérdida de vida diversa de los campos españoles.

El campo, la caza y la pesca.

La flora en el siglo XXI difiere poco de la de finales del siglo anterior. Los montes son los mismos, aunque, como es natural, con su vegetación más crecida ante una común falta de explotación. Los campos de cultivo siguen siendo los mismos, en cuanto a las especies cultivadas más frecuentes y sus ritmos de rotaciones. En esas circunstancias podría pensarse con lógica que las especies de caza menor y mayor que habitan nuestros campos no sufrirían grandes variaciones con respecto al estado de cosas que había en la finalización del siglo anterior. Pues bien, ese pensamiento lógico ha resultado no ser cierto en cuanto a las especies de caza menor. Con respecto a las especies de caza menor de nuestros campos agrícolas ha ocurrido una catástrofe.

Desastre ecológico.

En muchas fincas, algunas famosas, antes con densidades elevadas en las especies tradicionales de caza menor, perdiz y liebre, a lo largo de lo que se lleva vivido del siglo XXI su número se va a diezmar o, en casos, van a desaparecer totalmente. Pero no solo en esos campos han desaparecido o disminuido gravemente las especies de caza menor que antes había. La desaparición o drástica disminución, es de especies cinegéticas y no cinegéticas; es de la biodiversidad en su conjunto; es desde el pequeño saltamontes hasta la soberbia avutarda, pasando por pardillos y totovías, por topillos y liebres, por perdices y sisones, por urracas y águilas. Lo que ha ocurrido se puede denominar "desastre ecológico" y esa denominación no es exagerada. Este desastre ecológico palpable en el presente siglo tiene unas consecuencias, también palpables, para los cazadores y para la sociedad en su conjunto.

Como es lógico, dadas las circunstancias anteriores, el número de practicantes de la caza ha disminuido y está disminuyendo de forma sensible[8]. Por otra parte, dentro de ese montante de cazadores disminuido, muchos de ellos pasarán a cazar solamente las especies de caza mayor, abandonando la caza de especies salvajes de menor. La caza menor quedará relegada a la perdiz de granja y al conejo allí donde abunde. Por lo demás, con esfuerzo en lo económico y en lo personal, los intentos, de todo tipo, para recuperar la caza menor por parte de los cazadores no han faltado: instalación de comederos y bebederos; financiación de siembras beneficiosas sin aplicación de fitosanitarios; limitación de depredadores, siendo esta actuación particularmente difícil por aplicación de normas administrativas, a veces disparatadas, de raíz política con pretensiones, en teoría, conservacionistas. En otro orden de cosas, los cazadores han tenido que sacrificarse haciendo algo que va contra su afición, su tiempo y, puede, que contra su mismo genoma: la participación política. Les ha tocado organizar manifestaciones, debatir, escribir en prensa, hacerse ver en lo posible en los medios de difusión, aun teniendo en cuenta los muros que entre ellos y la sociedad ponen interesadamente algunos grupos políticos.

En esa esforzada tarea, los cazadores se han encontrado, como siempre, solos; socialmente aislados. Aislados por ciertos poderes públicos[9] y por extendidos prejuicios sociales de numerosas personas desconocedoras de la naturaleza y de la actividad cinegética. Los cazadores han escuchado con frecuencia opiniones molestas y preguntas capciosas, tales como: ¿vosotros los cazadores qué habéis visto para afirmar que lo ocurrido es un desastre?; ¿no seréis vosotros los culpables de ese desastre?; o muchas veces directamente: "vosotros sois los culpables de este desastre y ahora os quejáis".

Los cazadores ante el desastre ecológico

En un principio no se tenía una respuesta a la pregunta sobre el porqué los cotos de caza se quedaban sin perdices. No se trataba de una disminución, más o menos importante, que los gestores de los cotos de caza habían vivido antes y que ha venido respondiendo a cómo hayan criado las perdices en función del año meteorológico o según el tipo de gestión que se hubiese realizado en el coto. Se trataba de una desaparición total o casi total de las perdices. Esa desaparición tenía algunas características que finalmente llevaron a encontrar su causa. La desaparición era repentina, sorprendente e inexplicable en principio. Se conocía aproximadamente las perdices que habían quedado en el coto a final de temporada anterior y en la temporada siguiente, esas perdices habían desaparecido; era como si se las hubiese tragado la tierra. La desaparición, total o casi total, era en los campos donde predominaba el cereal; en campos con un porcentaje alto de viña u olivar la desaparición era más atenuada aunque finalmente también se produjo. Sin embargo, allí donde había solo monte, donde la presencia de terrenos agrícolas era inexistente, los bandos de perdices eran los de siempre. En los acotados con presencia de cereal, la pérdida de vida biológica de todo tipo era patente: el campo era el mismo pero no había insectos, no había pájaros, no había perdices, no había liebres, no había águilas. Con esas características, la desaparición no podía achacarse a los depredadores, cuyo número también había descendido, ni tampoco podía achacarse a una determinada enfermedad letal de una determinada especie. La explicación que contaba con más probabilidad de ser cierta era que esa desaparición estaba relacionada con la explotación agrícola del campo. Se empezó a especular con que algo se estaba echando en los campos que envenenaba a algunos de sus habitantes incapaces de identificar esos venenos en su dieta. En relación con este posible hecho, bajo el patrocinio de la Federación Española de Caza (RFEC) y la Oficina Nacional de Caza (ONC) y con la colaboración de la Fundación

Biodiversidad y la Fundación para el Estudio y Defensa de la Naturaleza y la Caza (FEDENCA), se encargó un estudio experimental al Instituto de Investigación de Recursos Cinegéticos de la Universidad de Castilla-La Mancha (IREC). Los resultados fueron claros y concluyentes: una serie de productos que se utilizaban en el blindaje de las semillas de siembra, eran letales para las perdices y, por extensión, para otros animales de pequeño tamaño. Entre los productos que se introducían en las semillas blindadas destacaba, en cuanto a sus efectos letales y extensión de su aplicación, el imidacloprid, un compuesto de la familia de los neonicotinoides[10].

Para los cazadores, en un principio, fue difícil admitir que las administraciones públicas hubiesen permitido la aplicación de esos productos en el campo. Lo sucedido era algo nuevo, antes no se había visto nada igual. Hubo una reacción por parte de los cazadores para evitar o atenuar lo que estaba sucediendo en los campos. Se formaron nuevas asociaciones, aparte de las que ya había, con la idea de unirse y reconducir el estado de cosas que estaban presenciando. Estas asociaciones se dirigieron ante las administraciones públicas competentes en materia medioambiental. Bajo el entorno de la democracia de las sociedades occidentales, se intentó informar a la sociedad a través de los medios de difusión del desastre que se estaba viviendo[11].

Todo lo anterior, se puede decir, lo hicieron en su mayor parte los cazadores. No existen muestras de que este esfuerzo haya sido reconocido por la sociedad de masas. No solo eso, también han sido obstaculizados en el ejercicio de su afición por algunas agrupaciones políticas a través de la creación de instrumentos legales, satisfaciendo la demanda de esa parte de la sociedad con puntos comunes a la ideología dominante en el momento o, simplemente, en búsqueda de su apoyo por el interés de mantenerse en el poder. Por ello, más allá de la denuncia del estado de salud del campo en España, pero incluyendo a este, los cazadores pasaron también a las manifestaciones públicas. Algo insólito décadas atrás. De forma apartidista se celebraron en distintos lugares. Son destacables las dos grandes manifestaciones masivas que se celebraron en Madrid con la presencia de cazadores de todas las regiones de España e, incluso, con representantes de países extranjeros. La primera se celebró el 1 de marzo del 2008, bajo el lema "Por el campo, la caza y la conservación". La segunda, hace poco, el 20 de marzo de 2022; la motivación era por la deriva legislativa en relación con la caza por la influencia de los animalistas en las decisiones políticas. La asistencia fue grande en ambas, pero en la segunda fue extraordinariamente grande, solo se puede comparar con la manifestación que se produjo por el desgraciado atentado del 11-M en Madrid y sobre la que ciertas agrupaciones políticas y algunos medios de difusión colocaron un telón opaco entre la realidad y la sociedad[12].

Las asociaciones de caza intentaron contactar con las asociaciones ecologistas que hay en España (a través de Internet se pueden obtener algunas pruebas de esto). Posiblemente los primeros intentos de contacto se produjesen en el año 2006. Se les explicó la situación existente en los ecosistemas del interior y las razones por las que se había producido tal situación.

Es destacable que ante lo que estaba ocurriendo, el ecologismo se mantuvo pasivo. No se unieron a las iniciativas de los cazadores; ni, paradójicamente, teniendo en cuenta la base de su existencia, se manifestaron por su cuenta contra el desastre ecológico que se estaba produciendo en unos lugares y se había producido ya de forma irreversible en otros. El origen del desastre que estaba sucediendo era frecuente que lo estableciesen en los mismos cazadores[13]. Se puede decir que en esa línea se mantuvieron hasta cuando se produce la prohibición definitiva de los neonicotinoides; entonces se encuentran manifestaciones en prensa del ecologismo congratulándose de la prohibición de esos productos.

Pérdidas y ganancias con los nuevos plaguicidas.

Cuando hablábamos de la introducción de la revolución verde en la agricultura española se entendía que esta se había ido introduciendo en la década de los cincuenta y, sobre todo, de los sesenta y que había quedado introducida en la década de los setenta. También se decía que esta revolución, aunque llamada "verde" no tenía relación con el verde del ecologismo. Esa revolución consistía en conseguir una mayor producción con las mejoras de una adecuada reparcelación, uso de maquinaria, fitosanitarios y mejora genética de plantas y semillas. Es un hecho aceptado científicamente que el uso de los fitosanitarios incrementa, de alguna forma, la producción agrícola. Por tanto, los nuevos plaguicidas (neonicotinoides y otros) habrán aportado algo en la mejora de esos rendimientos agrícolas. La cuantía de esa aportación particular al total, en principio, se desconoce. Pero, junto con lo anterior, es indudable que también ha habido pérdidas y esas pérdidas son importantes. Cotejando las pérdidas y las ganancias se podría hacer un balance que diese lugar a una respuesta sobre si el uso de esos nuevos productos merece la pena[14].

Las pérdidas.

Se puede decir hoy, en el 2023, que los cazadores han perdido a su reina: la perdiz roja salvaje. Como decíamos antes, con la desaparición de posibilidades razonables de practicar ese atractivo tipo de caza, se ha producido una migración a otros tipos. La migración ha ido a la caza mayor, sobre todo; aunque también al conejo, zorzal, torcaz, etc., en cuanto a menor. Independientemente de esa migración, el abandono de ese tipo de caza supone una pérdida. Comparando datos de lo que se cazaba antes del desastre y lo que los cazadores actuales estarían dispuestos a pagar por cazar la perdiz roja salvaje, se puede realizar una estimación económica de lo que supone esta pérdida.

Otra pérdida consiste en que la sociedad en su conjunto ha perdido la biodiversidad que existía en los campos agrícolas del interior de España. Eso también tiene un valor que se puede estimar a través de métodos de valoración existentes sobre los bienes de carácter ambiental.

Pero para la humanidad, quizás, la pérdida que sería más preocupante es la relacionada con la salud. Hay trabajos de investigación que indican que esa grave pérdida se está produciendo. Existen estudios médicos que relacionan los nuevos fitosanitarios con enfermedades neurológicas como, por ejemplo, el Parkinson. Otros estudios presentan conclusiones tales como que esos nuevos fitosanitarios influyen negativamente en el desarrollo de los fetos humanos. Las conclusiones de esos estudios empíricos parecen claras en cuanto a la existencia de esos perjuicios[15].

Otra pérdida ha sido la que ha sufrido el sector de la apicultura. Los neonicotinoides, como no podía ser de otra forma, han sido letales para las abejas melíferas. La cantidad de trabajos científicos sobre este asunto es abundante y se han dado en varios países.

Las ganancias.

Si observamos la evolución de los rendimientos en kilos de cereal por hectárea a lo largo del tiempo que va desde la patente del imidacloprid, en 1989, hasta hoy, se puede concluir que ha existido un incremento sensible en esos rendimientos, que esos incrementos se han producido en todos los países de la UE y que, en el caso de España, ese incremento es más acusado. En principio no se sabe cuál ha sido la colaboración de ese producto concreto en esos incrementos ya que dependen de varios factores (mejora genética de las semillas u otros fitosanitarios utilizados), pero esa colaboración ha tenido que existir en alguna cuantía[16].

Sin embargo, sí se puede afirmar lo siguiente: ha habido propietarios a los que la aplicación de esos nuevos fitosanitarios en sus campos les ha supuesto pérdidas económicas. Han ingresado más por los rendimientos agrícolas de sus campos, pero han perdido globalmente, ya que las ganancias por el incremento de rendimiento en sus fincas han sido inferiores a los ingresos que hubiesen obtenido por el arrendamiento de sus fincas para el ejercicio de la caza de la perdiz roja. Eso ha ocurrido con toda seguridad en aquellos terrenos con un porcentaje bajo de terreno cultivable en relación con el terreno lleco no cultivable[17].

Las administraciones públicas ante el desastre ecológico.

Las administraciones públicas españolas fueron informadas por asociaciones de cazadores del desastre ecológico que se estaba produciendo, cuál era su causa y qué se podría hacer al respecto. Su postura fue la de esperar las decisiones que la Unión Europea debería tomar con respecto a la aplicación de esos nuevos fitosanitarios.

De forma coherente con lo que se indicaba en la década de los ochenta en cuanto a la dificultad de que la UE tome decisiones en temas controvertidos, el procedimiento establecido para de autorización de los fitosanitarios dentro de la UE era largo, las normas existentes aplicables para su autorización eran poco precisas y sujetas a la interpretación y, en sí, el procedimiento que se seguía no tenía en su interior cautelas para proteger el medio ambiente. El procedimiento que se siguió para su autorización, según mis cuentas, tiene un total de dieciocho estancias en las va "engordando" el expediente inicial. Las normas establecidas dentro de la UE que había que tener en cuenta en el procedimiento se puede decir que son poco precisas. Además, no se comprende que en el procedimiento haya un momento en el cual, sobre la base de una documentación presentada por el interesado en la implantación de un producto fitosanitario, se permita su uso provisionalmente cuando no se conocen los efectos de hecho en el campo; con la falta de cautela que supone dejar que los efectos reales "de hecho" se conozcan, en su caso, más adelante siguiendo el procedimiento en lo que han denominado "Evaluación Detallada (del fitosanitario)" [18].

Siguiendo el largo procedimiento, se dieron acontecimientos que ilustran la ineficacia del procedimiento seguido y la falta de concreción de las normas que se aplicaron. Tras una serie de vaivenes el imidacloprid fue incluido como sustancia de uso admisible el 15 de diciembre del 2008, aunque previamente la propia Unión Europea había abierto las puertas a su uso en el 1991 a través de la Directiva 414/CEE que venía a permitir que los estados miembros admitiesen esas sustancias siempre que los interesados en su implantación presenten la documentación conforme a los requisitos comunitarios y que el estado miembro llegue a la conclusión de *que "puede esperarse" que la sustancia activa cumpla los requisitos comunitarios.* Ese "puede esperarse", que entrecomillo deliberadamente, da idea de la propia inconcreción y relativismo de las normas aplicables al uso o no uso de los fitosanitarios en la UE e incita a la comparación con el procedimiento de autorización que había en España antes de la entrada en la UE[19], el cual no presentaba tales características. Pero la historia no terminó ahí. Cinco años después, en el 2013, pasará a ser prohibido el uso y venta de las semillas tratadas con esos fitosanitarios durante la época activa de los insectos polinizadores. Finalmente, pasados otros 5 años, el uso del imidacloprid, junto con otros productos, será prohibido en campo abierto tras propuesta de prohibición de la Comisión Europea y votación sobre ella de los Estados Miembros. En esa votación, 17 estados votaron a favor, pero hubo países que votaron en contra de la prohibición (Rumanía, Hungría, República Checa y Dinamarca) y otros se abstuvieron (Polonia, Bélgica, Eslovaquia, Finlandia, Bulgaria, Croacia, Letonia y Lituania). Es destacable el hecho de que la motivación de la propuesta de prohibición era el de la protección de las abejas y que no se incluía explícitamente el argumento más amplio de la protección de la biodiversidad y de los ecosistemas que, en general, fue el argumento que el mundo de la caza usó en su apoyo a esa prohibición.

Crónicas del siglo XXI

Un hecho que se ha producido claramente en lo que llevamos de siglo, es la traslación de cazadores de la menor a la mayor. La caza mayor goza, por el momento, de buena salud y tiene grandes alicientes. Esto me lleva a introducir crónicas relacionadas con la caza mayor. La primera se titula *"La berrea en una naturaleza bella e inclemente"*, en ella cuento lo que presencié en relación con un acotado de caza mayor en una zona del Alto Tajo. La acción del segundo relato también se desarrolla en el mismo paraje; en este caso se narra la historia de un jabalí, cuya inteligencia suele ser desconocida y, frecuentemente, menospreciada por los humanos de a pie. Esa inteligencia hay que verla para creerla y, solo los cazadores, puede acceder a su visión. La he titulado *"Combate de astucias: humano vs. jabalí"*.

El resto de los relatos se centran en la secuencia de sinsabores que hemos vivido los cazadores con la desaparición casi total, en muchos lugares, de nuestra perdiz roja. El haber presenciado esa desaparición me ha causado una tristeza y un pesimismo que va más allá de la práctica cinegética. Ello se ha producido con una serie de experiencias en distintos parajes del a provincia de Cuenca y que se desarrollan a lo largo de este tiempo transcurrido en el siglo XXI hasta hoy mismo. Los relatos sobre el desastre presenciado tienen los siguientes títulos:

La primera visión del desastre.
Una ilusión que tuvo su fin.
Por fin, ¡perdices salvajes!
El día en que las perdices me tocaron el morro.
El zorro-alfombra.
Las perdices son buenas para el Parkinson.
Malos presagios
¿Las últimas perdices?

La berrea en una naturaleza bella e inclemente

- ¿Subimos a Veguillas? -Preguntaba Paco a Marcelino- Hay que estarse allí dos o tres días y hacer noche en el refugio -advertía-. Conviene ya subir leña y dejarla en seco; Onofre la tiene preparada. Hay que subirles comida a los ciervos y colocarla donde se pueda antes de que el invierno los empiece a castigar; esto es lo más importante. En el tiempo que nos sobre, algún rececho también podremos hacer.

- ¿Al ciervo? ¿Al gamo? …

- A lo que sea.

- Bueno. Subimos para el puente que se avecina, antes de que empiece a pegar el invierno.

Marcelino acompañaba a Paco cuando iba al coto que se le había concedido en Veguillas de Tajo. Era un coto de caza mayor, especialmente bueno por la calidad de sus trofeos de venado que ellos la justificaban por la mezcla de sangre que se producía con los de la provincia lindante de Teruel. Paco y Marcelino, en el invierno, regularmente acudían a suministrarles comida adicional a gamos y venados y a otras tareas de acondicionamiento de las estancias en el albergue. De los jabalís no se preocupaban, los consideraban listos, duros y autosuficientes. No era poco el trabajo que había que realizar ni, a veces, fácil, pues la nieve y el hielo lo complicaba. Normalmente ocupaban más de un día la realización de esas tareas, por lo que hacían noche allí.

- A ver si viene bien este invierno. Esperemos que no sea como el anterior. El invierno pasado murió casi toda la cría de venado por culpa de la forma en que vino el hielo. Pobres animales ¿Recuerdas? Daba grima ver las crías muertas, clavadas en el hielo. Los zorros se habrán aprovechado de su carne. Cuervos, urracas y buitres, también.

El invierno anterior, con los procesos de deshielo y hielo de la nieve, se formó una costra helada encima de ella que hacía que quedasen clavadas las crías de cervuno. No podían salir y morían. Una trampa mortal que había generado la meteorología caprichosa de ese invierno.

- He preparado el condumio. Un par de kilos de carne fresca, unas pescadillas, huevos, sopa de sobre, leche, fruta, café, coñac, mis puros y, sobre todo, 25 arrobas de algarroba para los *venaos*.

- Ya veremos cómo repartimos las algarrobas. En estos terrenos no es fácil tener un criterio claro. Recuerdo que en Francia siempre ponían en los mismos sitios la comida para los ciervos; les ponían alfalfa mezclada con sal bajo un toldo. Pero Francia, es Francia; más previsible, más accesible, más fértil y más llana. Esta Sierra es otra cosa.

- A ver si hacemos las cosas bien con los *venaos*, el coto prospera y tenemos unas buenas berreas estos años que vienen.

La berrea del ciervo era el momento álgido de la caza en aquel coto. Era el momento en que los socios acudían desde varios puntos de España. Cuando empezaba el mes de septiembre, las llamadas preguntando sí había empezado berrea o cuando podía empezar eran frecuentes. Cuando se desataba la berrea, entre socios y acompañantes se llenaba el albergue. Se cazaba en la berrea cuando rompía el sol, se comía, se descansaba, se volvía a cazar al caer la tarde. Después, ya de noche, se cenaba, se charlaba y se dormía con ruido de fondo de berridos lejanos del ciervo hasta la madrugada siguiente.

En aquellos pagos, por septiembre, cuando los primeros rayos de sol rompen la noche, es frecuente que se genere un paisaje fantasmagórico, de bella espectacularidad, con nubes concentradas entre los cerros tapando el verdor de los pinos silvestres. Del fondo de esas nubes surgen los bramidos desesperados de los ciervos que parecen rasgar el cielo y el cazador se introduce en ellas entre esos bramidos, acompañado con turuta y rifle o solamente con rifle, a la búsqueda de su deseada gran pieza. Eso es emocionante, espectacular e inolvidable, independientemente de que surja entre la niebla ese gran macho, no alertado por las chivatas hembras, que puede dar lugar al lance de su vida en un encuadre natural que de por sí es de gran belleza.

Combate de astucias: humano vs. jabalí

Paco tuvo una época que estaba obsesionado con los jabalís. *"Los ciervos, bien están; son hermosos, son bonitas piezas de caza; pero como el jabalí, nada; aunque no sean tan espectaculares como los grandes ciervos, los jabalís tienen algo especial, se hacen respetar por su inteligencia"* -decía.

Yo sabía de la inteligencia que tienen los animales que más de una vez me ha sorprendido y me ha hecho pensar que el ser humano, en general, menosprecia a los animales en cuanto a su inteligencia[20]. También he sabido que unos animales tienen más inteligencia que otros y que el jabalí la tiene muy desarrollada. Pero uno siempre se sorprende con hechos que desbordan el concepto previo que sobre este asunto tiene uno mismo.

En el coto de Veguillas de Tajo, Paco había preparado una buena torreta. Hecha de madera. Con su habitáculo cerrado a algo más de tres metros de altura sobre el suelo y con una ventanilla con su correspondiente cierre de cristal. Desde la ventanilla se podía disparar cómodamente tras su apertura. Fuera había una zona limpia de monte; en esa zona se encontraba el cebadero que se les ponía a los animales. Desde allí se podía ver cómo se presentaba la jabalina con sus jabatos, las ciervas, los gamos, hasta a veces se presentaba alguna zorra que hacía reír con sus desconfianzas y cautelas a la hora de comer. El espectáculo estaba de buen ver, pero Paco, por entonces, lo que quería era cazar jabalís macho, grandes y viejos, contra más grandes y viejos mejor.

- Onofre me ha dicho que está entrando un macho grande en el comedero de la torreta.

- ¿Lo ha visto?

- No, solamente ha visto las pisadas. Es un solitario de los grandes.

- Pues a por él. Desde la torreta lo tenemos fácil.

- Le he dicho a Onofre que surta bien de comida al comedero, que limpie de pisadas cuando se vaya y que esté atento.

Pasaron unos días. Onofre cumplió con lo que le dijeron y detectó que el solitario estaba entrando todos los días al comedero. Onofre seguía sin verlo, pero, según sus cálculos, entraba al caer la tarde. Llegó el día de hacerle la espera con el rifle. Un viernes, después del mediodía, partieron hacia la torreta; habría luna llena. Marcelino y Paco merendaron en la misma torreta y estaban listos para esperarlo, seguros de que el solitario se iba a presentar al caer la tarde. Empezó a caer la tarde, se presentó una jabalina con cuatro bermejos que estuvieron comiendo hasta hartarse, luego se presentó un zorro que curioseó alrededor del comedero, tanteó el pan duro y, finalmente, cogió una barra de pan entera y se fue corriendo con ella en la boca. Faltaba por llegar el solitario, pero el solitario no llegaba. Fueron pasando las horas y pasadas las doce desistieron.

- He llamado a Onofre, le he contado la espera de anoche ¿Sabes lo que me ha contestado?

- Qué se yo.

- ¡Que el gorrino ha entrado otra vez!

- ¿Sí?

- Sí. Ha debido entrar más tarde de las doce. Así que nos vamos esta tarde a por él.

Llegaron a la torreta y vinieron a repetirse las escenas del día anterior. Llegó la noche. Pasaron la noche entera en la torreta y el jabalí que esperaban no apareció. Se fueron al albergue, descansaron y comieron. Al caer la tarde volvieron a la torreta; esta vez la espera iba a ser breve.

311

Cuando llegaron por la tarde, ¡sorpresa! Se dieron cuenta que el solitario había estado allí y, como era evidente, lo había hecho a plena luz del día.

- Este cabrón de gorrino nos tiene *fichaos*. Para mí que nos está vigilando y sabe cuando nos vamos, es en ese momento cuando viene y se pone *morao* a comer.

Hicieron un montón de esperas con trucos diversos. Hicieron de todo para engañar a aquel jabalí: amagos de retirada y vuelta a la torreta, dejar el coche lejos e ir andando, taparse con plásticos las botas para no dar olor, untarse las ropas con olores diversos. El resultado era siempre el mismo: el jabalí aparecía cuando ellos de verdad se iban, comía lo que quería y se internaba otra vez en el monte de la Sierra. Ese jabalí los acercó a la neurosis y a la superstición.

- Este bicho no es jabalí, no puede ser un jabalí. Este bicho es algo sobrenatural. Este bicho es un duende -decía Paco.

A aquel jabalí le habían hecho un montón de esperas con triquiñuelas incluidas y no lo habían visto ni una vez, ni siquiera habían sentido su presencia cuando ellos estaban allí. No sabían qué hacer. Paco se puso a pensar despacio en todos los detalles, desde que salían del albergue hasta que llegaban a la torreta y se instalaban en ella. Había un detalle en el que no había caído antes. Era simple. Cuando llegaban a la torreta, como era lógico, levantaban el cristal de la ventana y cuando se iban lo bajaban para que quedase la ventana cerrada. Había que hacer la prueba de dejar la ventana abierta, como cuando hacían las esperas y ver si el jabalí aparecía; si no aparecía con la ventana abierta habían dado con la clave de ese asunto. Así se hizo.

- Quiero que compruebes si el jabalí se presenta esta noche, mañana te llamo y me lo dices -le dijo a Onofre.

- Hará lo de siempre. Para mí que ese jabalí sale detrás de vosotros, ve cuando os vais, espera un buen rato y, cuando está seguro de que no estáis, se va al comedero de la torreta. Ese jabalí os conoce, ya sabe

312

cómo os llamáis, el pie que calzáis, lo que habéis comido, ... lo sabe todo.

Al día siguiente, Paco llamó a Onofre. El jabalí, ¡no había entrado!. Paco empezó a creer que había resuelto el misterio y que, por fin, el jabalí iba a ser suyo.

- En cuanto veas que el jabalí vuelve a entrar al comedero, me avisas.

Pasaron varios días sin que entrase el jabalí al comedero. Pero llegó el día en el que volvió a entrar. Onofre avisó a Paco de ese hecho y ese mismo día, al caer la tarde, se presentó en la torreta que tenía la ventana abierta tal como la dejó. Paco vio por primera vez a ese jabalí viejo, grande y solitario, traslucir entre los pinos. El jabalí no entró directo, era como un fantasma que se escurría entre la vegetación. Finalmente se enfiló hacia el comedero; iba acercándose hacia él tapándose con los pinos, como cuando los niños juegan al escondite. Cubierto con los pinos, sacaba la cabeza breve y ligeramente mirando de manera extraña hacia la torreta. Con esa táctica, de pino en pino, iba acercándose al comedero que estaba frente a la torreta. Sin embargo, en una de esas miradas, ese solitario debió ver algo que no le encajaba. El jabalí se dio media vuelta y salió corriendo a toda velocidad por donde había venido. Paco desesperado, maldiciendo su destino, sacó el rifle y locamente descargó todos los tiros que llevaba en su trayectoria de huida. El azar quiso que una de las balas acertase y lo hizo de forma tal que lo mató en el acto. Se acercó a él y descubrió otro enigma más. Descubrió por qué miraba hacia la torreta de esa manera tan extraña. Ese jabalí era tuerto; a ese jabalí le faltaba un ojo, seguramente consecuencia de alguna pelea con otro macho.

Así terminó la historia de esa contienda magnífica en todos los sentidos, que ilustra a lo que puede llegar la inteligencia animal de un jabalí solitario. Años después tuve la ocasión de ver un documental sobre la vida en la Taiga rusa de un famoso director de cine alemán Werner Herzog. En ese documental aparece en muchos momentos, las vidas de los cazadores profesionales de allí que, estando tan alejadas en el espacio, resultan cercanas a las nuestras. Uno de ellos, que tiene una presencia constante en el documental, dijo: *"El cazador hace en el fondo lo mismo que el criador de cerdos, pero es más honesto; no cría, engorda y engaña a un animal para terminar matándolo y vender su carne que luego es comprada también por esos sensibleros que se compadecen de todo; los animales salvajes saben que el hombre va a por ellos y tienen que protegerse de ellos como pueden; se trata de una competición de astucias".*

Primera visión del desastre

- i -

Llegué de madrugada al pueblo. El pueblo se encaramaba desde una veguilla hasta la mitad de la cuesta de un cerro. Como siempre subí por sus calles hasta donde estaba nuestro punto de encuentro: la nave agrícola de uno de los miembros de la cuadrilla. Ya estaban esperando los del lugar con las puertas abiertas de la nave, donde había espacio suficiente para aparcar. Observé algo nuevo: había un buen montón de semillas de cebada tintadas con un color azul; era un azul intenso, color cobalto.

- ¿Y eso? -pregunté indicando el montón.

- Semillas de siembra. Es un poco tarde, pero esta semana las pongo en un par de parcelas sueltas que quiero aprovechar.

- ¿No harán daño a la caza?

- No. No hace daño ¿Cómo van a hacer daño?

- Sí. Eso me parece a mí, ¿cómo van a hacer daño? No es posible que eso se permita. Supongo que se tendrá controlado ¿Por qué les ponen ese tinte?

- Supongo que para distinguirlas de las de siembra que algunos guardan. Hay algunos que no compran estas semillas; aprovechan algunas que han recogido en su cosecha. Eso que se ahorran. Pero luego esos mismos pueden tener problemas si el año viene mal y quieren cobrar del seguro. Además, las compradas son mejores, tiran mejor ¿Para qué ahorrar?

- ii –

Hemos decidido en el pueblo que la temporada no la vamos a apurar. Hemos pensado que la temporada la cerramos cuando pase la Navidad. El último día de caza será el primer domingo después de Reyes. A finales de enero pueden empezar a tontear con el celo. En fin, que para entonces ya tenemos que tener terminada esta temporada que no está yendo mal.

- Vale. No hay problema, Dejamos de cazar para entonces. Y, sí, la verdad es que no está yendo mal; da gusto cazar aquí, desde el principio hasta el final; siempre tienes perdices por delante; no dejas de verlas.

- Sí, así es. Siempre se ven perdices. Se ven más o menos; pero siempre se ven. Es continuo y no te aburres.

- Además, las perdices de aquí son grandes; más grandes de lo normal.

- Sí, así es.

- Eso es que les dais bien de comer los del pueblo.

- Bueno, bueno, eso no se sabe, … Nosotros labramos los campos, sembramos y hacemos todo lo demás, … y ellas se buscan la vida. Es verdad que las perdices de esta zona son más grandes de lo normal, pero no sabemos por qué. Vamos a preguntarle a Marcelino que es el que más sabe de perdices.

- Marcelino, ¿no te parece que las perdices de por aquí son más grandes de lo normal?

- Pues sí, son más grandes de lo normal. Hay lugares en que, por lo que sea, las perdices son grandes y en otros sitios son más pequeñas, siendo

315

el terreno más o menos igual. Las perdices más grandes que yo he visto han sido las de Moncalvillo de Huete, pero estas de aquí les van a la par.

- Sí, son grandes; no son cómo las de la sierra.

- Allí son más pequeñas, pero a eso se le puede dar una explicación. Para mí, que en la sierra tienen menos comida, tienen depredadores por todas partes; tienen menos tranquilidad y se tienen que mover más. Las perdices se quedan más pequeñas y su carne es más oscura, está más concentrada, es más enjuta, … en fin, que las perdices de aquí viven mejor que las de la sierra.

- Viven tan bien como nosotros. ¡Venga! A pelar las patatas, ir sacando las costillas. Nos vamos a poner *moraos*. ¡Qué no nos falte de *na*! ¡Venga! ¡Acelerar!, que el fuego ya está en marcha, le dije anoche a mi padre que hiciese fuego antes de nuestra vuelta y lo ha hecho.

- No nos falta de nada.

Ciertamente no nos faltaba de nada. Teníamos hermosas y bravas perdices, teníamos liebres; también algún conejo; patos, aunque no los cazábamos; jabalís y "cabras", tal como les llamaban por esos pagos en aquellos momentos a los corzos. Teníamos optimismo y buen ambiente. Encima, ahora, teníamos la posibilidad de preparar la comida bajo techo y se podían hacer fácilmente guisos de cuchara; hace años, no disponíamos de tal cosa y, a lo más, se asaba carne a la brasa en medio del campo. Tener un techo que nos permitiese hacer esos guisos era un lujo que valorábamos. Esos guisos eran reconfortantes, saludables, reparadores; eran mejores que la repetida carne a la brasa[21].

- ii −

Para el cazador de perdiz roja, el primer día de caza de la temporada es especial. En la noche que le precede el cazador de perdices no duerme o, a lo más, la pasa en un estado de duermevela. Tiene encima un punto de desazón entre alegre y nervioso; una inquietud que se mueve entre la ilusión y la duda. Recuerda antiguos lances tras las perdices e imagina otros nuevos. Los días anteriores se ha preocupado de todos los detalles para ese primer día de la nueva temporada: ha preparado la munición, la ropa, la merienda; ha atendido a sus perros con una entrega superior a la cotidiana y les ha hablado repetidamente como si de seres humanos se tratase. En medio de la oscuridad previa al amanecer, en las casas donde habitan se ven encendidas luces no acostumbradas horas antes de la acordada para reunirse con sus compañeros de cuadrilla. Todo esto es y ha sido propio del cazador de perdices. Mal dormidos, volvíamos un año más a iniciar el primer día de caza de la temporada.

- Ya estamos aquí otra vez, ¿cómo se presenta la temporada?

- Bueno, … no parece que mal.

- ¿Han criado bien?

- Bueno, … no sé. Criar, han tenido que criar.

- ¿Por dónde empezamos? ¿Qué recomendáis?

- No recomendamos nada. Empezar por donde queráis.

- Marcelino, tú qué dices.

- Da lo mismo. Podemos empezar por una zona, la que sea. El próximo día iríamos a otra. La temporada da para recorrer todo el término y varias veces.

- Di por donde empezamos hoy. Di lo que sea, que el tiempo es oro y no podemos estar dudando. Lo dejamos en tus manos.

- Vale. De acuerdo. Subimos a La Nava, damos la vuelta por las lindes con Verdelpino y Langa, cazamos de fuera hacia dentro. Si echamos bien la mano, las perdices no se saldrán del coto y los bandos se meterán en el interior del término. Después de eso ya pensaremos como seguimos; podemos achucharlas hacia el pueblo o hacia otro lado. La

317

vuelta, si todo va bien, la haremos por los olivares. Algunos bandos meteremos en esas cuestas.

Así hicimos. Estuvimos un grupo de siete cazadores siguiendo los pasos que marcó Marcelino, durante más de ocho horas. Únicamente vimos un grupo de tres perdices y otro de dos. Total, cinco perdices. Estábamos perplejos ante lo que se percibía.

- No hay perdices y quedaron un montón el año pasado. En la temporada pasada, uno de los últimos domingos, vimos en el camino de Verdelpino una parva que llevaba más de treinta y hoy hemos visto sólo cinco perdices entre todos ¿Qué ha pasado?

- Puede que se hayan atronado los huevos en los nidos[22]. Este verano hubo un par de tormentas fuertes.

- Pero, aun así, ¿dónde está la parva de la treintena de perdices que vimos al final de la temporada pasada?, ¿se las ha tragado la tierra?

- No sé. Puede que se hayan ido a algún lado. El próximo día vamos a la Sierra a ver si están por allí. Por allí siempre ha criado la perdiz bien y tiene que haber algo.

Fuimos al domingo siguiente al paraje que le llamaban La Sierra; un hermoso cerro que termina al mismo lado del pueblo y que al fondo de una de sus laderas deja el cementerio del pueblo. Ocurrió lo mismo. Prácticamente no había perdices. Lo que vio nuestra cuadrilla fue lo mismo que lo que vieron las otras cuadrillas de cazadores de ese pueblo. Se decidió poner fin a la temporada de caza después del segundo día de salir al campo. Viendo el estado de escasez de vida, todos estuvimos de acuerdo en tal cosa[23].

Yo por mi parte, volví a cazar en el Cerro de Socorro. Volví a cazar en aquellos parajes montaraces y, por entonces, libres que había al mismo lado de Cuenca; a esos parajes a los que acudía en los años ochenta. Por allí había algunos bandos de perdices, parecía que el tiempo no había pasado por ellas, aunque sí por mí, así me lo decía mi conciencia. De esta manera quedó la temporada; no quedaba más que esperar a la siguiente para ver los resultados de nuestras determinaciones que, en aquellos momentos, los presentíamos positivos.

- iii –

Llegó la siguiente temporada. Dada la experiencia de la temporada anterior, la recibimos con más ilusión, pero también con más dudas. Aquel primer día de la nueva temporada volvimos a La Nava a comprobar los efectos de nuestra decisión del año anterior. Nuestros presentimientos optimistas no se cumplieron. No solo eso; si el año anterior vimos cinco perdices el primer día, este año no vimos ninguna. El pesimismo se apoderó de nosotros. No entendíamos qué había pasado ni cómo ponerle solución. Llegó el momento de decir adiós a ese coto, a esos cerros, a esas piedras, a aquellas perdices, a aquella camaradería. El presentimiento ahora era pesimista. Presentíamos con convencimiento que aquellas perdices no volverían nunca y el presentimiento se dirigía a que algo oscuro, desconocido y muy grave, estaba ocurriendo en los campos españoles. La cuadrilla desapareció casi por completo. Solo quedaron dos: José Luis y Paco Escamilla. Era el año 2004.

- iv –

- ¿Qué tal Paco? ¿Cómo va la vida?

- Hacia adelante. No me puedo quejar.

- ¿Y Valparaísos?

- Terminé dejándolo. Solo cazábamos José Luis y yo. Lo de cazar es un decir. Realmente no cazábamos. La mayoría de los días no veíamos absolutamente nada. Nos paseábamos y luego comíamos en el pueblo. Esa camaradería es lo que me sujetó. Realmente iba a darme un paseo y comer con José Luis y Andrés ¿Quién me iba a decir en aquellos años que cazábamos juntos, que en toda una temporada entre José Luis y yo íbamos a cobrar dos o tres piezas? Puede caer algún conejo despistado,

319

alguna torcaz, alguna perdiz de uvas a peras ¡Con lo que fue Valparaísos criando perdices y liebres! ¡Qué pena!

- ¿Dónde cazas ahora?

- En el Cambrón. Hay un par de bandos de perdices buenos; están en los cerros que hay encima del caserón abandonado, en el monte. Pegan un vuelo por los *cortaos* y ¡adiós!, desaparecen. Pero, como yo digo, al menos las ves pegar un vuelo.

- Conozco el lugar. He estado un par de veces. Había algún bando de perdices. Veo que los sigue habiendo.

- Sí, los hay.

- ¿A la caza mayor no te enganchas?

- He ido alguna vez, pero no me llena, me falta ilusión. No es lo otro. También tengo un pase para el zorzal, ahí he tirado tiros; pero digo lo mismo: "no es lo otro". En fin, con eso me conformo; no tengo más remedio.

Una ilusión que tuvo su fin

- i –

Es muy difícil, también antinatural y puede que imposible, que un cazador estando en buenas condiciones físicas, pierda la ilusión. Presenciar lo que aconteció en Valparaísos dejó una amarga incertidumbre, pues no se sabía por qué había sucedido el desastre que nos había llevado al abandono de aquel querido y preciado coto. Pero surgió una nueva posibilidad: se trataba de una finca pequeña, algo menos de quinientas hectáreas, situada en plena Alcarria conquense, en el término municipal de Olmedilla de Eliz. Nos quedamos con ella cuatro cazadores: Marcelino, Paco Gómez-Utiel, amigo de Marcelino desde hacía muchos años, su hijo y yo. Apareció una nueva ilusión, inevitable e incluso natural, por ese nuevo cazadero.

La finca de Perales estaba cruzada por un río que le daba su nombre y que generaba una pequeña vega a lo largo de él de unos 500 a 1000 metros de ancho. Estaba flanqueada en los lados por un par de cadenas de cerros, a derecha e izquierda, con sus correspondientes barrancos intermedios. Las zonas en vega habían sido drenadas y los regueros de drenaje habían sido colonizadas por carrizo. A ambos lados del río había una chopera no demasiado ancha. En cuanto a cultivos, predominaba la cebada y el girasol; había también algunos olivos en un par de zonas concretas. Con esas características, la finca albergaba una biodiversidad notable e interesante. Con respecto a especies cinegéticas propias de ese lugar, destacaba la presencia abundante de la codorniz que aparecía, con mayor intensidad, cuando avanzaba la media veda; esto le daba un valor considerable al coto. También había torcaces y tórtola en cantidad menor; un par de lugares estaban colonizados por el conejo y, por lo demás, había algunas liebres, no muchas, pero que permitían su caza con sabueso. En cuanto a caza mayor era un lugar de tránsito de jabalíes y de corzos, a veces, esporádicamente deambulaba por allí algún ciervo. En cuanto a las especies no cinegéticas contaba con córvidos, había también rapaces de distintas clases, diurnas y nocturnas, entre las que destacaba por su presencia una pareja de águilas calzadas que hacían nido todos los años en las choperas del río y allí sacaban a sus crías. Abundaba el zorro, cuya población era controlada mediante trampeo. Estaban también instalados varios tejones con los que algunas veces nos tropezábamos cuando llegábamos en las amanecidas; se podía considerar que su población era considerable pues ocurría que los pequeños cerros del lugar eran de areniscas de fácil excavación, muy propicias para implantar sus guaridas. Aparte de la codorniz, que valorábamos en alto grado, para nosotros era muy importante la perdiz; hicimos una estimación sobre el número de perdices que había en el coto, tarea no complicada por su poca extensión y características orográficas. Pronto supimos los bandos que albergaba el lugar y pudimos calcular su número que, cuando empezaba la temporada, oscilaba entre unas cincuenta y cien perdices, dependiendo del año. Teníamos establecido no superar la tercera parte de la población de

321

perdices cazadas pero la realidad fue que no se llegó ningún año a cazar la quinta parte de las perdices estimadas al principio; así, cuando terminaba, celebrábamos con optimismo las perdices que habían quedado con la ilusión de la próxima superase a la anterior. Además, el coto contaba con un albergue con su correspondiente chimenea, donde se hacía, de vez en cuando, una comida grupal a la que solíamos invitar a algún conocido[24].

- ¡Qué bandazo de perdices hemos dejado este año! Lleva una veintena

- ¿Qué bando es?

- El de la linde de abajo con la Olmeda.

- Sí, ese siempre es gordo. Yo también he visto un par de bandos buenos, uno lleva más de diez, el de la media cuesta de la izquierda; el otro, más pequeño, arriba, donde empieza el coto; ese lleva media docena ¡Y todo eso sólo en una parte del coto!.

- Eso solo en una parte del coto, pues yo he levantado otro par de ellos en la zona de los olivares de abajo y en la viña de arriba, cerca del pueblo. Este año han quedado más de setenta perdices. A poco que críen, la temporada que viene nos vamos a divertir.

Era el año 2011. La media veda fue abundante en codorniz. Por otra parte, tenía una nueva compañera: una perra braca que me había dejado feliz por su nobleza, docilidad y por la calidad que, junto a su juventud, había demostrado en la media veda mostrando una afición y unos vientos del máximo nivel. Tan seguros estábamos de la excelencia de la nueva temporada que no habíamos chequeado cómo se había producido la cría de la perdiz, presumiblemente extraordinaria por lo que habíamos dejado el año anterior y por una meteorología durante el año sin defectos para ello. Así pues, caminábamos hacia una gran temporada de menor.

No fue así.

Llegó el primer día de caza. Fuimos al coto a cazar Marcelino y yo. Paquillo y su hijo habían ido a otro coto del que disponían en La Mancha. Empezamos cazando en mano desde el inicio del coto, próximo a Olmedilla de Eliz en dirección norte, hacia los términos de Buciegas y La Olmeda de la Cuesta, en la margen derecha del río. Esperaba un día excepcional de caza; tanto por las perdices que debía haber como por la excelente perra que la suerte me había deparado. Cogí la mano más próxima al río y Marcelino su fue a cazar las zonas próximas a las mojoneras del coto hacia el naciente. En teoría deberíamos levantar, al menos, los resultados de la reproducción de las perdices de los bandos de la zona de la viña y de otra zona más al norte por los olivares. Mi mano la hice concienzudamente, confiado además en la calidad de la perra. En la zona de las viñas no levanté absolutamente nada. Me resultó raro, pero no le di importancia. Había avanzado aproximadamente un kilómetro cuando la perra empezó a marcar una magnífica muestra de aire, la perra rompía la muestra y volvía a parar de aire; estaba claro que tenía las perdices delante y la perra parando de maravilla en un bello espectáculo digno de ser filmado. Por fin oí el ruido del vuelo de la perdiz. Yo esperaba en ese primer día un bando bien nutrido, pero solo vi una perdiz a la que por la distancia no pude disparar. Seguí por donde la había visto trasponer, después de un rato la perra volvió a marcar la muestra y se repitió la escena espectacular. Cuando se terminaba la loma que iba siguiendo, volvió a volar una sola perdiz que, en esta ocasión cruzo totalmente la vega hacia el poniente; debía ser la misma volada al principio. Al final de la loma debía encontrarme con Marcelino que, suponía, debía haber volado algunos bandos de perdices.

- ¿Qué tal Marcelino?

- Mal. No he visto nada.

- ¿Y el bando de los olivares?

- No he visto nada. Absolutamente nada, y la perra no se ha tocado en ningún momento ¿Y tú?

323

- He visto sólo una perdiz suelta. Debe ser un macho viejo. Pero la perra me ha dado un espectáculo para enmarcar; la ha levantado dos veces parando y con muestras de aire durante más de un kilómetro. Esta perra va a ser *la hostia*.

- Ya te lo decía yo; va a ser *la hostia*. ¿Qué te parece que hagamos?

- La perdiz que he volado sé dónde se ha parado; es allí, en ese cerro, al otro lado del río. Podemos coger la mojonera con La Olmeda; allí tiene que haber más de un bando; con la veintena que quedaron de temporada pasada, mal no será que hayan sacado tres o cuatro polladas. Luego las subimos coto arriba, tomamos una dirección que pase por donde se paró la que he levantado.

Así lo hicimos. Llegamos a la mojonera con la Olmeda. Recorrimos la zona querenciosa de todos los años. No había nada. Nos quedamos perplejos. Llegamos a la zona donde se había parado la perdiz; levantó el vuelo cerca de Marcelino y fue abatida. Cogimos la perdiz y apareció una nueva e inquietante sorpresa: no era un macho viejo, ¡era una hembra!

- Qué mal me huele esto: el primer día de la temporada, ni un solo bando de perdices, solo una solitaria y resulta que es una hembra. Mal asunto -dije convencido, con el recuerdo de Valparaísos detrás.

Sí, era mal asunto. Seguimos caminando; dimos la vuelta al coto desde la linde con La Olmeda. En la zona había una tinada y un ganado de ovejas; me encontré con el pastor. Nos saludamos y establecimos conversación.

- ¿Qué tal lo lleváis?

- Mal. No hay más que ver lo que llevo colgado, que es nada. Sólo hemos visto una perdiz suelta y, encima, una hembra.

- Ni vais a ver más que esa. No hay perdices. Han desaparecido. Han desaparecido las perdices,… y más cosas.

- ¿Por qué?

- No sé. El campo está raro. Hasta las ovejas están raras. He perdido unas cuantas; algunas enferman, pierden fuerza, dejan de comer; flojean. Cuando las veo flojear aguantan un par de meses y se mueren. Para mí, que el campo tiene veneno.

Terminamos el día. Recordábamos el precedente de Valparaísos. Ese precedente y lo que acabábamos de ver nos sumía en un pesimismo total. La hipótesis del veneno en los campos, como origen de esas desapariciones de fauna, cogía fuerza[25]. Volvimos más días y seguimos sin ver nada. También dejaron de verse los distintos tipos de aves que por allí había. Desaparecieron también la pareja de águilas calzadas que criaban anualmente en los chopos que había al lado del río.

Mantuvimos el coto un par de temporadas más, esperando la codorniz en el verano; pero la codorniz, también dejó de llegar. Así nos despedimos de Perales[26] tras la media veda del 2013.

Un regalo inesperado de la naturaleza

La naturaleza siempre ofrece algo que enseña; ofrece cosas que quedan grabadas agradablemente en la memoria. A falta de perdices, buscando torcaces entre las carrascas presencié una obra teatral entera, gratuita y en primera fila, cuyos protagonistas fueron los corzos, un humano y mi, ya por entonces y a pesar de su juventud, muy querida perra.

Iba caminando entre las carrascas cuando vi que la perra marcaba una muestra "reservada" a unos pocos metros de una gran carrasca. Cuando digo "reservada" me refiero a una muestra que hacen los perros echándose un poco hacia atrás y que presagia la presencia de un animal grande. Enseguida saltó un corzo de la carrasca que pude ver perfectamente a unos quince metros de donde yo estaba; era una hembra, por su aspecto y por su total ausencia de cuernos. La perra la vio, salió detrás de ella y perdí de vista a la corza y a la perra. No quería que se picase con los corzos; la llamé con todas mis fuerzas para que

325

volviese, pero no me hizo caso; por fin, después de unos minutos volvió al lugar donde yo estaba, al lado de la misma carrasca.

- ¡No sabes que eso no es lo nuestro! Te ha dado una buena paliza esa corza. ¿A qué sí? ¡Toma nota! ¡Aprende! – le decía a la perra, jadeante después de su esfuerzo, mientras ella parecía escuchar mis palabras mientras me observaba atentamente.

Iba a seguir andando por entre las carrascas en busca de las torcaces cuando la perra se metió violenta y directamente en medio de la carrasca sin marcar muestra previa alguna. Oí ruido y salió una segunda corza. De nuevo perdí de vista a la corza y a la perra que iba corriendo detrás de ella. Volví a llamarla, pero pronto me di por vencido, sabía que la perra volvería cuando estuviese lo suficientemente cansada y viese lo imposible de su empresa. Yo me quedé en el mismo sitio sorprendido por la corza que acababa de salir a mi lado, después de todas las voces que yo había dado llamando a la perra mientras perseguía a la primera.

Esperando en silencio estaba, cuando a un metro o metro y medio de mis pies apareció un corcino andando, inseguro en un principio. Pude haberlo atrapado echándome encima de él, podía haberle dado un golpecillo con los caños de la escopeta, no hubiese sido necesario dispararle si hubiese querido quedarme con él. Era un placer presenciar su caminar titubeante que luego enderezó con un trotecillo más vivo y directo en la misma dirección que habían tomado las dos corzas. Lo vi finalmente desaparecer de mi vista al trasponer una pequeña cuesta.

Por fin volvió la perra. No se tenía en pie. Se tumbo lateralmente sin moverse. Hice un pequeño pozo al lado de su boca quitando unas piedras y rascando en el suelo haciendo una oquedad que cubrí con una bolsa de plástico que siempre llevo por si cobro alguna liebre, y eché un buen chorro de agua de la cantimplora. La perra tardó en reaccionar, pero finalmente, sin incorporarse se puso a beber algo de agua. Pasó un rato más, finalmente la perra se levantó y se reincorporó como si no hubiese pasado nada.

Pensé en lo sucedido. La primera corza salió ante nosotros como reclamo, quedándose en la carrasca la madre y la cría. Aguantaron, madre y cría, todas mis voces de llamada a la perra. Pero la perra, cuando volvió, aunque cansada, detectó el olor de su presencia y no dudo en entrar en la carrasca. Ante ese hecho, salió la madre como nuevo reclamo, dejando al corcino en el mismo sitio. El corcino aguantó las voces, ya pocas, que di ante la segunda carrera de la perra. Finalmente, cuando yo estaba ya callado esperando a la perra, el desamparado corcino decidió salir de su escondite buscando a su madre. A mi modo de ver, las corzas habían dado un ejemplo de planificación, de inteligencia animal que los humanos frecuentemente no imaginamos y que, precisamente por ello, nos sorprende. Y pensando más, ahora en términos generales, una vez analizada la secuencia de hechos que se produjeron, se puede afirmar, de nuevo, que al número teatral presenciado solo tiene acceso el que realiza la acción de cazar; esos números teatrales que ofrece la naturaleza salvaje solo pueden ser presenciados por los cazadores[27].

Por fin, ¡perdices salvajes!

Una vez que dejé el último coto, no tenía sitio donde cazar. Ya, por entonces, se había prohibido cazar en los terrenos no acotados, comúnmente llamados libres por los cazadores. Vi la posibilidad de poder cazar en un coto próximo a la ciudad de Cuenca y, sin más, me puse en contacto con su gestor. Se me permitió cazar en Tondos.

Tondos era un coto de Sierra, con una zona de transición entre monte y labradío que me hacía pensar que podía albergar algunos bandos de perdices de monte; bandos de perdices que hacía ya más de dos años que no veía. La fe es difícil que un cazador la pierda; siempre queda una chispa de ilusión.

Recordaré siempre el primer día de caza en Tondos. Fue ya bien avanzado el mes de noviembre de 2013. Hacia un día de perros, un día gris con aire helado y una nieve seca que flotaba en el aire y marcaba de blanco el suelo en algunos lugares donde trabajosamente conseguía asentarse. Por entonces no conocía el coto, ni conocía los bandos si los hubiera, ni las querencias si hubiera bandos. Decidí coger cotas altas del término donde predominase un monte no muy crecido. Crucé el pueblo y cogí un camino ascendente. Conforme ascendía, tanto a mano derecha como a mano izquierda, el tipo de monte era el que yo pretendía. Se cruzaron por delante del coche un paquete de corzos, cercanos y hermosos, con su grisáceo pelo invernal. Llegué al punto más alto, donde había una encrucijada de caminos; allí paré. Monté la escopeta y me pertreché con la ropa más adecuada que encontré para las circunstancias que había. Yo y la perra nos pusimos en marcha bordeando por la parte de arriba unas cuestas. Avanzaba viendo con dificultad. La perra entraba en contacto con la nieve que iba quedando pegada en las aliagas y no hacía más que sacudírsela de encima; el aire no paraba y bajaba la temperatura de todo lo que tocaba, incluyendo el cuerpo mojado de la perra. Llevaba un rato pensando en no demorar mucho la vuelta al coche; no esperaba nada cuando, de repente, se levantó un buen bando de perdices. No pude contarlas, volaron entre una especie de neblina que generaba la nieve que hacía difícil su visualización, pero podría llevar un número próximo a la docena. A tres de ellas las puede seguir con la vista y vi aproximadamente donde se habían parado; se habían posado en lo alto de la cuesta de la loma que había enfrente de donde yo estaba; no habían dado un vuelo largo.

- ¡Por fin, un bando de perdices! ¡Por fin! – me decía a mí mismo con un sentimiento de alegría y de satisfacción, de justa compensación después de la búsqueda costosa, impotente y deprimente de los últimos años[28].

Me puse tras ellas. Opté por ir directo donde podían estar y no dar el rodeo que marcaba la orografía del terreno. Ello suponía bajar la cuesta donde estaba, recorrer el vallejo que había en el fondo y encaramarme por la cuesta de enfrente. El agua había ablandado la tierra y la nieve que se había depositado en las piedras las hacían resbaladizas. Me caí un par de veces y, tras ello, para evitar males mayores, opté por bajar tirado en el suelo, escurriéndome adrede por la cuesta abajo; así no tuve problemas; bajé rápido y pronto estaba subiendo por las cuestas de la loma de enfrente. Di la vuelta al punto de parada con la intención de que, si las perdices se arrancaban, fuesen en dirección donde tenía el coche. No fue posible. Dos de las perdices se arrancaron con fuerza en dirección contraria a la que yo pretendía, volaron hacia donde habían salido unos minutos antes; mirando su vuelo estaba, cuando oí una tercera a mi derecha; la vi, me eché la escopeta a la cara y la derribé; cayó en medio de la cuesta, vi como rebotaba entre las piedras. Pensé que podría haber caído de ala; no fue así; la perra bajó y la cobró sin problemas y me la entregó; era un hermoso macho de perdiz de dos espolones.

Guardé mi hermosa pieza. Observé que la perra tiritaba. Ya era lo suficientemente tarde. Tomé la decisión de volver a casa y dejar de cazar. La mera presencia de ese bando de perdices me llenó de alegría y optimismo. Por lo menos había uno y, seguramente, habría más. Fue, para mí, un gran día de caza; que no fue único.

El día en que las perdices me tocaron el morro

Tondos me ofreció buenos lances y me permitió cobrar algunas perdices. Podría contar varios lances exitosos. Sin embargo, los lances de caza cuyo resultado es el fracaso son más aleccionadores y suelen ser más cómicos; para mí son particularmente agradables aquellos lances que cuando los recuerdas te viene una sonrisa placentera y nostálgica a la cara. Voy a contar uno de ellos.

Era un día que amaneció gris. Recuerdo que fue una amanecida que anunciaba posibles lluvias. Opté por cazar la zona de monte que yo la llamaba la de la "Cantera de Arriba", pues por allí dejaba el coche en un espacio de fácil aparcamiento. La zona que solía cazar estaba entre el cerro de La Muela y El Cubillo y albergaba un par de bandos de perdices en la cara de la loma que daba a la cantera. El tiempo fue pasando y no daba con los bandos. Para rematar la jornada, a eso de la una del mediodía empezó a llover, primero fue una lluvia fina que, conforme pasaba el tiempo, iba creciendo. Decidí volver al coche y anticipar mi vuelta a casa. La lluvia empezó a arreciar y después de un rato, mientras conducía, llovía ya con fuerza. Estaba a la altura del cerro de El Cubillo cuando por delante del coche vi cruzar volando un gran bando de perdices, podría llevar más de una veintena. A pesar de intensa lluvia pude seguirlo con la vista; el bando enfiló el cerro de El Cubillo con un vuelo ascendente que, como era lógico, no pudo avanzar mucho con tanta agua cayéndoles encima; así fue, no llegó a coronar el cerro y se paró a media cuesta.

Pensé que las perdices no se debían haber movido del lugar donde se habían posado y que allí estarían. Dudé entre seguir hacia casa o montar la escopeta e ir al lugar donde había visto que se habían parado. Decidí salir a por ellas. Pensé que el lance iba a ser breve y que no era necesario acompañarme de la perra; el resultado podría ser un doblete de perdices. La estrategia que me planteé era la de subir por el cerro hasta coger la línea de nivel donde había visto que se habían parado, pero hacerlo a una distancia de unos cien metros del lugar de parada exacto y avanzar por la línea de nivel hacia ellas. Pronto empecé a pagar el precio de mi decisión: el agua, que seguía cayendo abundante y con fuerza, había embarrado el terreno arcilloso del cerro y las piedras donde preferentemente apoyaba mis pisadas resbalaban por la presión de mi peso; me caí varias veces y me llené de barro. No obstante, seguí con mi estrategia; subí, cogí la línea de nivel y avancé hacia ellas; llegué al lugar donde, en teoría, tenían que estar, no daban señales de su existencia; pensé entonces que me había equivocado con la línea de nivel que había cogido, que sería otra más alta o más baja; pero, por otra parte, un montón de piedras que había tomado como referencia del lugar de parada me indicaban que estaba en el lugar exacto. En medio del aguacero y de la duda, con una cortina de agua formada por el agua que resbalaba por las alas del sombrero que llevaba, me preguntaba si las perdices habían tenido el brío de apeonar cerro arriba.

En esos pensamientos estaba cuando de repente oigo un estruendo alrededor de mí. A las perdices las estaba pisando. En un espacio de menos de cincuenta metros cuadrados estaban todas; algunas a pocos centímetros de mis pies. Levantaron todas vuelo, vi sus plumas, sus ojos, sus picos, sentí el aire de su vuelo en la cara y que alguna llegó a tocarme la cara con su aleteo. El cielo estaba lleno de perdices con un vuelo más pesado que el acostumbrado y yo en medio de todas ellas con

330

la escopeta. Ni siquiera me preocupé en apuntar; solté los dos tiros de mi escopeta como en las películas del Oeste, a sobaquillo y quemarropa. Cuando desaparecieron me puse a buscar lo que había caído, pero no encontraba nada. No lo podía creer. Decidí bajar al coche sacar a la perra y buscar el producto final de mi aventura. Así lo hice. Me caí de nuevo varias veces, iba embarrado. Llegué con la perra. Como era esperable detectó el olor de las perdices; nerviosa, se puso de muestra varias veces, pero no encontró nada. No había nada en la zona. Los tiros habían pasado entre todas ellas sin tocar a ninguna y no me llevé ninguna perdiz en aquel lance. Lo único que me llevé a casa fue barro, agua y una experiencia insólita. Una experiencia que incluía que, por primera y única vez en mi vida, unas perdices me habían tocado el morro.

El zorro-alfombra

Ese día había decidido salir un rato por la tarde a la paloma pues en la cantera grande había una surgencia de agua que generaba una buena charca y, por ello, se generaban unos pasos frecuentados por las torcaces y también por algunas tórtolas. En el escaso kilómetro que había desde el cruce de caminos a la cantera grande había tres bandos de perdices. Era el mes de septiembre y los pollos de perdiz ya eran grandes; su plumaje estaba cambiando y ya principiaba el de las adultas. Iba avanzando con el coche por el camino de tierra, dejando a un lado y a otro los bandos de perdices que ya conocía, cuando percibí en medio del camino una mancha negra. Ralenticé la marcha del coche y cuando me aproximaba, esa mancha negra paso a ser vista como una alfombra peluda. Un animal muerto – pensé – y por la cola parece un zorro. Paré el coche y me bajé de él para ver bien el animal y retirarlo del camino. En cuanto me bajé la supuesta alfombra negra cobró vida: se trataba de un zorro carbonero que, con seguridad, estaba esperando su cena de perdices con el engaño de parecer un muerto en medio del blanco camino de tierra. Fue curioso que cuando me vio fue remiso a irse con rapidez como suelen hacer en otras ocasiones, corrió en un principio y luego fuera de la carretera, metido en el monte, se quedó mirándome, como esperando que me marchase para volver a lo suyo; le tiré una piedra con la intención de darle mientras me acordaba a voces de todos sus antecesores; así desapareció. Pero la cosa no quedó ahí. Me puse en un puesto que había hecho para la paloma. Allí estuve cerca de dos horas; disparé varias veces y cobré tres torcaces. Cuando ya se iba ocultando el sol y no se veía bien, decidí dejar de cazar; guardé la escopeta y cogí el coche de nuevo para irme a casa. Avancé por el camino y cuando llegué a la zona donde había visto aquella inesperada alfombra, no me entraba en la cabeza lo que estaba viendo: en el mismo sitio, con la misma disposición, estaba, de nuevo, el zorro carbonero. Esto, para mí, ya era demás. Abrí la funda, saqué la escopeta, la monté, salí dispuesto a acabar con el zorro; pero en esta ocasión, en cuanto abrí la puerta del coche, el zorro debió captar mis intenciones y salió como una exhalación a meterse en el monte. Ya sin verlo, pegué los dos tiros de mí escopeta por donde vi que se había metido acordándome, de nuevo, de todos sus antecesores. Una vez más, me di cuenta de que los animales tienen un tercer sentido para conseguir su sustento y detectar el peligro. Un espectáculo más de inteligencia animal que la naturaleza deja presenciar a los cazadores.

Las perdices son buenas para el Parkinson

Como intuí tras lo visto en el primer día, en Tondos había más bandos de perdices. Fui conociendo los bandos y sus querencias. Mi estimación al final de la temporada es que el número de perdices que quedaban superaba el centenar en un coto de más de 2.000 hectáreas con unas 1000 hectáreas de monte alto y cerrado, no propicio para la caza menor. Una población perdicera decente para practicar su caza. A pesar de cazar en solitario, era raro el día que ese paraje no te ofreciese algún lance aprovechable. Era frecuente que se levantasen perdices a tiro pero que, por la disposición de la vegetación, no era posible verlas. También era frecuente tener alguna posibilidad de disparo a las torcaces o, de vez en cuando, recibir la sorpresa del salto de una liebre. A veces aparecía alguna pieza de mayor, sobre todo corzo y jabalí; también, se podía divisar, puntualmente, algún ciervo; estas eran piezas que no entraban en el permiso que tenía, que era exclusivamente para la caza menor. Así iban pasando los días en aquellos pagos. Días entretenidos y agradables. Marcelino, por entonces, ya tenía más de ochenta años y estaba diagnosticado con la enfermedad de Parkinson; una enfermedad que todavía no lo había deteriorado lo suficiente como para hacerle imposible el ejercicio de la caza. De hecho, seguía practicando la mayor junto con su amigo Dalmacio en la finca que éste tenía. Aunque le temblaba la mano continuamente, el temblor desaparecía cuando se echaba a la cara un arma; entonces dejaba de temblar y disparaba con precisión; de hecho, por entonces abatió uno de los venados más grandes de su vida.

- Parece que no te tiembla el pulso.

- Pues no. Si uno tiene que hacer algo con las manos, se va el tembleque del Parkinson. La mano tiembla cuando no tiene *na* qué hacer.

- ¿Sabes que en Tondos quedan perdices?

- No lo sé. Si es así, es de los pocos sitios. El otro día me encontré con uno que fue guarda en La Veguilla de Mendizábal y me dijo que no hay perdices por allí, que no quedan diez en toda la finca; verlo para creerlo.

- En estos tiempos las perdices hay que buscarlas en el monte y en Tondos hay un buen monte para ellas ¿Te apuntas?

- Sí.

Marcelino se apuntó y volví a cazar en compañía. Yo me subía a los cerros y le intentaba echar perdices. Si le llegaban a tiro, las mataba. A veces, Marcelino tomaba la iniciativa, buscaba y por sí mismo levantaba algún bando de perdices. Él, al igual que yo, estábamos contentos con el hallazgo de un lugar donde todavía se podía cazar la perdiz salvaje. Aunque su enfermedad iba avanzando, la movilidad la tenía aceptable en aquellos años. Quizás se debiese a que durante toda su vida se había movido por el campo, subiendo y bajando cuestas.

- No te parece que las perdices son buenas para el Parkinson.

- Sí. Las perdices son buenas para eso y para más cosas.

A Marcelino le llegó el momento de decir adiós a las perdices. Estuvo cazando cuatro temporadas. El año 2018 fue el último que cazó la perdiz. Tenía entonces 85 años.

Malos presagios

Ya nos íbamos acercando al cumplimiento del primer cuarto del siglo XXI. Empezaron a ser frecuentes las temporadas con unas densidades de perdices que no aconsejaban su caza. Cuando eso ocurría, por voluntad propia decidía no cazar la perdiz; me limitaba a buscar una liebre para hacer el morteruelo navideño, y digo "una" liebre exclusivamente, pues éstas también empezaron a ser escasas. Esas ausencias de caza me producían un desasosiego y un disgusto que iba más allá del hecho desnudo de que en una determinada temporada no hubiese caza suficiente. Lo que me torturaba era que la naturaleza estaba fallando, como falló en Valparaísos, como falló en Perales, cómo falló en otros sitios de la provincia de Cuenca que antes fueron santuarios de la caza menor. Pero, en este caso, la inquietud era mayor ya que en los otros lugares conocía la razón del porqué había ocurrido la desaparición de la caza menor y de otros muchos animales y, sin embargo, ahora, en estos parajes, no tenía seguridad sobre cuáles eran los hechos que habían producido esa situación[29].

En el año 2022, había pocas perdices y, otra vez, decidí no cazarlas. Sabía de un bando que tenía ocho perdices en una zona determinada; no quise tocarlas con la esperanza de que el año siguiente saliese alguna pollada de ese bando. Llegó el año 2023 y casi no había perdices; algunas del año anterior habían desaparecido. En la zona de aquel bando de las ocho perdices no había absolutamente nada. Esa historia era para mí, por desgracia, conocida y me producía malos presagios. Hice un seguimiento de las perdices que había en todo el término; concluí que no había más de veinte.

En las condiciones anteriores propuse a los cazadores del coto que no se cazase la perdiz, tampoco la liebre; propuse que sólo se cazase la torcaz y que se hablase con la propiedad para que rebajase provisionalmente el costo de la plaza a la mitad. Eran mis condiciones para cazar en ese coto; no iba a aceptar otra cosa que no incluyese esas condiciones. Los cazadores aceptaron la propuesta, pero la propiedad no. Así terminé mi estancia en ese coto que, como he contado, me ofreció buenos momentos. No sé si algún día volveré. Vuelva o no vuelva, lo que deseo es que ese lugar vuelva a tener la vida salvaje que tuvo.

¿Las últimas perdices?

- i -

- Tengo un coto nuevo. Es una finca. Tiene un solo dueño.

- Mejor. Eso en una ventaja.

- Lo es.

- Mucho mejor tratar con uno que con diez. Mejor tratar con diez que con veinte. Cuanta más gente para tratar, peor. Cuando hay mucha gente, siempre hay algún tocapelotas, algún malpensado, alguno que tiene miedos a perder algo, algún charlatán que calienta en caldero, algún loco.

- ¿Qué tal la temporada?

- No he salido ni un solo día con la escopeta. Ya ves. He llegado a un punto en el que lo único que quiero es ver que crían las perdices. Sólo eso; con eso tengo felicidad. Hablo con el dueño de las tierras, le cuento mis planes y hace lo que le digo. Algunos pedazos estratégicos los hemos sembrado con veza, con pipirigallo y otras leguminosas. De cereal, avena; la hemos sembrado en tiras de metro y medio de ancho que se meten en el mismo monte de refugio. Todas las semillas son

335

naturales, sin tratamiento alguno. Y las perdices, me han criado. Me ha costado una pasta, pero tengo una docena de bandos cojonudos.

- Bandos para verlos.

- Sí, para verlos. A eso hemos llegado. Nos han hecho polvo entre unos y otros; más por tontos e ineptos que por malos. Esas pandas de tontos han conseguido que termine haciéndome un pequeño islote, solo para ver que allí, con lo que yo hago, crían las perdices. Ya sé que estoy rodeado de veneno por todas las partes y que lo que hago es "David contra Goliat", pero ahí estoy.

- Ya sabes que, al final, la batalla la ganó David.

- Sí. Con una pedrada le bastó. A nosotros nos va a costar mucho más ganar esta batalla. Nuestro enemigo es un gigante más grande que Goliat y, seguramente, más mentecato y a los mentecatos es difícil convencerlos.

- Debemos creer que sí. Terminarán convenciéndose y ganaremos nuestra batalla… Sabes lo que me está pasando por la cabeza ahora.

- ¿El qué?

- Que Marcelino, poco antes de morir, en su silla de ruedas, con una memoria de la que ya no estaba su Atleti, con la mirada inexpresiva que conllevaba la enfermedad de Parkinson veía bandos de perdices desde la puerta de su residencia en medio de la calle, mientras pasaban coches de un lado a otro. Yo me pregunto qué tendrán las perdices para dejar esa huella en los humanos. Sin duda, algo especial tienen … Sí, … las perdices son buenas para el Parkinson y para más cosas, merece la pena esforzarse y luchar para que vuelvan.

Notas del siglo XXI

(1) Después del atentado de las Torres Gemelas, hubo otros; se han repetido hasta hoy. Este hecho tuvo varios efectos. Unos efectos fueron de carácter bélico: las invasiones militares de Afganistán (octubre de 2001) y la de Iraq (marzo de 2003); ambas operaciones militares supusieron un gasto de unos 850.000 millones de dólares para EEUU (por entonces el PIB de EEUU andaba sobre 11 billones de dólares por lo que ese gasto fue relevante) más otras cantidades menores que pagaron otros países (el mayor fue el de UK, con 10.000 millones de dólares). Evidentemente, las confrontaciones bélicas tienen efectos económicos negativos.

(2) La llaman Gran Recesión. El nombre está bien puesto. El origen está en EEUU, cuando se rompió la separación entre los bancos de depósito (los de los ahorradores comunes) y los bancos de inversión (los que juegan con su dinero buscando rentabilidad). En 1981, en EEUU se permitió que los bancos de depósito, hicieran operaciones arriesgadas con el dinero de sus clientes, rompiendo una tradición implantada allá por el 1933 tras del Crack mundial del 1929. En el año 2000 se ampliaron las operaciones financieras que un banco podía realizar de tal modo que las hipotecas que había concedido podía venderlas a otra entidad financiera con lo que se lavaba las manos y no tenía posibles pérdidas en el negocio financiero que había establecido con su deudor (ni ganancias, como es lógico). Esta nueva entidad podía meter en una caja imaginaria esos negocios financieros; partirlos en trocitos (bonos) y sacarlos a la venta para que fuesen comprados por inversores (otros bancos, entidades financieras o particulares). La globalización, la conexión mundial de los mercados financieros hicieron el resto. Esto dio lugar que se concedieran hipotecas a tutiplén en todos los lugares del mundo con un alto riesgo de incumplimiento. Y, claro, llegaron los incumplimientos, también a tutiplén; particularmente eso ocurrió cuando la Reserva Federal (órgano público-privado estadounidense semejante a un banco central) elevó los tipos de interés para parar la inflación que se estaba produciendo; particulares y entidades inversoras perdieron lo prestando o lo invertido. Llegó la desconfianza de los prestamistas y se terminó el crédito, ello también ocurrió de forma masiva y rápida; el dinero es cobarde. España no estuvo al margen del fenómeno anterior; evidentemente tampoco lo estuvieron los distintos países de la Eurozona, ni otros países fuera de ella; si bien, cada país, tuvo sus peculiaridades añadidas que mejoraron o empeoraron algo el problema que se había generado. En el caso de España como factores de empeoramiento se difundieron argumentos tales como: el efecto demográfico retardado del baby-boom, falta de suelo, existencia de beneficios fiscales para la compra de vivienda, el aumento de población por inmigración, infravaloración de la vivienda durante la segunda mitad de los años noventa (esto por parte del Banco de España), etc.

(3) Este hecho ha dejado una honda huella en la memoria de todos los que lo vivieron. En muchos países la enfermedad supuso el confinamiento de las personas en sus viviendas, dejando sus formas habituales de vivir, incluido, en muchos casos, su trabajo. El impacto de ello llegó a todos los ámbitos: económico, social, educativo, deportivo, etc. En general, el recuerdo que dejó en las personas ha sido malo o muy malo; hay personas a las que he oído decir que no podrían soportar otro confinamiento como aquel. En mi caso no fue así; yo tenía una perra en las afueras de Cuenca a la que tenía que atender diariamente, una parcela en la que cultivo algunos productos hortícolas cuyo cuidado estaba permitido y una clase de trabajo profesional que implicaba legal y necesariamente su realización; todo ello me dio una libertad que otras personas no tenían; fui un afortunado que pudo comprobar lo que es el poder concentrarse en un mundo sin ruidos y sin el chorreo continuado de estímulos que distraen. Por otra parte, los que tienen la afición de vivir la naturaleza, los cazadores como ejemplo, tuvieron ocasión de ver o recibir noticias de como los habitantes de ella (corzos, ciervos, jabalís, etc.) empezaron a pasearse por los, entonces silenciosos y para ellos deshabitados, núcleos urbanos.

(4) Después de la pandemia del coronavirus, gran parte de los estados del mundo optaron por políticas expansionistas de la economía. Se bajaron los tipos de interés. Se inició una cadena ascendente de demanda de bienes y servicios que supuso un ascenso de la demanda de energía. Como es natural los precios de la energía subieron por ese hecho. Pero aparte de lo anterior, hay otras razones para que se incrementen todavía más los precios de la energía. Una fuente de razones que incrementan los precios de la energía provienen de la idea del cambio climático de origen antropogénico que han conllevado un sobrecoste de la energía de origen fósil por los derechos de emisión del CO_2 (en la UE se dice que supone un incremento del 20% en los precios de la energía en la UE), también ha producido la renuncia al uso de los combustibles fósiles, que suponen de hecho una disminución de la oferta de energía y, por tanto, si la demanda es constante, un incremento del precio de la misma (políticas de descarbonización incluidas en el Tratado de París del año 2015, que ya ha sido tenido en cuenta en España a través de la Ley 7/2021 de 21 de mayo del Cambio Climático y Transición Energética). Otro motivo puntual, ajeno a lo anterior, pero que sumó de forma considerable a esos incrementos, fue de origen bélico: los efectos de la guerra entre Rusia a Ucrania, tras la ocupación de esta por aquella; pero esto es solo un efecto de algo mucho peor; mucho peor es la existencia del propio conflicto que puede generar una tercera guerra mundial.

La energía se usa en todos los procesos de producción, industriales, agrícolas y pecuarios; la subida de los precios de la energía supone una subida de los precios de los productos conseguidos con ella y, como es evidente, los alimenticios que, además, sufren la influencia de cómo viene el clima año a año. Pero no hay que olvidar otro aspecto que es básico: el demográfico. El aspecto demográfico tiene peso si cotejamos cómo era el mundo en cuanto a población a lo largo de las décadas que se observan en estas crónicas. De 2.500 millones estimados en 1950, se pasó a superar los 6.000 millones en el año 2.000 y en 2022 se superaron los 8.000 millones. Si el globo terráqueo es finito, la cantidad de recursos naturales que contine también debe ser finita. Esos recursos naturales no se pueden incrementar con una varita mágica, como ocurre en los cuentos o en la mística de las religiones. Significa que somos tres veces más hoy que en 1950 para consumir lo que nos puede ofrecer el globo terráqueo. En suma, nos encontramos con una crisis energética y alimentaria cuyo desarrollo y fin, si lo hay, parece impredecible.

(5) Es difícil hacer pronósticos sobre el futuro y que estos se cumplan. De todos modos, es intuitiva la idea, con un grado de probabilidad alto, de que, si se diese el caso, Putin no aceptase una retirada de Ucrania y que a raíz de ello optase por un ataque nuclear en último término. Ese ataque nuclear es presumible que lo haría inicialmente contra Ucrania y no contra Occidente Si ocurre eso, también es intuitiva y probable la idea de un ataque de Occidente a Rusia con armas atómicas, con un grado de probabilidad alto. Ello supondría una ola de ataques atómicos entre Occidente y Rusia. El precio que pagaría Occidente, ganase o no ganase esa guerra, sería altísimo.

(6) Sobre el cambio climático de origen antropogénico probablemente se haya realizado la mayor campaña publicitaria de la historia contemporánea. Los principales actores de esa propagando son responsables del poder público en la mayor parte de los países de occidente. Estos poderes surgen del propio funcionamiento democrático a través del sufragio universal sobre los diversos partidos políticos que concurren a las elecciones en las sociedades occidentales. Estos poderes, cuando les toca constituirse por el resultado de las elecciones, son las entidades que manejan, con enorme diferencia, los mayores presupuestos de todas las entidades incluidas en sus estados.

Sin embargo, a pesar de toda esa propaganda, no existe consenso científico sobre que ese cambio climático, si realmente se estuviese produciendo, sea de origen antropogénico. Ocurre que desde la revolución industrial el crecimiento de las emisiones CO_2 y otros gases efecto invernadero (el vapor de agua también lo es) han sido exponenciales en el tiempo y, sin embargo, el crecimiento de la temperatura media del planeta no coincide con ese crecimiento. Creciendo las emisiones de gases continuamente a lo largo del tiempo, hay intervalos de tiempo de años en los que esa temperatura ha descendido. Consecuentemente, habrá otros factores que justifiquen esos crecimientos y decrecimientos de la temperatura media del planeta. Eso es lo que está por ver. Ejemplos que muestran esa falta de consenso los encontramos en los trabajos de los científicos: McIntyre, McKitrick (Canadá), Manuel Toharia (España), Dr. Guus Berkhout (Holanda), Geoffrey G. Duffy (Nueva Zelanda, ex miembro del IPCC), Grupo Clintel (integra a más de 700 científicos), Ivar Giaever (EEUU, Premio Nobel), etc.

En las gráficas que siguen se muestra la variación de la temperatura media del planeta con respecto a la concentración de CO_2 en la atmósfera. Los datos son de la NASA; son hasta el año 2000. Después del año 2000 hay un crecimiento, año tras año, de la temperatura media del planeta, a excepción de los años 2007-2008, años en los que hubo un descenso importante de la temperatura de -0,4°, según detectaron los científicos canadienses citados que obligaron a la ONU a corregir sus datos, ya publicados coherentes con la propaganda.

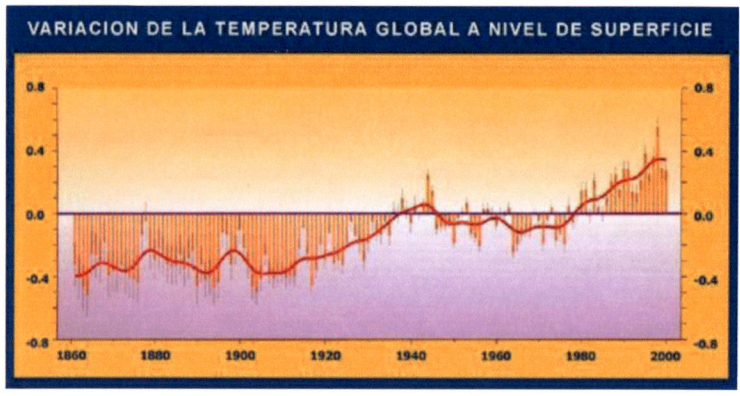

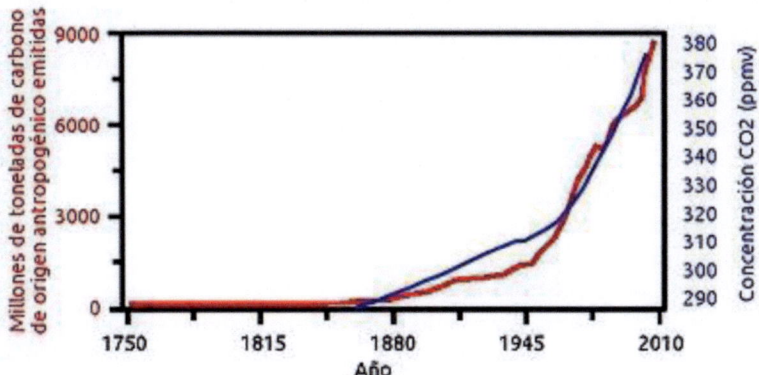

(7) La OCDE dio datos sobre la subida de los salarios reales en varios países de Europa (son los salarios nominales corregidos con la inflación para reflejar el poder adquisitivo de los mismos). La subida reflejada fue desde el año 2000 al 2020 (junto antes de los confinamientos por el coronavirus). España se situaba en la cola del conjunto de países analizados. La subida salarial en España fue de +0,7% (menos del 1%), dato que indica que los salarios reales prácticamente no habían subido en España. Si tenemos en cuenta la notable inflación tras el coronavirus con subidas en energía y alimentos que, en casos, se acercan al 100%, es seguro que, sobre los datos aportados por la OCDE, el salario medio real de los españoles haya descendido en su poder adquisitivo con respecto al del año 2000.

(8) Tanto en número de licencias de caza como de pesca la disminución es considerable desde el año 2000 al 2020. En el caso de la caza, de más de 1.200.000 licencias en el año 2000 se ha pasado a unas 750.000 en el 2020. En el caso de la pesca fluvial se ha pasado de más de 850.000 en el año 2000 a menos de 500.000 en el 2020. El descenso viene a ser de un 40%. Para visualizarlo físicamente, si imaginamos un grupo de 10 cazadores o pescadores en el año 2000, en el año 2020 han desaparecido del ejercicio de la caza o pesca 4 de ellos.

(9) Como buen ejemplo de ese aislamiento se puede poner el Real Decreto 2355 de 23 de diciembre de 2004 por el que se modifica el Consejo Asesor de Medio Ambiente (CAMA) en composición, funciones y contenido.
En la exposición de motivos se viene a decir que se pretende que ese Consejo sea un órgano de asesoramiento en la materia, no sólo del Ministerio sino

también del Gobierno. Tiene como finalidad asegurar el cumplimiento de los objetivos democráticos establecidos en nuestra Constitución, … cumplir los postulados del Convenio Aarhus en relación al acceso de los ciudadanos a la información medioambiental y a la legitimación de su participación en los procesos de toma de decisiones de carácter ambiental. Y para cumplir tal "participación" y "asesoramiento", amplían la cantidad de representaciones en tal Consejo de la siguiente manera:

El Consejo Asesor de Medio Ambiente estará presidido por el Ministro de Medio Ambiente y lo integrarán los siguientes miembros:

a) Una persona en representación de cada una de las organizaciones no gubernamentales cuyo objeto es la defensa del medio ambiente y el desarrollo sostenible, que se enumeran en el anexo.

ANEXO: Amigos de la Tierra. Ecologistas en Acción. Greenpeace España. Sociedad Española de Ornitología SEO/Birdlife. WWF/Asociación de Defensa de la Naturaleza (ADENA).

b) Una persona en representación de cada una de las organizaciones sindicales más representativas, de acuerdo con lo dispuesto en los artículos 6 y 7 de la Ley Orgánica 11/1985, de 2 de agosto, de Libertad Sindical.

c) Dos personas en representación de las organizaciones empresariales más representativas, designados por ellas en proporción a su representatividad, de acuerdo con lo establecido en la disposición adicional sexta del texto refundido de Estatuto de los Trabajadores, aprobado por el Real Decreto Legislativo 1/1995, de 24 de marzo.

d) Dos personas en representación de las organizaciones de consumidores y usuarios, designados a iniciativa del Consejo de Consumidores y Usuarios.

e) Tres personas en representación de las organizaciones profesionales agrarias más representativas en el ámbito estatal.

f) Una persona en representación de la Federación Nacional de Cofradías de Pescadores.

Es decir, el Consejo estará formado por representantes de: "ecologistas", "sindicalistas", "agricultores", "empresarios", … y alguno más. No están las asociaciones de cazadores en ese Consejo (en aquellos momentos con más de 800.000 licencias en España y más de un millón de aficionados) y sí lo están los ecologistas ¡y con 5 miembros!, contando con unos 180.000 asociados, menos de una cuarta parte de los cazadores. Curiosa forma de interpretar la eficacia en el asesoramiento y la participación social en democracia.

(10) Las semillas blindadas son unas semillas a las que se embadurnan con una serie de compuestos químicos (insecticidas, fungicidas, … etc.) de los que algunos tienen carácter sistémico lo que significa que sus propiedades se mantienen en la planta cuando esta crece hasta determinado tamaño; así pues, la planta es venenosa durante un determinado plazo de tiempo. En el trabajo del equipo de investigación del IREC (Universidad de Castilla-La Mancha) al que se le encargó en estudio sobre los nuevos productos que se estaban utilizando en la agricultura concluyó que los primeros resultados ponían de manifiesto que, con las dosis de tratamiento recomendadas por el Ministerio de Medio Ambiente, se produjo intoxicación de los animales que, en algunos casos, llegó a ser muy severa; el más tóxico es el imidacloprid. Los efectos del producto con las dosis recomendadas eran: pérdida de peso, anemia, bajada de defensas (depresión de respuestas inmunes) y con dosis superiores a la recomendada se produce directamente la muerte. Junto al ámbito cinegético, los efectos negativos de esos fitosanitarios fueron detectados en otro ámbito: el de la apicultura y hay abundantes trabajos de investigación sobre ello publicados desde principios del siglo XXI. Otro componente analizado fue el Tiram que es un fungicida; en este caso, desde un punto de vista general, está considerado como "nocivo" y peligroso para el medio ambiente; en relación con sus efectos sobre la fauna está calificado como medianamente peligroso para mamíferos y aves y muy peligroso para la fauna acuícola.

(11) Por ejemplo, en Cuenca se formó La Asociación Castellana para la Promoción, Uso y Defensa de la Naturaleza. La mayor parte de los asociados procedían del mundo de la caza y de la pesca, aunque también había algunos que no tenían relación con esas actividades concretas de disfrute de la naturaleza. En cuanto a la acción de estas asociaciones, un ejemplo puede verse en:
http:/www.unacaza.es/documentos/(5).pdf; http:www.unacaza.es /noticias/ noticiasver.asp?id=603.

En la página siguiente incluyo el acta fundacional, a modo de recuerdo y agradecimiento a los que la formaron.

Acta Fundacional de la Asociación Castellana para la Promoción, Uso y Defensa de los Recursos Naturales (CASDENATU)

Reunidos en Cuenca, el día 28 de febrero a las 19,30 horas las personas que a continuación se detallan:

Nombre	DNI	Domicilio
Francisco Gómez Utiel	4.483.224 H	C. Hispanidad, 7, 1ºB. Cuenca
Marcelino Torrijos Valera.	4.349.078-P	Av. Juan Carlos I, 4, 5ºD. Madrid
Eugenio Rey-Conde Fernández	2.606.914 W	Paseo de los Olmos, 1, 3ºD. Madrid
Ángel Millán López.	4.548.113-R	C. Federico Mayor Zaragoza, 12, 3ºB
Juan Vicente Visier Massó* (Fundador)	4.561.637 R	Paseo del Júcar, 19-2. Cuenca
Carlos Mondaray Delgado* (Fundador)	4.562.530 C	C. Francisco Ruiz Jarabo C 3ºIzd. Cuenca
Jesús Leblic Iglesias	00.641.704 G	Av. General Villalba, 12, 1º. Toledo
José Alberto Torrijos Regidor* (Fundador)	4.553.786 A	C. Ángeles Gasset, 66, 5ºA. Cuenca.
Pablo Sánchez Fortuna	5.647.771 Y	C. Mata, 25 2ºA. 13004-Ciudad Real.

(*) Los socios marcados con asterisco tienen el atributo de socios fundadores.

Acuerdan:

1º Constituir una asociación al amparo de la Ley Orgánica 1/2002, de 22 de marzo, reguladora del Derecho de Asociación que se denominará "Asociación Castellana para la Promoción, Uso y Defensa de los Recursos Naturales (CASDENATU)"

2º Aprobar los estatutos por los que se va a regir la entidad, que fueron leídos en este mismo acto y aprobados por unanimidad de los reunidos.

3º Designar a la Junta Directiva de la entidad, cuya composición es la siguiente:

Presidente: Carlos Mondaray Delgado
Vicepresidente: José Alberto Torrijos Regidor
Secretario: Marcelino Torrijos Valera
Vocales: Eugenio Rey-Conde Fernández; Pablo Sánchez Fortuna; Juan Vicente Visier Massó.

Y sin más asuntos que tratar se levanta la sesión, siendo las 21,00 horas del día veintiocho de febrero de dos mil once

Fdo. Francisco Gómez Utiel   Fdo.: Marcelino Torrijos Valera.   Fdo.: Eugenio Rey-Conde Fernández

Fdo.: Ángel Millán López   Fdo.: Carlos Mondaray Delgado   Fdo.: Juan Vicente Visier Massó

Fdo.: J. Alberto Torrijos Regidor   Fdo.: Pablo Sánchez Fortuna   Fdo.: Jesús Leblic Iglesias

(12) Tratamiento en prensa de la manifestación del 20-marzo-2022. No todos los medios de difusión trataron de igual modo esta manifestación. Hubo medios que pusieron un telón opaco entre la realidad y la ciudadanía. La viñeta publicada en Jara y Sedal que se muestra a continuación fue expresiva de ello. La masa de los cazadores utilizamos unos chalecos color naranja para que no hubiese dudas de quién éramos y dónde estábamos.

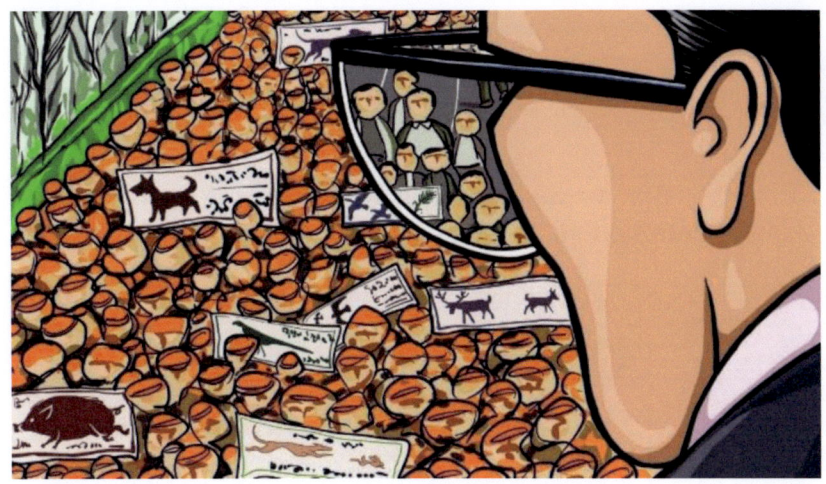

(13) Por ejemplo, véase, publicación en prensa en "El Día de Cuenca" de 2/11/2011 realizada por una Asociación Artístico Cultural (AACART) y SEO-Bird/Life. En dicha publicación no se cita como origen del desastre los fitosanitarios que se estaban utilizando en agricultura. En su lugar se establece el origen en la "caza ilegal" y por el uso del veneno que usan "cazadores ilegales". Para ellos, parece que es más importante demonizar a los cazadores que defender con sinceridad y rigor científico la naturaleza. Un rigor y una sinceridad que históricamente es difícil encontrar en el ecologismo político y grupos afines. Por último, en dicha publicación se muestra algo que parece ser de su interés: el adoctrinamiento a los niños con su visión particular del mundo y de sus problemas.

(14) Para poder hablar del balance de pérdidas y ganancias que han producido el uso de los fitosanitarios que se han venido aplicando en el campo a lo largo de lo que llevamos del siglo XXI, es necesario entrar en la valoración de los efectos que las actuaciones humanas causan en el medio ambiente. Unos efectos pueden ser económicamente beneficiosos (causantes de ganancias, a nivel individual o social) y otros perjudiciales (causantes de pérdidas). Podemos tener en cuenta la conocida clasificación de John Dixon, un economista en materia ambiental del Banco Mundial. John Dixon consideraba que los efectos que se deben contemplar son, por una parte, los que afectan a la producción y, por otra parte, los que afectan al medio ambiente. Dentro de los efectos que se producían sobre el medio ambiente, en su clasificación habría que considerar: el hábitat, la calidad del agua y el aire, los cuales influyen en la salud humana, la biodiversidad, los aspectos recreativos y los aspectos

345

culturales. Existen métodos de valoración de los efectos sobre el medio ambiente: valor de restitución, variables hedónicas, costo de viaje, valoración contingente (encuestas), etc. Ninguno de los métodos anteriores está exento de críticas.

Cuadro nº1.- Efectos de los neonicotinoides sobre producción y calidad ambiental y posibilidades para su valoración económica.

EFECTOS QUE SUPONEN CAMBIOS MEDIBLES SOBRE PRODUCCIÓN.	
EFECTO:	**JUSTIFICACIÓN Y VALORACIÓN DEL EFECTO:**
Incremento de la producción agrícola.	Se justifica a través de datos de la producción cerealista del Banco Mundial. La valoración económica del concepto es posible a través de precios de mercado.
Decremento de la producción apícola.	Se justifica a través de la Regla de Farrar y a los numerosos trabajos sobre los efectos de los neonicotinoides sobre las abejas de los que se han citado algunos. La valoración económica del concepto es posible a través de precios de mercado.
Incremento en la producción ganadera intensiva.	Se justifica porque un incremento de la producción agrícola, probablemente incrementaría la producción ganadera intensiva. La valoración económica del concepto sería posible a través de precios de mercado.
Perjuicios en la producción ganadera extensiva.	Justificación no suficiente. Concepto no investigado. Existen testimonios de pastores sobre muerte de ovejas con debilitamiento paulatino, sin un origen patógeno conocido, en la época de uso agrícola de los neonicotinoides. No es posible dar una valoración económica con la información disponible.
EFECTOS QUE SUPONEN CAMBIOS EN LA CALIDAD AMBIENTAL.	
EFECTO:	**JUSTIFICACIÓN DEL EFECTO:**
Pérdidas de calidad ambiental en cuanto al hábitat.	Se entiende el hábitat como espacio con unas características físicas y biológicas necesarias para que un conjunto de especies pueda vivir. Existen multitud de trabajos, tanto generales como aplicados a casos concretos, donde se estudian la presencia y efectos de los pesticidas en ecosistemas, tanto terrestres como acuático. La valoración económica del concepto sería posible a través de valoración contingente.
Pérdidas de calidad Agua/Aire	Existen multitud de trabajos, tanto generales como aplicados a casos concretos, donde se estudian la presencia y efectos de la generalidad fitosanitaria en la salud humana entre los que

con efectos sobre la salud humana.	se incluyen los efectos de los neonicotinoides. La valoración económica de este concepto es difícil, tanto para evaluar el efecto general de los fitosanitarios sobre la salud, como para concretar el efecto de los neonicotinoides; no obstante, existen herramientas estadísticas que permitirían dar una estimación de costos de estos efectos.
Pérdida de biodiversidad.	Experiencias procedentes de cazadores. Existen trabajos específicos realizados en diversos lugares del mundo. La valoración de este aspecto es difícil de llevar a cabo; cabe la posibilidad de realizar una valoración a través de métodos de valoración contingente.
Pérdida de aspectos recreativos.	Pérdidas por abandono de la caza de la perdiz roja y liebre en zonas de caza del interior de España. Es posible realizar una valoración a través de precios de mercado.

(15) Hay abundantes estudios médicos sobre este importante asunto y en varios países. Por ejemplo, en cuanto a la influencia de los pesticidas en la aparición de enfermedades neurológicas podemos citar a Campadelacreu, J. (2014), García Martínez (2012), Fortes Asensio (2013), etc. En cuanto a la influencia en el desarrollo fetal, se han hecho estudios en el Sur y Sureste de España; por los datos cuantitativos que aporta podemos citar el expresivo trabajo de Regidor E. et al. (2004), *"Paternal exposure to agricultural pesticides and cause specific fetal death"*, en el que se encontró que los niños concebidos entre abril a mayo tenían una tase de mortalidad perinatal 1,64 veces más alta que los concebidos entre enero a marzo y en el caso de los concebidos entre junio y septiembre era 2,45 veces mayor (el empleo masivo de pesticidas en el Sureste de España es de abril a septiembre). Hay muchos más trabajos que presentan conclusiones en parecidas direcciones: García AM (1998), Benavides FG (1999), Clementi, M. (2007), etc.

(16) Sobre este tema, hay trabajos científicos publicados. Por ejemplo, los de EC Oerke en los años 1993, 1994 y 1997, o los de la European Crop Protection Association en los años 1992 y 1994. En los trabajos de OC Oerke se viene a afirmar que, en el caso de los cultivos de cereal, se perdería un 10,9% de la cosecha si no se utilizasen los fitosanitarios. Dentro de esa cantidad no he encontrado mención de los que correspondería a cada tipo de fitosanitario del conjunto que se utilizan (insecticidas, fungicidas, etc.). Dados los años de publicación de los trabajos de Oerke, es esperable que entre esos fitosanitarios figurase ya el imidacloprid, ya que se patentó en 1988.

(17) Si se da por buena la estimación de Oerke en cuanto a las pérdidas de la cosecha de cereal si no se aplican fitosanitarios en el 10,9%, resulta relativamente fácil hacer una verificación lo que se afirma. Hacemos una estimación. La media de rendimiento de cereal por hectárea en España entre los años 2009-2018 (intervalo de uso autorizado administrativamente en la Unión Europea del imidacloprid) ese rendimiento medio en esos 10 años fue de 3.403 Kg/ha (según datos del Banco Mundial), con lo cual la cantidad que se evita perder con el uso de fitosanitarios sería de 10,9% x 3.403 Kg/ha = 371 Kg/ha . Por otra parte, el precio medio ponderado con las superficies cultivadas de cereal-cebada en esos 10 años, en España, fue de unos 19 € por 100 kilos. En consecuencia, la repercusión económica del uso por hectárea de los fitosanitarios sería de 19 x 3,71 = 70,5 €/ha. Es decir, unos 70 euros por hectárea. No obstante, con mayor rigor, se debería restar al beneficio anterior el que corresponde al propio costo de los fitosanitarios que se puede estimar en unos 30 € por hectárea; con esto quedaría el beneficio neto en unos 40 euros por hectárea al usar los fitosanitarios. Ahora supongamos una finca perdicera de 1.000 has con un 10% de terreno cultivable: el beneficio neto por el uso de los fitosanitarios sería de 4.000 euros; una cantidad mucho menor a la que supondría el arredramiento de la misma para la caza. A tener en cuenta que los cazadores de perdiz han estado pagando una media de 100 euros por pieza cazada de perdiz salvaje en estos últimos años y una finca de 1000 hectáreas poblada de perdiz salvaje se pagaría hoy muy por encima de esos 4.000 euros de beneficio teórico por el uso de fitosanitarios (piénsese que, en una finca de calidad de 1000 hectáreas, en los años 80 se podían abatir fácilmente 200 perdices en la temporada).

(18) PROCEDIMIENTO SEGUIDO EN LA AUTORIZACIÓN DEL IMIDACLOPRID. DOCUMENTO 1663/VI/95 SOBRE AUTORIZACIÓN DE FITOSANITARIOS EN LA UNIÓN EUROPEA (Fuente de información: Tesis Doctoral "Productos Fitosanitarios y Desarrollo Sostenible en la Unión Europea". Autor-a: Pilar Celma Alonso. Facultad de Derecho de la Universidad Complutense de Madrid). El procedimiento está descrito a través de los actos de trámite que terminan con una posible autorización, libre o condicionada, de uso del producto fitosanitario. Es importante que, tras el acto número 12, se puede autorizar el producto sin que los órganos administrativos autorizantes hayan hecho prueba alguna de los efectos reales del producto. Como es evidente, el procedimiento que se sigue hace que sea muy difícil establecer responsabilidades de cualquier tipo cuando se produce el desastre ecológico. Ya ha sido comentado que se trata de un proceso largo. Se sonsacan 18 pasos administrativos de la descripción del procedimiento. Otro aspecto, para mí destacable, es algo que aparece en las legislaciones de hoy en día, de la UE o españolas, la intervención de grupos de expertos, comités de expertos, etc. En este procedimiento apareces 4 grupos de expertos y un comité. Aquí hay que hacer un alto en el camino y contestar a la pregunta: ¿qué es un experto? ¿cómo eligen a esos expertos? Es posible que un experto sea, simplemente, alguien dócil con los que mandan y buen cumplidor de sus deseos con sus dictámenes, con esa condición serían nombrados para formar parte en esos grupos o comités. Me parece que lo que afirmo se deriva de las propias legislaciones en las que aparecen en algún momento esos grupos de expertos o comités de expertos. Por ejemplo, en la legislación española sobre el Cambio Climático y Transición Energética (Ley 7/2021 de 20 de mayo): en el preámbulo de esa Ley se da por hecho consumado que el origen del cambio climático es de origen antropogénico y que no se puede admitir otra cosa; tanto es así que, además en el artículo 31 contiene la imposición de que en las escuelas se les imponga a los niños la idea de que el cambio climático es de origen antropogénico, con lo cual se les enseña anticiencia, pues la ciencia conlleva la duda y la investigación continua; el artículo 33 crea un Comité de Expertos; aquí viene la pregunta, ¿podrían estar en ese Comité Manuel Toharia o Ivar Giaever, Premio Nóbel de física, que dudan sobre que el cambio climático sea de origen antropogénico? A mí me parece que no.

	De: (Emisor)	A: (Receptor)	Documento Enviado por el emisor	Documento Emitido por el Receptor
1	SOLICITANTE (frecuentemente un particular)	Órgano Administrativo Competente. En España, en 1995, era la Dirección General de Sanidad y Producción Agraria (DGSPA)	SOLICITUD (Petición + Documentación Técnica + Pago de Tasas).	
2	DGSPA (Dirección General de Sanidad y Producción Agraria)	COMISIÓN U.E.	COMUNICADO DE EXISTENCIA DE SOLICITUD	
3	DGSPA	ESTADOS MIEMBROS DE LA U.E.	COMUNICADO DE EXISTENCIA DE SOLICITUD	
4	DGSPA	Comisión de la UE de Evaluación de Fitosanitarios. (Grupo de Expertos)	SOLICITUD	Observaciones
5		Comisión de la UE de Salud Pública. (Grupo de Expertos)	SOLICITUD (Expediente inicial que le llamamos expediente cero)	Observaciones
6	COMISIÓN U.E. DE EVALUACIÓN DE FITOSANITARIO	DGSPA	Observaciones	Expediente actualizado con toda la

	(Grupo de Expertos)			documentación generada en su historia.
7	COMISIÓN U.E. DE SALUD PÚBLICA (Grupo de Expertos)	DGSPA	Observaciones	Expediente actualizado con toda la documentación generada en su historia.
8	DGSPA	COMISIÓN DE AGRICULTURA U.E.	EXPEDIETNE ACTUALIZADO.	
9	COMISIÓN DE AGRICULTURA U.E.	GRUPO DE EXPERTOS	Informe sobre conformidad documental.	
10	COMISIÓN DE AGRICULTURA U.E.	GRUPO DE EXPERTOS EN TEMAS LEGALES DE FITOSANITAROS	Dictamen sobre suficiencia documental	
11	COMISIÓN DE AGRICULTURA U.E.	COMISIÓN DE AGRICULTURA U.E.	Elaboración por la Comisión de Agricultura del PROYECTO DE DECISIÓN.	
12	COMISIÓN DE AGRICULTURA U.E.	COMITÉ PERMANENTE DE FITOSANITARIOS	PROYECTO DE DECISIÓN.	ACUERDO DE SUFICIENCIA DOCUMENTAL. **¡SE PUEDE AUTORIZAR PROVISIONAL-MENTE!**
13	COMISIÓN DE AGRICULTURA U.E.	DIARIO OFICIAL DE LA COMUNIDAD EUROPEA	PUBLICACIÓN DEL ACUERDO DE SUFICIENCIA DOCUMENTAL. INICIO DE LA **"EVALUACIÓN DETALLADA".**	ACTO DE PUBLICACIÓN.
14	ESTADO MIEMBRO ELEGIDO PARA REALIZAR LA EVALUACIÓN DETALLADA DEL FITOSANITARIO	DEPARTAMENTO DEL ESTADO MIEMBRO CON COMPETENCIA EN MATERIA DE FITOSANITARIOS (en España, año 1995, Instituto Nacional de Investigación Agraria -I.N.I.A.-)	EXPEDIENTE ACTUALIZADO.	MONOGRAFÍA EN RELACIÓN CON LOS OBJETIVOS DE LA EVALUACIÓN DETALLADA. Esos objetivos son: Valorar riesgos sobre el medio ambiente y la salud.
15	ESTADO MIEMBRO ELEGIDO PARA REALIZAR LA EVALUACIÓN DETALLADA DEL FITOSANITARIO	COMISIÓN DE EVALUACIÓN DE FITOSANITARIOS DE LA U.E.	MONOGRAFÍA EN RELACIÓN CON LOS OBJETIVOS DE LA EVALUACIÓN	INFORME SOBRE LA MONOGRAFÍA
16	COMISIÓN DE EVALUACIÓN DE FITOSANIARIOS DE LA U.E.	DGSPA	INFORME SOBRE LA MONOGRAFÍA	PROPUESTA DE DECISIÓN. Puede estar condicionada a la realización de más

350

				investigación (pruebas, ensayos,… etc.)
17	DGSPA	COMISIÓN U.E.	PROPUESTA DE DECISIÓN	APERTURA DE FASE DE REUNIONES, EN NÚMERO INDEFINIDO. Lo son entre los estados miembros y/o entre una comisión tripartita formada por el solicitante, Estados Miembros y la Comisión UE).
18	COMISIÓN U.E.	COMITÉ DE FITOSANITARIOS PERMANENTE	PROYECTO FINAL DE DECISIÓN	**DECISIÓN FINAL**

(19) La normativa española aplicable a los fitosanitarios antes de la entrada de España en la UE no presentaba las inconcreciones del procedimiento europeo. España se regía por el RD 3349 de 30/11/1983. En aquellos momentos, las sustancias que podían utilizarse eran las que habían sido registradas (el Registro se inició en la normativa sobre fitosanitarios de 1941 y, desde entonces, no hubo grandes variaciones). En la normativa de 1983, las sustancias se clasificaban según su grado de peligrosidad (baja peligrosidad, nocivos, tóxicos y muy tóxicos). Se reconocía por primera vez el posible efecto tóxico de los plaguicidas sobre el "entorno"; aunque, cuando se habla de peligrosidad, lo es con respecto a la salud humana. Cuando un plaguicida se inscribía en el Registro tenía que ser homologado por la Dirección General de Salud Pública. La clasificación general de la peligrosidad de un fitosanitario se realizaba experimentalmente con ratas a través de la dosis letal del plaguicida sobre ellas. No obstante, había otros criterios que daban lugar a la clasificación del producto, independientemente de los resultados observados del producto sobre ratas; por ejemplo, cuando apareciesen hechos que mostrasen daños en la salud humana del tipo que fuese (Art. 3.4)

(20) Un tema de investigación en zoología es el de la memoria genética en los animales. La memoria genética, en caso de existir, puede suponer que los miedos y cautelas de los padres cuyo origen en un determinado hecho, se transmiten a los hijos, aunque no tengan la experiencia de ese hecho.

(21) Imagen de la cuadrilla en los años 90 con una buena cacería. Al fondo, está la chimenea que utilizábamos para hacer nuestros guisos. Marcelino (de pie a la derecha) y José Luis (en el centro agachado), ya han fallecido.

(22) Existe en el medio rural la idea de que los truenos de las tormentas pueden tener el efecto de que no se desarrollen los pollos dentro de los huevos. Cuando eso ocurre dicen que se han atronado o tronado los huevos. También se dice que, para evitar el atronamiento, hay que poner una pieza de acero en la zona de puesta. Esto último, me parece una superstición.

(23) Imágenes de parajes de Valparaísos de Arriba. se ve la zona de los Olivares en dirección al pueblo, zona donde pensábamos realizar la vuelta y poner fin a la jornada en aquel primer día. El cerro oscuro en la lejanía que se aprecia a la derecha de la foto, es lo que se denomina como "La Sierra".

(24) El albergue fue construido, por su cuenta, por un arrendatario del coto anterior a nosotros; conocido en nuestra ciudad como Tinín. Tinín fue amigo entrañable de Paquillo e inolvidable para él, doy fe de ello. Hay algunas cosas que me han contado sobre él que me llaman la atención. En primer lugar, es destacable que llegó a la afición de la caza muy tarde y sin antecedentes familiares; era ya era adulto metido en años. En segundo lugar, teniendo en cuenta lo anterior, su afición por la caza fue inesperadamente grande y, además, se convirtió en un abnegado pastor de lo salvaje (ver en relato "Partores de lo Salvaje" de la década de los noventa); en línea con este papel, se disgustaba cuando se mataban en su coto más perdices de lo que él consideraba correcto (cuando se producía esa situación se enfadaba y Paquillo le tomaba el pelo diciéndole *¿qué matamos muchas perdices?, pues mejor, así coge más prestigio tu coto.*

(25) Por entonces, la hipótesis de que la causa de lo que estaba ocurriendo era el uso de determinados productos fitosanitarios en los campos españoles era una realidad aceptada por una buena parte de los cazadores. Antes, en el año 2010 en Instituto de Investigaciones Cinegéticas de la Universidad de

353

Castilla-La Mancha había publicado un trabajo empírico que confirmaba tal cosa.

(26) Imágenes del coto de Perales, en Olmedilla de Eliz. En la foto inferior está mi excelente perra en la zona de la vega de la que he hablado en la descripción del coto. La siguiente foto es una imagen general del coto tomada desde una zona próxima a la linde con el coto de La Olmeda de la Cuesta, donde siempre había un bando grande de perdices (el de la veintena que quedó y no las vimos más).

(27) Imagen de la zona donde se desarrolló el relato: *"Regalos de la naturaleza"*

(28) Terreno de Tondos donde se desarrolló ese deseado reencuentro con las perdices.

(29) Una pregunta que me hice en aquel 2013 cuando empecé a cazar en Tondos, era por qué había allí perdices y en otros lugares no. Encontré varios argumentos que podían explicar tal cosa. Uno era que había en ese término zonas de monte no demasiado alto que constituían un hábitat adecuado para la perdiz y, a su vez, eran zonas de escasa o nula agricultura. Otro argumento era que en ese término municipal había pedazos agrícolas donde se observaba el crecimiento anárquico de yerbas distintas al cereal; en esos pedazos, además, abundaban los insectos en contraste con otros pedazos cultivados donde no había insectos ni malas yerbas creciendo en su interior (como se sabe, los insectos son importantes en la dieta de la perdiz e imprescindibles para los pollos en sus primeros días de vida); en base a esto cabe pensar que había agricultores no echaban mano de las semillas blindadas en su siembra, ni usaban herbicidas. Otro argumento fue un hallazgo sorprendente; en las ocho perdices abatidas durante la temporada 2014-15, unas cazadas en monte y otras en zonas mixtas monte-campos agrícolas, ninguna presentaba en sus buches y mollejas granos de cereal, todas presentaban bellotas de carrasca con distintos grados de procesamiento digestivo, junto con otras semillas de muy pequeño tamaño y algunas yerbas; ello lleva a pensar que los granos de cereal de las semillas blindadas y del verdín venenoso que generan, no estaban comúnmente en su dieta. Se muestran, a continuación, un conjunto de imágenes que ilustran lo que se comenta.

En la primera imagen que sigue, el pedazo de la izquierda del camino era un campo con ausencia de insectos (un pedazo tratado, sin duda, con fitosanitarios). El de la derecha por el contrario presentaba insectos y yerbas. Además, limitaba con el monte; allí criaban las perdices todos los años. El pedazo de cultivo de la derecha se muestra con más detalle en la página siguiente.

Otra vista del pedazo de cereal que se puede observar a la derecha del camino de la imagen anterior. Esta visión está realizada perpendicularmente al camino. Como se puede apreciar, hay una cantidad notable de malas yerbas entre el cereal. También se podría apreciar in situ la presencia de abundantes insectos que son fundamentales en la dieta de los pollos de perdiz en sus primeros días de vida. En esta zona, todos los años aparecían bandos de pollos de perdiz.

Perdices cazadas en la temporada 2014-15. Aparecen bellotas de carrasca en todos sus buches y otras semillas de muy pequeño tamaño (menos de 1 mm). Ninguna presentó semillas de cereal en su dieta. El tono oscuro de la carne de las perdices es propio de la perdiz de monte.

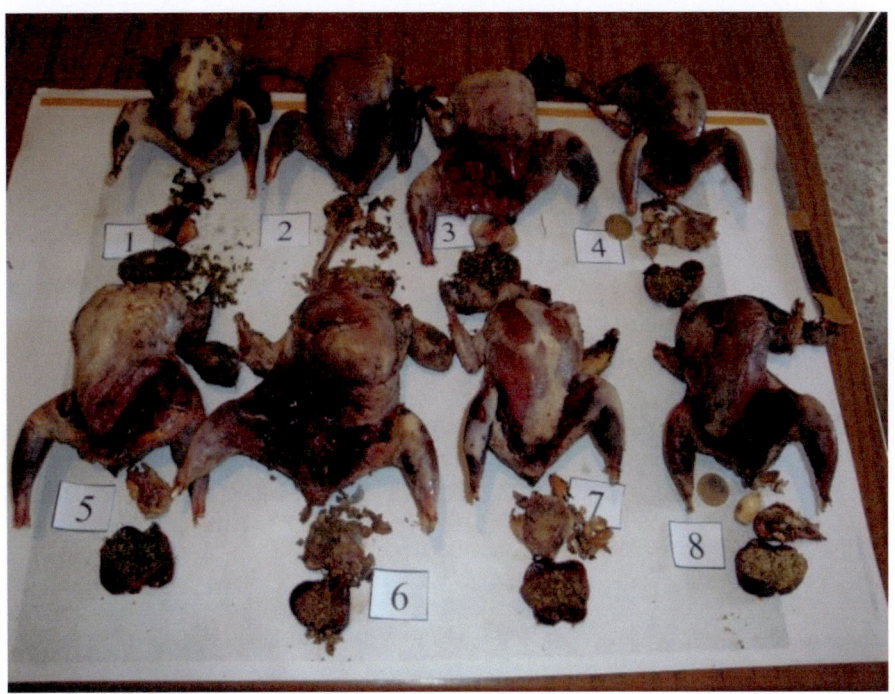

Por último, vamos a hacer unos cálculos que ofrecen unas estimaciones sobre la población de perdices de un coto de caza entre el momento del inicio de una temporada de caza y el inicio de la temporada siguiente. Este tipo de cálculos se deben hacer en la gestión de los cotos de caza y lo habrán hecho los gestores de los cotos de perdiz salvaje. Hay que tener en cuenta que los cálculos están hechos presuponiendo que existe una relación de proporcionalidad lineal entre todas las variables que se consideran influyentes en la población de perdices de un coto. Esto no es cierto, ya que las relaciones entre las variables que hay en la naturaleza rara vez mantienen una relación lineal; el ser humano presupone esa relación por comodidad y desconocimiento de la relación verdadera.

Suponemos que hay al inicio de la temporada una cierta cantidad de perdices (en nuestro caso, 100 perdices). A partir de ese momento iremos restando las pérdidas de perdices que se van produciendo por distintos motivos y, posteriormente, se producirá una adición en la población de perdices que proviene del número de pollos que han conseguido hacerse perdices al principio de la temporada siguiente.

Las pérdidas de la población de perdices se producen por distintos motivos. Vamos a exponer cuáles pueden ser esas pérdidas y de qué dependen.

Pérdidas de perdices adultas por depredación y muerte natural durante la temporada de caza.
Esas pérdidas dependen de los depredadores que haya en el coto de caza. Este aspecto es observable. Se puede saber contando el número de perdices que llevan bandos conocidos del coto. En el último coto donde he cazado (Tondos-Cuenca) he observado que esas pérdidas no son altas. Estimo que las pérdidas por este motivo son de un 10% a un 20%.

Pérdidas de perdices adultas por ejercicio cinegético.
Esas pérdidas dependen de la gestión del coto. Es evidente que, de antemano, hay que poner un límite a las capturas que se realicen. En la nota 4 de la Década de los 30, hacía el comentario de que el número de piezas máximo a abatir era el de la tercera parte de la población inicial. Como es evidente esta idea es una idea general: cada coto tendrá un determinado porcentaje de perdices a abatir que garanticen el mantenimiento de la población de perdices. En ello influye, por ejemplo, el nivel de depredación que haya en el coto.

360

Pérdidas de perdices adultas por acción de los fitosanitarios.

Hoy en día es un aspecto muy importante. Depende de la cantidad y tipo de agricultura que se desarrolle en el coto y en sus alrededores. Los efectos han sido y son especialmente graves por los efectos de los cultivos de cereal; en viñedos esos efectos son menos importantes. Se han venido usando fitosanitarios que son auténticos venenos (caso del imidacloprid en las semillas blindadas que, además, genera un verdín que es venenoso) y/o que afectan al proceso de reproducción de los animales. El efecto de estos productos es demoledor para las perdices y otras especies. En las Crónicas del siglo XXI se cuentan varias experiencias sobre este fenómeno.

Incremento en la población por los pollos recién salidos.

Depende de: número de hembras (implica número de nidos), del número de huevos por nido, de la depredación sobre los huevos de los nidos y del stress (clima, fitosanitarios,… etc). En cuanto al número de hembras, mi experiencia me dice que en primavera hay más machos que hembras. En el coto donde cazo me ha sido frecuente ver como 3 o 4 machos acosaban a una pareja ya formada. El número que estimo de hembras es de la tercera parte de la población. En cuanto al número de huevos, dependerá de varios factores, algunos desconocidos; como "valor medio" estimo 10 huevos por nido. En cuanto a la depredación, cada coto tendrá la suya; también en esto influye el control de depredadores, allí donde se haga (un control que hoy es muy difícil de realizar por trabas administrativas). En cuanto al estrés, éste conlleva que haya puestas perdidas.

Pérdidas de pollos de perdiz por efectos de los fitosanitarios.

Como en el caso de las perdices adultas, depende de la cantidad y tipo de agricultura que se desarrolle en el coto y en sus alrededores. El uso de fitosanitarios insecticidas puede ser demoledor para los pollos de perdiz, que se alimentan exclusivamente de insectos en los primeros días de su vida. La ausencia de insectos los lleva irremediablemente a la muerte. Actualmente es frecuente ver a una perdiz acompañada de dos, tres o cuatro pollos pequeños únicamente, cuando antes lo normal era que llevase una docena; en una zona con agricultura, una estimación de pérdidas de pollos por ausencia de insectos entre un 60% a un 80% me parece acorde con la realidad. Posteriormente los efectos de algunos fitosanitarios venenosos causarán nuevas bajas sobre pollos igualados y perdices adultas.

Pérdidas de pollos de perdiz por depredadores.

Depende de la cantidad y tipo de depredadores que haya en el coto. Los depredadores de mayor efecto de pérdidas de pollos son, para mí, los zorros y los córvidos. Los zorros pueden acabar con gran parte de una pollada; comen alguno, pero siguen cazando ya saciados y los van enterrando para comerlos en el invierno. Los córvidos suelen presentarse en un número alto en los cotos y, por ello, su depredación es importante. Particularmente causan efectos importantes las urracas por su abundancia; además es difícil causarles bajas. También en este grupo hay que incluir a los arrendajos, yo he presenciado un ataque de uno de ellos a un bando de pollos de pocos días. Un dato numérico es el siguiente: en zona de monte con abundantes depredadores, el número de bajas que causan los depredadores sobre los pollos va del 40% al 50%. En un coto es relativamente fácil calcular ese número: se puede hacer haciendo un seguimiento a las polladas conocidas, se trata de contar los pollos en el mes de junio y contarlos cuando las perdices son ya adultas y se han igualado en el mes de octubre. Eso hay que hacerlo con varias polladas y en varios lugares y de ahí sacar las consecuencias que se deriven. Hay que tener en cuenta que el número anterior puede crecer por efecto de enfermedades y estrés meteorológico.

Pérdidas de pollos de perdiz por enfermedades y estrés meteorológico.
Un momento crítico es el del cambio de pluma a la de la perdiz adulta. Calor y sequedad excesiva a finales de agosto puede dar lugar a la muerte de los pollos.

Escenario 1.- Teniendo en cuenta lo anterior, en primer lugar, vamos a hacer el cálculo de las perdices que quedarían en un coto de monte, sin agricultura y que en consecuencia no se han usado fitosanitarios. Suponemos pérdidas de una tercera parte por ejercicio cinegético (un 33,33%). Como decíamos antes, consideramos una depredación alta: sobre adultas de un 20% y sobre pollos del 40%. La cantidad de hembras supuesta es una tercera parte de la población total.

	% perdidas	Cantidad de perdices
Cantidad de perdices en inicio de temporada:		**100**
Pérdidas de perdices adultas por depredación en la temporada:	20,0%	20
Perdidas de perdices adultas por ejercicio cinegético durante la temporada:	33,3%	33
Cantidad de perdices al final de la temporada:		**47**
Pérdidas de perdices adultas por acción de fitosanitarios:	0,0%	0
Cantidad de perdices adultas supervivientes:		**47**
Porcentaje de hembras:	33,3%	
Total hembras:		16
Número estimado de nidos:		16
Número medio de huevos por nido:	10	
Número de huevos:		**160**
% Pérdidas de huevos por depredación en nidos:	33,3%	53
% Pérdidas de huevos por stress (climatológico, intranquilidad, …):	0,0%	0
Número de pollos en la eclosión de nidada:		**107**
% Pérdidas de pollos por fitosanitarios:	0,0%	0
% Pérdidas de pollos por depredación:	40,0%	43
% Pérdidas de pollos por enfermedades hasta inicio de temporada:	0,0%	0
Número de pollos en el inicio de la temporada:		**64**
Total de perdices adultas que había:		47
Total de perdices al inicio de la temporada siguiente:		**111**
Diferencia de número de perdices entre temporadas:		**+11**

Como vemos, en estas condiciones tenemos aproximadamente las mismas perdices que el año anterior (11 perdices más). Se puede comprobar que, en las condiciones anteriores, con unas pérdidas por ejercicio cinegético que superen el 37% se entra en un balance negativo. En este caso, por razones de seguridad parece que sería conveniente reducir la presión cinegética.

Escenario 2.- Se repiten los cálculos en las mismas condiciones que antes, pero imponemos unas pérdidas de una cuarta parte por ejercicio cinegético (un 25%). Igual que antes, consideramos una depredación alta: sobre adultas de un 20% y sobre pollos del 40%. La cantidad de hembras es una tercera parte de la población total.

	% perdidas	Cantidad de perdices
Cantidad de perdices en inicio de temporada:		**100**
Pérdidas de perdices adultas por depredación en la temporada:	20,0%	20
Perdidas de perdices adultas por ejercicio cinegético durante la temporada:	25,0%	25
Cantidad de perdices al final de la temporada:		**55**
Pérdidas de perdices adultas por acción de fitosanitarios:	0,0%	0
Cantidad de perdices adultas supervivientes:		**55**
Porcentaje de hembras:	33,3%	
Total hembras:		18
Número estimado de nidos:		18
Número medio de huevos por nido:	10	
Número de huevos:		**180**
% Pérdidas de huevos por depredación en nidos:	33,3%	60
% Pérdidas de huevos por stress (climatológico, intranquilidad, …):	0,0%	0
Número de pollos en la eclosión de nidada:		**120**
% Pérdidas de pollos por fitosanitarios:	0,0%	0
% Pérdidas de pollos por depredación:	40,0%	48
% Pérdidas de pollos por enfermedades hasta inicio de temporada:	0,0%	0
Número de pollos en el inicio de la temporada:		**72**
Total de perdices adultas que había:		55
Total de perdices al inicio de la temporada siguiente:		**127**
Diferencia de número de perdices entre temporadas:		**+27**

En este coto, con este tipo de gestión, tenemos 27 perdices más en el inicio de la temporada siguiente. Ese incremento es notable, casi un 30% más.

Escenario 3.- Se realizan los cálculos manteniendo la presión cinegética del 25% pero ahora se va a suponer que hemos sido capaces de retirar a todos los depredadores de ese coto. En esas condiciones vemos que ocurriría.

	% perdidas	Cantidad de perdices
Cantidad de perdices en inicio de temporada:		**100**
Pérdidas de perdices adultas por depredación en la temporada:	0,0%	0
Perdidas de perdices adultas por ejercicio cinegético durante la temporada:	25,0%	25
Cantidad de perdices al final de la temporada:		**75**
Pérdidas de perdices adultas por acción de fitosanitarios:	0,0%	0
Cantidad de perdices adultas supervivientes:		**75**
Porcentaje de hembras:	33,3%	
Total hembras:		25
Número estimado de nidos:		25
Número teórico medio de huevos por nido:	10	
Número de huevos:		**250**
% Pérdidas de huevos por depredación en nidos:	0,0%	0
% Pérdidas de huevos por stress (climatológico, intranquilidad,…) :	0,0%	0
Número de pollos en la eclosión de nidadas:		**250**
% Pérdidas de pollos por fitosanitarios:	0,0%	0
% Pérdidas de pollos por depredación:	0,0%	0
% Pérdidas de pollos por enfermedades hasta inicio de temporada):	0,0%	0
Número de pollos en el inicio de la temporada:		**250**
Total de perdices adultas que había:		75
Total de perdices al inicio de la temporada siguiente:		**325**
Diferencia al inicio de la temporada siguiente:		**+225**

En este caso hemos triplicado la población de perdices. Ese coto daría 225 perdices por temporada sin problemas. Eso es, aproximadamente, lo que venía a ocurrir en algunas buenas fincas del interior de España no demasiado grandes; por ejemplo, una buena finca de perdices de unas 500 Has. en la zona de la Mancha.

Escenario 4.- Se van a hacer las cuentas con los números anteriores, pero introduciendo los efectos de los fitosanitarios y suponemos que no existe depredación, ni estrés climatológico, ni ejercicio cinegético. Todo positivo para la perdiz a excepción de los fitosanitarios. Tomamos un valor del 80% de pérdidas en perdices adultas (menor que lo que ocurrió en la finca de Perales -léase el relato *"Una ilusión que tuvo su fin"*- se tenían censadas, al menos, 70 perdices cuando terminó la temporada y cuando se inició la siguiente solo se vio una.

	% perdidas	Cantidad de perdices
Cantidad de perdices en inicio de temporada:		**100**
Pérdidas de perdices adultas por depredación:	0,0%	0
Perdidas de perdices adultas por ejercicio cinegético::	0,0%	0
Cantidad de perdices al final de la temporada:		**100**
Pérdidas de perdices adultas por acción de fitosanitarios:	80,0%	80
Cantidad de perdices adultas supervivientes:		**20**
Porcentaje de hembras:	33,3%	
Total hembras:		7
Número estimado de nidos:		7
Número medio de huevos por nido:	10	
Número de huevos:		**70**
% Pérdidas de huevos por depredación en nidos:	0,0%	0
% Pérdidas de huevos por stress (climatológico, intranquilidad,…):	0,0%	0
Número real de pollos en la eclosión de nidadas:		**66**
% Pérdidas de pollos por fitosanitarios:	80,0%	53
% Pérdidas de pollos por depredación:	0,0%	0
% Pérdidas de pollos por enfermedades hasta inicio de temporada:	0,0%	0
Número de pollos en el inicio de la temporada:		**13**
Total de perdices adultas que había:		20
Total de perdices al inicio de la temporada siguiente:		**33**
Diferencia de número de perdices entre temporadas:		**-67** Extinción a corto plazo

Escenario 5.- Por último, vamos a suponer que tenemos un coto con una gran cantidad de terreno sin cultivar con continuidad y el resto sin cultivar. En este caso, podría haber perdices de monte que quedarían sin estar afectadas por los fitosanitarios y también pollos de perdiz que podrían no ser afectados. Por ello suponemos una afección de los fitosanitarios del 50% sobre perdices adultas y un 80% sobre los pollos de perdiz, como únicos factores negativos sobre la población de perdiz.

	% perdidas	Cantidad de perdices
Cantidad de perdices en inicio de temporada:		**100**
Pérdidas de perdices adultas por depredación en la temporada:	0,0%	0
Perdidas de perdices adultas por ejercicio cinegético:	0,0%	0
Cantidad de perdices al final de la temporada:		**100**
Pérdidas de perdices adultas por acción de fitosanitarios:	50,0%	50
Cantidad de perdices adultas supervivientes:		**50**
Porcentaje de hembras:	33,3%	
Total hembras:		17
Número estimado de nidos:		17
Número medio de huevos por nido:	10	
Número de huevos:		**170**
% Pérdidas de huevos por depredación en nidos:	0,0%	0
% Pérdidas de huevos por stress (climatológico, intranquilidad,...):	0,0%	0
Número de pollos en la eclosión de nidadas:		**170**
% Pérdidas de pollos por fitosanitarios:	80,0%	136
% Pérdidas de pollos por depredación:	0,0%	0
% Pérdidas de pollos por enfermedades hasta inicio de temporada:	0,0%	0
Número de pollos en el inicio de la temporada:		**34**
Total de perdices adultas que había:		50
Total de perdices al inicio de la temporada siguiente:		**84**
Diferencia de número de perdices entre temporadas:		**-16** Extinción a medio plazo

Los cálculos anteriores son sencillos. Se han realizado a través de una hoja de cálculo Excel, realizando redondeo a números enteros paso a paso.

Se ha supuesto una relación lineal entre las variables e insisto en la observación que se ha hecho al principio de esta nota: las relaciones entre las variables que hay en la naturaleza rara vez mantienen una relación lineal; el ser humano presupone esa relación por comodidad y por desconocimiento de la relación verdadera. Esto hay que tenerlo en cuenta.

Algunas consecuencias llamativas que se pueden observar haciendo cálculos lineales sobre la base de los valores que se han adoptado (número de hembras de una tercera parte de machos, número medio de huevos en los nidos de 10 unidades, … etc.), son:

- Si no existiese ningún factor que generase pérdidas en la población de perdices; caso de inexistencia de depredadores, de presión cinegética, enfermedades, etcétera, la población de perdices crecería tres veces año a año. Crecería con una ley de progresión geométrica de razón 3,33. En tres años tendríamos 37 veces las perdices del primer año. Evidentemente esto es una ficción. La naturaleza reaccionaría contra ello. Una de esas reacciones pudiera ser la realidad o superstición del "macheo de la perdiz" del que se habló en la década de los 30, en el relato *"Lo que no te enseñarán en el colegio"* y que un guarda de una finca famosa de la provincia de Cuenca (María de la Ó, en Villarejo de Fuentes) afirmó que había ocurrido en esa finca.

- Si solo se produjesen pérdidas por presión cinegética, cuando se llegase al porcentaje de pérdidas por presión cinegética del 77%, empezaría a haber un balance negativo. Habría menos perdices al inicio de la temporada nueva con respecto a la anterior. En teoría, en esas condiciones, a largo plazo, se produciría la extinción de la población de perdices.

- Si sólo se produjesen pérdidas por la acción de los fitosanitarios en perdices adultas y pollos, teniendo en cuenta que la afección sobre los pollos es importante que, como dijimos, cuantitativamente podría estimarse entre un 60% y un 80%, nos encontraríamos con el proceso de extinción en el momento en que las pérdidas de perdices adultas fuesen de un 58%. En los últimos años ha sido frecuente ver una perdiz acompañada solo con dos o tres pollos de pequeño tamaño (un par de semanas), cuando antes lo normal era que llevase una docena o más. Esas pérdidas se relacionan con la cantidad de agricultura que haya en el coto y de como esté distribuida (las pérdidas serán

369

menores a mayor porcentaje de terreno no cultivado con continuidad, sin interrupción por explotación agrícola del suelo). Por otra parte, en relación con las perdices adultas, los efectos de algunos fitosanitarios utilizados han sido demoledores; en el relato titulado *"Una ilusión que tuvo su fin"* se muestran los efectos que tuvieron en un coto concreto (de unas 70 perdices censadas al final de la temporada, en el inicio de la nueva sólo se vio una, que resultó ser una hembra solitaria en el primer día de la temporada; en los cotos limítrofes ocurrió algo parecido); en este caso, la estimación de pérdidas sería de 1/70, por encima del 98%.

Invito a los lectores cazadores a que hagan cálculos de este tipo sobre el coto en el que cazan. Como es evidente, dependiendo del tipo de coto, habrán de modificar los porcentajes de pérdidas que se han estimado en los cálculos anteriores deducidos de observaciones sobre un coto concreto.

- Después de estas Crónicas -

Recapitulación.

Una recapitulación sobre lo que se ha expresado en este libro hasta el inicio del siglo XXI viene a ser una reflexión sobre lo que ha oído, visto y vivido el autor y sonsacar lo más destacable y general. El autor es una persona que nació a mediados del siglo XX y que, en consecuencia, tiene un número considerable de años encima. Esa reflexión es necesaria porque forma una base para contestar a la pregunta ¿qué va a pasar con la caza y con el marco en que se desarrolla (la naturaleza) después de estas crónicas?

¿Cuáles son las ideas más destacables, de mayor peso, que se pueden sacar de todo lo visto y vivido por el autor que cuenta en esta obra? A los que hayan leído este libro les invito a que hagan esa reflexión y extraigan esas ideas, que pueden añadir o contrastar con otras nacidas de su experiencia cinegética propia. Esas ideas de mayor peso, seleccionadas del libro o emanadas de la experiencia propia del lector, pueden no ser iguales a las del autor. Las que el autor considera más importantes son las que siguen.

La caza es y ha sido más que alimenticia.

Esta idea había sido expresada en el Capítulo I de este libro titulado *"Antes de estas Crónicas"* y que fue deducida del papel que había jugado la caza en la historia de las sociedades humanas. Los relatos incluidos en este libro no hacen más que ratificar esta idea. En este libro se muestran relatos de la década de los cuarenta, años de hambre en España, que incluso en esa época de hambruna muestran el hecho de que la caza era más que la mera búsqueda de alimentos. Por ejemplo, en el relato *"¡Ojalá le salga reúna en el dedo!"*, está implícita esa idea. Se puede ratificar la veracidad de esta idea, simplemente preguntándose el cazador a sí mismo por qué caza.

La caza es apolítica.

He observado a lo largo de mi vida que el mundo de caza ha rehuido todo lo que huele a política. Eso ocurrió, incluso, en los años 70, tiempos en que el debate político fue común en la sociedad. Este rechazo lo veo visceral y merece pensar sobre él.

La caza es ancestral y la política, tal como la conocemos hoy, no lo es. El ejercicio de la caza busca desvelar y conocer la naturaleza a partir de seres que la habitan y que son perseguidos por el cazador. La materia de la caza es la naturaleza. La materia de la política es, sobre todo, las sociedades humanas; el discurso político busca normas para imponer a los seres humanos persiguiendo unos determinados fines. De alguna manera, hablar de política es hablar del "deber ser", es hablar de cómo deben ser las cosas en las sociedades humanas. Hablar de caza es, sencillamente, hablar de como son las cosas; sobre todo como son las cosas de la naturaleza. El discurso de la caza y el de la política son diferentes. Así como el cazador puede pasarse horas hablando o debatiendo sobre la materia de su afición, se puede comprobar que los diálogos políticos ocupan poco espacio en sus conversaciones.

La caza genera respeto hacia la naturaleza.

Ese respeto procede del conocimiento del comportamiento de los seres que habitan en la naturaleza. No se trata de un respeto a priori, un respeto que se derive de una imposición moral humana que se transmita en los colegios o en las iglesias. Se trata de un sentimiento a posteriori, que procede de la experiencia de ver a los animales comportarse en la naturaleza. Se puede decir que es un sentimiento natural; es decir un sentimiento que está dentro de la naturaleza humana. Este sentimiento no es nuevo. Debe ser un sentimiento ancestral del ser humano como cazador cuyas raíces se hunden en el paleolítico. Los humanos del paleolítico plasmaban a los animales y a sus experiencias con ellos en paredes de piedra, en sus cuevas o fuera de ellas. El esfuerzo por representarlos y la forma en que son representados, implica que no existía indiferencia o desprecio hacia esos seres. Indica todo lo

372

contrario: implica, como mínimo, que eran importantes para ellos e implica un respeto que puede llevar a la devoción hacia esos seres.

Mención especial merece un animal prioritariamente doméstico: el perro de caza. Se trata del animal compañero, del colaborador en la tarea de depredación, del animal fascinante cuando te muestra los límites que tú humano, como cazador y animal, tienes frente a la naturaleza. Es querido por los cazadores, no por ser perro, es querido por lo "que hace" como perro de caza; es querido por su capacidad para colaborar con el cazador y deslumbrar al cazador. En el relato primeros recuerdos de perros se muestra este sentir; allí se inventa una categoría máxima para un perro de caza: el perro mitificado; que es ese perro inolvidable, recordado con deleite, no ya por su dueño, sino por la sociedad de cazadores que tuvo la suerte de verlo actuar.

Muchos hechos expuestos en estas crónicas avalan estos sentimientos generados por el acto de cazar: *"Lo que no te enseñarán en el colegio"*, *"El sello del maestro"*, en la década de los treinta; *"Viajes de perros con perros"* en la década de los cincuenta; *"Primeros recuerdos de perros"* en la década de los sesenta; *"La Última Perdiz de Currita"*, historia personal de la década de los noventa cuyo recuerdo me emociona.

La caza es formativa para el ser humano.

La caza permite un conocimiento de la naturaleza, particularmente a través de las especies cinegéticas que la habitan. Ello ocurre con una profundidad a la que no se llega por otras vías; desde luego, no se llega a esa profundidad con formas de observación pasiva de la naturaleza. Ello es debido a que se pone, en muchas ocasiones, a esas especies en una situación límite tras su persecución y entonces surge la experiencia de contemplar la reacción ante esa presión. Es una percepción empírica que, a su vez, puede ser deslumbrante por lo insólito y emocionante por la tensión que conlleva.

Dicho de una forma más general y abstracta, en esas situaciones lo que se presencia es la reacción de "unas formas de vida" ante una presión límite "de otra forma de vida" (la humana) que pretende, de alguna forma, adueñarse de ellas. Hablando de la forma más general, cuando decimos "formas de vida" podemos incluir, por ejemplo, bacterias y virus; así un científico, en su laboratorio, en su búsqueda del conocimiento de la naturaleza le será necesario conocer las reacciones de esas formas de vida ante presiones extremas. Es decir, deberá comportarse, en parte, como un cazador. Esto, en su desnudez, es un elemento constructivo en la ciencia empírica; basta conocer la definición tradicional de ciencia de la Real Academia Española de la Lengua. Me parece indiscutible que esa actividad es formativa a nivel individual y beneficiosa para la sociedad. En términos evolutivos, es una forma de actuar que puede ser ganadora para la especie humana en la lucha global por la vida en este planeta. Hace poco hemos vivido un capítulo duro de esa lucha entre formas de vida en este planeta; me refiero a la lucha contra el coronavirus.

La caza es "más que conservacionista".

El cazador no pretende conservar la naturaleza, una naturaleza que en muchos lugares está en un estado pésimo, pretende mejorarla. Para su disfrute, el ejercicio de la caza requiere una naturaleza sana, biodiversa, con una buena densidad de fauna cinegética que permita a los cazadores vivir unos cuantos lances en cada jornada. En consecuencia, el cazador ha pretendido y pretende hoy mejorar el estado de la naturaleza desde esa perspectiva. Lo ha hecho, lo hace y lo hará para disfrutar en la realización de su actividad preferida. Ese esfuerzo de mejora de la naturaleza lo ha venido haciendo históricamente en el mundo con su esfuerzo y a su costa y ambos requerimientos, el del esfuerzo y el del coste económico, son elevados. En trabajo realizado en este libro incluye este objetivo.

En este libro se exponen algunas crónicas relativas a esta idea. Se relatan unos hechos que van más allá de la mera conservación de la naturaleza. Particularmente son los expuestos en el siglo XXI; síntoma éste de que la naturaleza en los tiempos que vivimos necesita más ayuda que en otros tiempos pasados.

374

¿Dónde estamos?

Ya se ha dicho que la caza existe desde siempre en todas culturas del mundo. Esto supone que es independiente de las culturas, que en el mundo han sido y son muchas, y de regímenes políticos, que han sido bastantes. Se puede decir que la caza es una contante histórica ajena a la política.

El ejercicio de la caza ha sido conflictivo frecuentemente porque ha habido intereses enfrentados con respecto a ella entre los humanos. Ha habido algo material y placentero en juego entre nosotros que la han hecho conflictiva. Del mismo modo la preocupación de gentes por su entorno ha existido siempre y en todo lugar. Las gentes, siempre y en todo lugar, han deseado un entorno natural sano, bello y limpio[1]. Es demostrable que entre esas gentes hay personajes destacados del mundo de la caza.

Lo anterior son constantes históricas y, por tanto, deben existir ahora y presumiblemente existirán en el futuro. Sin embargo, hay nuevos aspectos que han aparecido y algunos de ellos tienen efectos sobre el ejercicio humano de la caza. Para ver estos cambios es conveniente visualizar la evolución de la vida considerando varios intervalos de tiempo; unos más grandes y otros más pequeños y hacer comparaciones entre ellos. Se sonsacan algunos aspectos a continuación.

Nuevos productos químicos en la agricultura, crecimiento demográfico y globalización.

Quizás sea esto lo más grave e importante para el ejercicio cinegético. Se trata de los nuevos fitosanitarios que ha producido la industria química: insecticidas, fungicidas, herbicidas o fertilizantes. Ese uso se está produciendo en todo el mundo. Parece una evidencia que esos productos han acabado con parte de la fauna de pequeño tamaño en el planeta que, en el caso de la caza en España, se visualiza y se siente a través de las poblaciones de perdiz salvaje y la liebre, extintas en muchos lugares donde antes abundaban. La correlación del uso de los insecticidas neonicotinoides con la desaparición de esa fauna existe. Por otra parte, algunos de esos productos, según estudios científicos, presentan perjuicios en la salud humana. Estos perjuicios son esperables; los perjuicios son sobre la vida que hay en el planeta y nosotros, los humanos, somos parte de esa vida.

El uso de esos productos lo hacen los seres humanos y los seres humanos en el planeta están en un proceso de crecimiento demográfico y, hoy en día, en un sistema económico próximo a una economía global. En un intervalo de tiempo históricamente pequeño de 40 años, desde 1980 al 2024, la población en del planeta se ha duplicado. Hoy la demanda productos alimenticios es considerablemente mayor que hace cuarenta años y la tendencia en cuanto a la producción, sin intervenciones en el mercado, tenderá a crecer. La producción agrícola depende de varios factores; algunos importantes son la infraestructura técnica utilizada, la organización territorial, la mejora genética de semillas y plantas, los fertilizantes y uso de los fitosanitarios[2]. Los fitosanitarios se han usado, de forma masiva y parece que sin criterio, en el campo desde la década de los 90, independientemente de las características peculiares de ese campo. Son destacables los insecticidas neonicotinoides, con el imidacloprid a la cabeza que han acabado con casi toda la fauna de pequeño tamaño, cinegética y no cinegética, que había en España.

En lo expuesto en las crónicas del siglo XXI se exponían vivencias asociadas a ese desastre ecológico. También se describían las actuaciones de las administraciones públicas, la española y la de la Unión Europea, con respecto a ese problema. A esas actuaciones se les pueden poner distintos adjetivos; uno de ellos puede ser el de "titubeantes". Esos titubeos son ratificados por lo último que ha ocurrido y que ha sido lo siguiente: ante la manifestación de los agricultores europeos, la presidenta de la Comisión Europea anunció que retiraba la propuesta para una nueva ley de uso sostenible de pesticidas, incluida en lo que se ha llamado Pacto Verde, prometiendo que involucrará al sector agrícola en el próximo borrador. Con grandes dudas, esperemos que administraciones públicas y agricultores lo hagan bien y no prosigan con el desastre ecológico, ya materializado, que se inició en la década de los

90. Es demostrable que la falta de criterio, de las administraciones públicas y los agricultores privados, en cuanto a la aplicación de esos productos según el tipo de explotación agrícola, ha generado en algunas explotaciones una situación en la economía privada del agricultor más desfavorable que la que se hubiese producido sin usar esos nuevos productos fitosanitarios o haber seguido utilizando los que se venían usando anteriormente. Desde el punto de vista de la economía pública, a mi modo de ver, las pérdidas han sido y están siendo importantes, la sociedad en su conjunto ha perdido.

Una vez más, los cazadores no han sido tenidos en cuenta. Hubiese sido deseable que no hubiese ocurrido tal cosa. Serían necesarios, aunque no fuesen imprescindibles, en la búsqueda de una solución al problema que hemos esbozado: agricultura y fitosanitarios en una economía global.

Partidos políticos, sociedades de masas, democracia y sufragio universal.

El sufragio universal se edifica sobre la idea de que el ser humano es bueno por naturaleza. El sufragio universal es indiscutiblemente igualitario. El sufragio universal supone que el valor del voto de una Teresa de Calcuta sea el mismo que el de un Jack el Destripador, o que valor del voto de una persona formada y con experiencia, sea el mismo que el de una persona limitada y sin experiencia. Esto tiene varias consecuencias. Una de ellas es que las personas o grupos de personas que aspiran a ostentar el poder no les es necesario convencer a personas altamente formadas, ya que son escasas. Por ello, lo que comunican en su publicidad va dirigido a tocar las fibras sensibles de las masas humanas y no a mostrar visiones objetivas lo más completas posible de la realidad que los rodea y de lo que se puede hacer en ella; cosa que, si fuera así, en la mayoría de los casos haría dudar a sus votantes potenciales. Dado que esa información rehúye la información objetiva y, por otra parte, pretende tocar las fibras sensibles del ser humano, su contenido no puede ser científico; será de tipo moral y emocional. Los contenidos morales conllevan un mensaje primario sobre qué es lo bueno y qué es lo malo; sobre quiénes son los buenos y quiénes son los malos, haciendo un fuerte énfasis sobre ello. Las justificaciones de tales valoraciones serán de tipo estético, y las valoraciones estéticas son subjetivas. Como se puede visualizar con facilidad, queramos o no, esa propaganda lleva latente el estigma del enfrentamiento entre los humanos; entre los que se creen buenos y los que son tomados por malos, y al revés. En los posibles resultados de esos enfrentamientos no hay que perder de vista el hecho preocupante de que, por definición, el poder en las sociedades humanas se ejecuta de humanos sobre humanos.

Por otra parte, dentro de lo que se denomina Occidente, buena parte de sus sociedades de masas son opulentas y urbanitas. La mayor parte de los individuos de esas sociedades no han tenido contacto directo y continuo con el campo y la naturaleza. No han visto ni han sentido la necesidad de cazar, no han tenido la necesidad de matar un pollo doméstico con la ilusión de comerlo en Navidad como ocurría en los años sesenta en España, tampoco ha participado en la tradicional matanza familiar del generoso cerdo que se hizo en toda nuestra geografía hasta los años setenta bajo la perspectiva de disponer de alimento durante el año.

La consideración positiva de bondad en el ser humano independientemente de lo que haga, poseedor de derechos a priori, junto a toda esta falta de formación básica en cuanto a la relación del ser humano con su entorno, ha generado individuos aprensivos, escrupulosos, supersticiosos, temerosos y, al tiempo, estúpidamente moralistas y engreídos. La falta de esas experiencias y del sentido común que con ellas se desarrolla, llevan a que esos individuos no puedan contrastar la información que les envían los sujetos políticos que participan y medran en el sistema vigente de consecución del poder.

Lo anterior ayuda a entender por qué algunos de esos grupos pretenden la prohibición de algo que ellos desconocen y que es ancestral: el ejercicio de la caza, que ha constituido un elemento básico e incuestionable de la evolución biológica del ser humano. O también, que otros grupos, pretendan cambiar las relaciones del ser humano con los animales que han existido a lo largo de la historia; relación ancestral que desconocen y no pueden imaginar, pero que, sin embargo, inventan

378

de forma acorde con sus gustos y deseos autistas, donde las opciones de conocer, comprender y, en su caso, tolerar, son escasas. También con ello se puede entender que no existan puntos de encuentro entre algunos de esos grupos con, por ejemplo, los cazadores cuando puede existir el común deseo de disponer de una naturaleza sana, limpia y rica[3].

¿A dónde vamos?

Adivinar el futuro es muy difícil. Muy poca gente ha atinado en sus predicciones sobre él[4]. Yo me voy a arriesgar un poco en hacer algún vaticinio sobre el futuro de la caza y de los cazadores. Voy a ser breve. Apuesto por lo siguiente:

1º.- Apuesto fuerte porque el ejercicio de la caza seguirá realizándose. La razón de ello es que la caza está inserta en el genoma humano. Aunque llegasen los animalistas al poder, la prohibiesen y sacasen del fondo del cajón la pena de muerte contra los cazadores, habría gente que la seguiría practicando de un modo u otro. Cualquier poder que ostente el poder es transitorio, cualquier forma de organizar la convivencia humana, también; sin embargo, lo que no ha sido transitorio es el ejercicio de la caza por el ser humano.

2º.- Como el ejercicio de la caza no es transitorio, siempre habrá personas que interactúen con la naturaleza a través de su ejercicio y, antes o después, la sociedad tendrá que tenerlo en cuenta en su toma de decisiones. El tiempo que pase hasta ese momento depende del trabajo de los cazadores como colectivo y de la lucha que planteen.

2º.- La etapa histórica que estamos viviendo es irracional. No obstante, en la historia ha habido fases en las que la ciencia y la razón ha sido más influyentes que ahora en las decisiones sociales. Con fe en la ciencia y la razón, creo que el ser humano va a terminar resolviendo sus problemas de producción sin el uso de esos productos químicos que afectan gravemente a la naturaleza. Cuando eso ocurra tendremos un medio ambiente mejor que permitirá de nuevo la instalación de formas de vida en nuestros campos. Va a costar, pero llegará. Tengo el sueño en estos años finales de mi vida, de que vuelvan aquellos bandos de perdices salvajes a las cuestas por donde anduve cuando era casi un niño, aunque yo ya no los vea.

Notas de después de estas Crónicas

(1) Hay diversos estudios que vienen a ratificar este hecho. Existe el prejuicio de que el medio ambiente limpio es deseado, sobre todo, por los países opulentos y que eso mismo no se produce en países pobres poco desarrollados. Ese prejuicio es falso según trabajos de investigación que existen sobre ello. A modo de ejemplo se pueden citar los trabajos siguientes: Dunlap, R.E. y A.G. Mertig (1996): "Global environmental concern: a challenge to the postmaterialism thesis". Ester, P. y W. Schluchter (eds.): Social Dimensions of Contemporary Environmental Issues: International Perspectives. Tilburg, Tilburg University Press, pp. 133- 165.
Inglehart, R. (1995): "Public support for environmental protection: objective problems and subjective values in 43 societies". Political Science and Politics, vol. 28, pp. 57-71.

(2) El uso de los fitosanitarios no debe interpretarse como algo absolutamente negativo. La conciencia de la necesidad de su uso existe desde hace muchos años. La preocupación por la regulación de los fitosanitarios proviene de los problemas que plantearon las plagas de langosta (encontramos antecedentes de este problema desde Alfonso X El Sabio) y, sobre todo la filoxera de la vid (en España aparece en 1876). El problema de la filoxera supone el punto de partida de la investigación y la consecución de aplicaciones para luchar contra los insectos. El problema de la filoxera se dio, en general, en Europa: la filoxera era un insecto proveniente de EEUU. Otros efectos del problema de la filoxera fueron: *) conciencia de la necesidad de colaboración internacional en la lucha contra las plagas y enfermedades de las plantas; *) conciencia de la necesidad de estudio e investigación internacional sobre plagas, enfermedades de las plantas y tratamientos.
Un efecto legal y administrativo de la filoxera fue la aparición de la Ley de Plagas de 1908 española. La Ley de Plagas de 1908 pretendía crear un sistema permanente de lucha contra las plagas. Posteriormente hay varios Reales Decretos bajo las mismas circunstancias de la Ley de Plagas. Así llegamos al Decreto de 19 de septiembre de 1942. En ese Decreto aparece una definición de producto fitosanitario; se crea el Registro Oficial de Productos Fitosanitarios a través de la validación del Instituto de Investigaciones agronómicas, un Registro obligado de Productores y Distribuidores de fitosanitarios, envasado obligatorio de los fitosanitarios. Después del Decreto de 1941, aparecen otras normas sobre fitosanitarios: Decreto Ley de 1971 que unifica los servicios agrícolas y forestales en relación con las plagas, Orden de 1976 obre la relación de intercambios de productos entre las islas y la

península. Ya avanzando la época política de la transición se llega al RD 3349 de 1983 que contempla la normativa de la CEE y pretende asimilarla. Después vendrían las normativas laxas de la Unión Europea en cuanto al uso de fitosanitarios.

(3) Puede sorprender un hecho, aparentemente paradójico, pero que, sin embargo, es muy expresivo. Se trata de que los cazadores, a lo largo de años y años, en jornadas de sol a sol, en lugares diversos, ya sean sierras, llanos o montes, no nos hemos encontrado con algún ecologista disfrutando de eso que ellos dicen tanto amar: La Naturaleza. Ocurre que, en verdad, los objetivos más importantes del ecologismo son otros que el del goce de la naturaleza; es el de la ostentación del poder, la influencia o la participación en él. Los sujetos políticos del ecologismo están en otros lugares distintos al campo; están en los despachos de las grandes ciudades, ya sean políticos, administrativos o universitarios. Están allí donde se encuentran los centros de decisión, de propaganda e influencia social.

(4) Uno de ellos es José Ortega y Gasset, que supo ver el futuro materializado en la sociedad actual. Ello lo hizo en la década de los años veinte a través de su obra "Las Rebelión de las Masas". La lectura de ese libro es de lectura recomendable para todo aquel que quiera entender la sociedad en la que vive en la actualidad.